CONDILLAC

ET LA

PSYCHOLOGIE ANGLAISE CONTEMPORAINE

443

THÈSE

PRÉSENTÉE A LA FACULTÉ DES LETTRES DE PARIS

PAR

Léon DEWAULE

PRINCIPAL DU COLLÈGE D'ARRAS.

PARIS

ANCIENNE LIBRAIRIE GERMER BAILLIÈRE ET Cⁱᵉ

FÉLIX ALCAN, ÉDITEUR

108, BOULEVARD SAINT-GERMAIN, 108

1891

CONDILLAC

ET LA

PSYCHOLOGIE ANGLAISE CONTEMPORAINE

TOULOUSE. — IMP. A. CHAUVIN ET FILS, RUE DES SALENQUES, 28.

CONDILLAC

ET LA

PSYCHOLOGIE ANGLAISE CONTEMPORAINE

THÈSE

PRÉSENTÉE A LA FACULTÉ DES LETTRES DE PARIS

PAR

Léon DEWAULE

PRINCIPAL DU COLLÈGE D'ARRAS

PARIS

ANCIENNE LIBRAIRIE GERMER BAILLIÈRE ET Cⁱᵉ

FÉLIX ALCAN, ÉDITEUR

108, BOULEVARD SAINT-GERMAIN, 108

—

1891

A

Monsieur Jules LACHELIER

INSPECTEUR GÉNÉRAL DE L'INSTRUCTION PUBLIQUE

Hommage de respect et de reconnaissance.

L. D.

INTRODUCTION

Depuis quelques années, une sorte de réaction s'est produite en faveur de la doctrine de Condillac qui semblait en France, sinon complètement oubliée, du moins singulièrement dédaignée. Les travaux de MM. Réthoré (1), Robert (2), Taine surtout (3), qui n'a pas peu contribué à nous faire connaître en même temps l'un des plus éminents représentants de l'école anglaise contemporaine, Stuart Mill, ont rappelé sur le métaphysicien français du dix-huitième siècle l'attention même des penseurs qui l'avaient d'abord combattu. Il y a plus : nous avons vu, dans ces derniers temps, sur l'initiative d'un des plus reconnaissants disciples et des meilleurs biographes de Victor Cousin, introduire parmi les ouvrages à expliquer dans l'enseignement secondaire la première partie du *Traité des sensations*, considéré, sans doute, comme le résumé du système de Condillac (4).

Notre intention n'est pas de refaire ici l'histoire de

(1) Réthoré, *Condillac ou l'empirisme et le rationalisme*. Paris, 1864. — *Critique de la philosophie de Th. Brown.*

(2) Louis Robert, *Les théories logiques de Condillac*, 1869.

(3) H. Taine, *Les philosophes français du dix-neuvième siècle*. Paris, 1857. — *Le positivisme anglais*, étude sur Stuart Mill. Paris, 1864. — *De l'intelligence*. Paris, 1870.

(4) « Nous avons cru devoir reprendre le nom de Condillac, trop oublié, et qui faisait partie autrefois des classiques de la philosophie. » *Rapport de M. Janet au conseil supérieur*, 1885. Cette décision nous a valu quelques bonnes éditions du 1er livre du *Traité des sensations*, de MM. Picavet, Lyon, Bernard, Charpentier.

1

Condillac (1), ni de l'évolution du condillacisme, de ce qu'on pourrait appeler sa grandeur et sa décadence dans notre pays jusqu'au moment où, rajeuni pour ainsi dire par la transfusion d'un sang étranger, il tente de soulever la pierre sous laquelle on le croyait enseveli (2). Contentons-nous de rappeler qu'après avoir dominé pendant toute la dernière partie du dix-huitième siècle et les premières années du dix-neuvième, après avoir obtenu les éloges de Voltaire et de Rousseau, avoir compté parmi ses adeptes plus ou moins indépendants la plupart des encyclopédistes, notamment Diderot et d'Alembert, après avoir été accepté dans ses principes par Condorcet, Cabanis, Destutt de Tracy, Maine de Biran et même Ampère, au moins pour un temps (3), Laromiguière et jusqu'à Victor Cousin à ses débuts (4), le

(1) Damiron, *Mémoires pour servir à l'histoire de la philosophie au dix-huitième siècle*, 12ᵉ mémoire, t. III, p. 226. Paris, 1861.

(2) « Il n'y a plus aujourd'hui de partisans avoués de la doctrine de Condillac, et son dernier représentant est descendu dans la tombe avec M. Destutt de Tracy, » *Dictionnaire des sciences philosophiques*, 2ᵉ éd., 1875, p. 274, art. *Condillac*. — A l'art. *Destutt de Tracy*, on lit : « Il a vécu et il est mort dans cette foi philosophique. Il y est demeuré fidèle alors que tous l'abandonnaient, et on peut dire qu'il a emporté avec lui le sensualisme dans la tombe. » *Ibid.*, p. 383. Cf. Victor Cousin, *Introduction à l'Histoire de la philosophie* : « Le système de l'empirisme et de la sensation peut être fort vaste; il ne suffit pas cependant à la pensée; il passera donc comme beaucoup d'autres systèmes. Que dis-je ? Malgré l'immortalité qui lui avait été promise, il est passé déjà ou bien obscurci, et c'est à cette condition que s'accomplit le cercle de l'histoire, qui est celui de la pensée. »

(3) Voir Ueberweg, *Grundriss der Geschichte der Philosophie*, Dritter Theil, p. 184 à 187, 503 à 517 et *passim*. — Cf. Damiron, *Essai sur l'histoire de la philosophie en France au dix-neuvième siècle*. Paris, 1834.

(4) « M. Cousin, condillacien dans le principe et longtemps opposant (à la doctrine de Royer-Collard), un jour enfin se rendit et passa d'un camp à l'autre. » Damiron, *ibid.*, p. 69. M. Janet explique ce changement par l'influence de Châteaubriand et de Mᵐᵉ de Staël : « L'enthousiasme, préconisé par Mᵐᵉ de Staël, substitué à l'analyse abstraite de Condillac, fut la méthode commune de de Maistre, de Cousin et de Saint-Simon. Tous trois étaient, en quelque sorte, des hiérophantes... » ... et c'est pourquoi « la philosophie française resta associée aux lettres plutôt qu'aux sciences pendant toute la première moitié du dix-neuvième siècle. » P. Janet, *La philosophie française contemporaine*, p. 5-7. Paris, 1879.

condillacisme, rendu à tort responsable du matérialisme
d'Helvétius et de l'athéisme d'Holbach (1), ainsi que des
erreurs et des excès de la Révolution (2), suscita les préventions de Napoléon contre les idéologues (3), et fut,
pendant près d'un demi-siècle, battu en brèche par
l'école théologique (4) et l'éclectisme (5), tout en exerçant je ne sais quelle influence secrète sur le monde
savant.

Cette influence, moins combattue au nom de la politique et de la religion dans les pays voisins, s'y exerça

(1) Voir Cousin, *passim*, notamment *Philosophie sensualiste au dix-
huitième siècle*. — M. Nourrisson, oubliant les dates, rétablies par Lange
dans son *Histoire du matérialisme*, va jusqu'à faire sortir du *Traité des
sensat.* (1754) l'*Histoire naturelle de l'âme* (1745), l'*Homme machine*
(1748), l'*Homme plante* (1748) de Lamettrie, mort en 1751. Voir Nourrisson : *Tableau des progrès de la pensée humaine*, p. 517, 6ᵉ édit. Paris,
1886.

(2) Voir, dans Ribot, le jugement de G. Lewes. Sévère pour la philosophie française du dix-neuvième siècle, Lewes dit qu'elle « a commencé
par un mouvement de réaction contre les doctrines du dix-huitième
siècle; réaction vigoureuse, parce que les excès de la Révolution et les
Saturnales de la Terreur s'étaient associés dans les esprits avec les opinions de Condillac, Diderot, Cabanis. On a eu peur des conséquences,
et l'on a rejeté ces doctrines en bloc, sans s'inquiéter de ce qu'elles contenaient de bon. » Ribot, *Psych. angl.*, p. 337.

(3) Voir Damiron, *Essai sur l'Histoire de la philosophie en France au
dix-neuvième siècle*, t. I, p. 52 et suiv.

(4) Voir Damiron, même ouvrage. Cf. Ferraz, *Histoire de la philosophie en France au dix-neuvième siècle : traditionalisme et ultramon-
tanisme*, notices sur de Maistre et de Bonald. — Dans son ouvrage sur
Bacon, J. de Maistre, qui prend souvent Condillac à partie, va jusqu'à
écrire en lettres capitales : « Condillac est un sot. »

(5) Voir Ueberweg, *ibid.* Cf. Cousin, *passim*, et particulièrement, dans
le livre qui était pour ainsi dire son testament philosophique, ce jugement : « C'est Condillac qui a outré et gâté la doctrine de Locke et en
a fait un système étroit, exclusif, entièrement faux, le sensualisme à
proprement parler. Condillac opère sur des chimères réduites en signes,
avec lesquelles il se joue à son aise. On cherche en vain dans ses écrits,
surtout dans les derniers, quelque trace de la nature humaine. On se
croit, en vérité, dans le royaume des ombres, *per inania regna*. » *Du
vrai, du beau, du bien*. — Tel n'est pas l'avis du contemporain et col-
lègue de Cousin, de Villemain, d'après qui Condillac « paraît moins
vouloir servir une cause que fonder une science; l'objet de cette science
était grand : l'analyse de l'esprit humain. Il y consacra toute sa vie. »
Littérat. au dix-huitième siècle.

plus à l'aise et laissa des traces profondes en Italie, où elle a été signalée par M. Espinas (1), en Suisse, où elle se fait sentir dans les écrits de Charles Bonnet (2), en Allemagne chez Herbart, Beneke et l'école psychophysique (3), enfin en Angleterre où l'école écossaise (4), appliquant la méthode de Condillac, tout en critiquant son système, fut l'intermédiaire entre ce qu'on appelle le sensualisme du dix-huitième siècle et l'école expérimentale contemporaine.

L'école écossaise, après Reid qui réagit contre la doctrine de la sensation, compte parmi ses représentants Dugald Stewart, qui attache une grande importance à l'association des idées et cherche à en déterminer les lois, Thomas Brown, qui rompt avec la tradition de ses maîtres, Hamilton, qui pose catégoriquement le principe de la relativité de la connaissance (5).

Cependant les savants comme Priestley, l'émule de Lavoisier (6), Erasme Darwin, dont les idées sont analogues à celles de notre Lamarck (7), ne laissaient pas d'agir sur leurs contemporains. Le positivisme lui-même (8), qui se répandit rapidement dans la Grande-Bretagne, ne contribua pas peu, malgré les critiques qu'il souleva sur quelques points, à y faire pénétrer, indirectement du moins, les doctrines de Condillac.

(1) Voir A. Espinas, *Histoire de la philosophie expérimentale en Italie*.

(2) Albert Lemoine, *Charles Bonnet de Genève*.

(3) Ueberweg, ouvrage cité.

(4) Espinas, *Les antécédents de la psychologie anglaise contemporaine. L'École écossaise. Rev. philos*, t. XII. — Cf. Mac Cosh, *The scottish philosophers*. — Ravaisson, *Rapport sur la philosophie*.

(5) Voir Ferraz, *Étude sur la philosophie en France*, in-8°, t. I, p. 312. Paris, 1877.

(6) « C'est en m'occupant de ce travail que j'ai mieux senti que je ne l'avais fait jusqu'alors l'évidence des principes qui ont été posés par l'abbé de Condillac dans sa *Logique* et dans quelques autres de ses ouvrages. » Lavoisier, *Discours préliminaire*... Cf. Papillon, *Histoire de la philosophie moderne*, t. II, p. 160.

(7) Voir Quatrefages, *Ch. Darwin et ses précurseurs français*.

(8) Sur les rapports de la doctrine de Comte avec celle de Broussais et Cabanis, voir Ferraz, *ibid.*, et Ravaisson, *Rapport sur la philosophie*, p. 50.

Néanmoins les philosophes de l'école anglaise contemporaine, malgré de nombreux rapports avec Condillac, se réclament plus volontiers de leurs compatriotes Berkeley, Hume, Hartley, et ne citent guère le philosophe français que pour le critiquer. En France même, en s'appuyant sur quelques analogies partielles et superficielles entre le sensationnisme de Condillac et le phénoménisme de Hume, on est assez porté à ne regarder le premier que comme un disciple ou un imitateur du second, et de même qu'au commencement du siècle le spiritualisme parut une importation de l'Allemagne et de l'Ecosse, c'est à l'Angleterre que nous attribuons l'honneur d'avoir créé de toutes pièces la doctrine de l'association et de l'évolution.

Pourtant Condillac ne doit rien à David Hume, qu'il n'a pas connu, dont il n'a lu que l'histoire des révolutions. S'il s'est rencontré avec lui sur certaines questions, on ne peut en conclure légitimement que son système est emprunté : on ne peut d'ailleurs s'étonner qu'il y ait des idées communes chez des philosophes qui vivaient à la même époque, qui se rattachaient à un même maître, Locke; qui prenaient pour origine des connaissances l'expérience. Malebranche, Spinoza, Leibniz, qui appartiennent tous les trois à l'école cartésienne, n'ont-ils pas leur originalité?

Qu'on n'allègue pas les dates : qu'on ne dise pas que Hume est, par sa naissance, antérieur de quatre ans à Condillac, que ses ouvrages ont été publiés avant ceux de notre philosophe, qu'il vint en France, y séjourna deux fois et y fut, surtout à son second voyage, entouré, fêté, choyé (1).

A l'époque du premier séjour (1734-1737), Hume n'est pas encore connu : c'est même chez nous qu'il compose (1736) son *Traité de la nature humaine*, imprimé à

_____

(1) Voir G. Compayré, *La philosophie de David Hume*, p. 39 et suiv. — Cf. Th. Huxley, *Hume, sa vie, sa philosophie*, p. 48 et suiv. — Ritter, *Histoire de la philosophie moderne*, t. III, p. 94.

Londres en 1737, et qui, de l'aveu de tous ses biographes, n'eut aucun succès même dans son pays (1).

Lorsqu'en 1763 Hume fut si triomphalement reçu à Paris, Condillac était en Italie, où il resta de 1757 à 1767. Ses principales œuvres étaient publiées (2) ; et d'ailleurs, comme il ignorait l'anglais (3), il n'avait pu, avant le *Traité des sensations*, qu'on regarde volontiers comme le point culminant de sa doctrine (4), lire les *Essais* dont la première traduction française, composée à Berlin par Mérian, fut imprimée à Amsterdam en 1758 (5). On ne peut non plus supposer que Condillac, qui cite plusieurs fois Berkeley (6) et l'histoire des révolutions de Hume (7), qui avoue ce qu'il doit à Locke et à quelques-uns de ses contemporains, ait passé à dessein sous silence les œuvres philosophiques du célèbre phénoméniste. Pendant que la réputation de Hume est si longue à s'établir, l'*Essai sur l'origine des connaissances*, où apparaît déjà nettement la théorie de l'association, avait eu un grand succès (8), et le *Traité des sensations* n'avait fait qu'accroître le renom de notre philosophe et la vogue de son système. L'ouvrage avait eu tous les honneurs : à côté de l'admiration, les plus vives critiques, dont deux furent particulièrement pénibles à Condillac, l'accusation de matérialisme (9) et celle de plagiat (10).

(1) Voir Ritter, *ibid.*, p. 92. — Huxley, *ibid.*, p. 13. — Compayré, p. 9. — *Dictionnaire des sciences philosophiques*, art. *Hume*.

(2) Voir Ritter, *Histoire de la philosophie moderne*, t. III, p. 178.

(3) *Essai sur l'origine*, p. 448, note.

(4) Voir Cousin, *Philosophie sensualiste*, p. 68. — *Histoire générale de la philosophie*, p. 538. — *Premiers essais*, p. 167. — *Introduction à l'histoire de la philosophie*, p. 62.

(5) *Dictionnaire des sciences philosophiques*, art. *Hume*. — Dozobry, *Dictionnaire d'histoire et de géographie*, art. *Merian*.

(6) *Origine des connaissances. Traité des sensations*, passim.

(7) *Hist. mod.*, t. XIX, p. 44. — En 1760, une traduction française des œuvres historiques de Hume parut sous le nom de l'abbé Prevost. Les deux dernières parties de l'ouvrage furent traduites, en 1763 et en 1765, par Mᵐᵉ Belot. Voir Compayré, ouv. cité, p. 37.

(8) *Extrait raisonné*, p. 14. — Voir Diderot, t. I, p. 305, 315 ; XV, p. 531.

(9) Voir la *Lettre à l'abbé de Lignac. Œuv.*, t. III, p. 631.

(10) Voir *ibid.*, p. 433, *Réponse à un reproche qui m'a été fait sur le*

Le *Traité des systèmes*, qui l'avait précédé, n'avait pas non plus passé inaperçu : dès le lendemain de son apparition, Diderot recommande et envoie cet « excellent ouvrage » à Mme de Puisieux (1), en même temps que sa *lettre sur les aveugles* (1749), qui indisposa tant les Anglais (2).

Cette date est à retenir : c'est l'année où parurent les *observations on man* de Hartley (3), à qui l'on attribue l'honneur d'avoir attiré le premier l'attention sur l'importance du phénomène de l'association. Diderot cependant, dans son article *Logique* (4) de l'Encyclopédie, loue Condillac d'avoir fait ressortir le rôle de la liaison des idées entre elles et avec les signes dans l'*Essai sur l'origine des connaissances humaines*. Condillac avait donc devancé Hartley de trois ans, et, à cette époque, rien de ce qui se publiait en France ne laissait indifférentes les nations voisines, surtout l'Angleterre.

Ce n'est pas seulement dans les premiers livres de Condillac, et comme jeté en passant, qu'apparaît le principe de l'associationisme : arrêté dès le début, il est

---

projet exécuté dans le Traité des sensations, et le *Traité des animaux*, p. 443 et suiv.

(1) Diderot, *Œuvres complètes*, t. I, p. 315.

(2) *Ib.*, p. 278, 312.

(3) *Observations on man, his frame, his duty and his expectations*, in two parts. Lond., 1749. Traduit en français par Sicard, 1802.

(4) *Œuvres complètes*, t. XV, p. 531 : « Il a paru depuis peu un livre intitulé : *Essai sur l'origine des connaissances humaines*... L'auteur se propose, à l'imitation de M. Locke, l'étude de l'esprit humain, non pour en découvrir la nature, mais pour en connaître les opérations. Il observe avec quel art elles se combinent et comment nous devons les conduire, afin d'acquérir toute l'intelligence dont nous sommes capables. Remontant à l'origine des idées, il en montre la génération, les suit jusqu'aux limites que la nature leur a prescrites, et fixe par là l'étendue et les bornes de notre connaissance. La liaison des idées, soit avec les signes, soit entre elles, est la base et le fondement de son système. A la faveur de ce principe si simple en lui-même et si fécond en même temps dans ses conséquences, il montre quelle est la source de nos connaissances, quels en sont les matériaux, comment ils sont mis en œuvre, quels instruments on y emploie et quelle est la manière dont il faut s'en servir. » — Notons en passant que nulle part Diderot ne fait mention de Hartley, quoiqu'il cite Haller, qui a réfuté les *Observations on man*.

appliqué dans toutes les parties du *Cours d'études* (1); il est posé comme le ressort de la pensée dans la *Logique* (2), le dernier ouvrage publié du vivant de l'auteur, et dans la *Langue des calculs*, retrouvée dans ses papiers par les éditeurs de 1798. Il y a loin, il faut le reconnaître, des quelques considérations de Hobbes (3) et de Locke (4), des réflexions de Malebranche (5), des théories physiologiques même de Hartley, postérieures, comme nous l'avons dit, de trois ans à l'*Essai sur l'origine*, et peut-être inspirées par lui (6), à ce système solidement établi et fortement développé.

Il n'est pas jusqu'à la théorie contemporaine de l'évolution qui ne se trouve en germe dans cette génération des idées et des facultés issues de la sensation, dans cette histoire des peuples admirée aussi par Diderot (7) et d'autres écrivains de son temps (8).

Par ses principes, comme par sa méthode, Condillac nous semble mériter d'être regardé comme le promoteur de la tendance expérimentale contemporaine notamment

---

(1) Publié de 1769 à 1773, à Parme, en 13 vol. — L'éducation du prince de Parme avait retenu Condillac, ne l'oublions pas, de 1757 à 1767.

(2) Publiée à Paris en 1781, composée en 1778.

(3) Hobbes, *Nat. hum.*, ch. III, IV. — Voir Bain, *Sens. et int.*, p. 539. — De Gérando, *Hist. de la phil. mod.*, t. II, p. 373. — Rémusat, *Hist. de la philosophie anglaise depuis Bacon jusqu'à Locke*, p. 357.

(4) Locke, *Essai sur l'entendement humain*, liv. II, ch. XXXIII.

(5) *Recherche de la vérité*, liv. II.

(6) Dugald Stewart dit que Hartley nous apprend lui-même que son système lui fut suggéré par cette opinion attribuée à M. Gay (*Dissertation sur le principe fondamental de la vertu*), « que l'association des idées suffisait pour expliquer tous les plaisirs et toutes les peines intellectuelles. » *Phil. de l'esprit humain*, trad. Peisse, t. I, p. 289. D. Stewart cite plusieurs fois Condillac avec éloge. *Ibid.*, t. I, p. 142, 432; t. II, p. 9, 92-96, 361.

(7) Diderot, *Œuvres compl.*, t. III, p. 494.

(8) Voir La Harpe, *Cours de littér.*, édit. Didot, in-4°, p. 303, col. 2. — *Ibid.*, p. 297, 298. — Cf. d'Alembert, *Œuvres*, édit. Didier, p. 220. — Condorcet, dans son *Esquisse d'un tableau historique des progrès de l'esprit humain*, reproduit l'esprit, le plan et les idées de Condillac. Mais Joseph Chénier, qui admire tant la *Logique* et le *Traité des sensations*, dit que, dans son cours d'histoire, Condillac « soutint faiblement sa renommée si légitime à d'autres titres. » (*Tableau historique*, ch. V.)

en Angleterre. C'est bien lui, comme on l'a dit, qui a ouvert la voie suivie depuis par James Mill et ses successeurs (1).

Stuart Mill avoue que, dès 1821, il avait lu les principaux ouvrages de Condillac (2), et l'on ne peut douter qu'un jeune homme de quinze ans n'ait, au moins à son insu, quoique prémuni contre elle ou plutôt par cela même qu'il était prévenu, gardé une profonde impression de cette lecture, et qu'elle n'ait pénétré dans sa pensée et ses écrits. Quoi qu'il en soit, après une étude scrupuleuse de l'œuvre entière de Condillac, nous avons cru trouver des rapports très étroits entre sa doctrine et celles qu'ont soutenues de nos jours, avec plus d'ampleur peut-être et d'une façon plus synthétique, les philosophes anglais, et nous nous sommes proposé de prouver ici, par la comparaison des idées générales et des textes quand il y avait lieu, qu'il a semé dans ses livres les germes des théories connues sous les noms d'associationisme, de transformisme et d'évolutionnisme.

(1) Taine, *Intelligence*, t. I, p. 385.

(2) « Mon père me mit entre les mains le *Traité des sensat.*, de Condillac, et les volumes de logique et de métaphysique de son cours d'études. Malgré la ressemblance superficielle qui rapproche le système de Condillac des idées de mon père, c'était autant pour me prémunir que pour me le donner en exemple, qu'il me faisait lire le premier ouvrage. » (Stuart Mill, *Mémoires*, trad. fr., p. 59.)

PLAN DE L'OUVRAGE

***

Notre travail comprendra deux parties : dans la première, nous traiterons de l'évolution de l'individu, de ce qu'on a appelé la doctrine de la sensation transformée ou le transformisme psychologique; dans la seconde, de l'évolution des peuples ou des applications que Condillac a faites de ses principes à l'histoire et à la science sociale.

PREMIÈRE PARTIE

L'évolution individuelle.

SECTION PREMIÈRE.

LE GERME.

CHAPITRE PREMIER.

LA SENSATION.

Nous n'avons pas à insister ici sur la partie la plus connue de l'œuvre de Condillac, le *Traité des sensations*, et à reprendre en détail une exposition et des critiques maintes fois reproduites : nous nous contenterons de dégager les points principaux de sa doctrine, ceux qui se rapprochent le plus des théories contemporaines.

Ce que, dès son premier ouvrage, Condillac s'était proposé, c'était de « remonter à l'origine de nos idées, d'en développer la génération, de rappeler à un seul principe tout ce qui concerne l'esprit humain (1). » Il avait indiqué la méthode à suivre : l'observation et l'expérience.

Son dessein est nouveau, dit-il, et il reproche à

---

(1) *Essai sur l'orig.*, p. 9.

Locke, dont il ne s'est pas encore complètement séparé, d'avoir négligé cette question capitale (1). C'est le même problème, plus nettement formulé, qu'il se pose en 1754 : « Comment l'homme, n'ayant d'abord été qu'un animal sentant, devient un animal réfléchissant, capable de veiller par lui-même à sa conservation (2). » Pour le résoudre, il suffit, par l'analyse, de remonter du complexe au simple, de l'hétérogène à l'homogène, comme on dit aujourd'hui, de découvrir, sous la variété des phénomènes, le fait primitif, irréductible, identique, le germe de ce que nous sommes et établir la loi de son développement. Condillac ne désespère pas d'avoir réussi, et ce n'est pas l'envie de généraliser qui lui a fait dire que les facultés viennent toutes d'une même origine, la sensation (3).

L'*Essai sur l'origine des connaissances humaines* et le *Traité des systèmes* contenaient si bien dans leurs lignes principales ce que les ouvrages postérieurs de Condillac ne firent que développer et préciser, qu'il semble faire trop d'honneur à Mlle Ferrand (4) de sa participation au *Traité des sensations*, et que ses adversaires eux-mêmes ont remarqué que ses idées forment, jusqu'au bout de sa carrière, un système un, simple et identique (5). La nécessité de l'analyse, la détermination du premier fait de conscience, le processus de la pensée depuis le phénomène subjectif de la sensation jusqu'aux plus hautes opérations de l'entendement et à la raison qui le couronne pour ainsi dire, le rôle de l'association, même la loi de l'intégration et de la désintégration sont indiqués dans l'*Essai*, repris dans le *Traité des systèmes* et déjà nettement formulés. Si dans les explications métaphy-

---

(1) *Essai sur l'orig.*, p. 14, 15.
(2) *Extrait raisonné*, p. 39. — Cf. *Sensat.*, p. 50.
(3) *Ext. raisonné*, p. 19.
(4) *Ibid.*, p. 28. — *Dessein de l'ouvrage*, p. 48, 52 et suiv.
(5) V. Cousin, *Introd. à l'hist. de la philosophie*, 12e leçon, p. 261. — *Phil. sensual.*, leç. II et III. — Cf. *Dict. sc. philos.*, art. *Condillac*. — *Phil. des deux Ampère*, p. 11. — Damiron, *Phil. au dix-neuvième siècle*, II, p. 44. — Mignet, *Elog. hist.*, p. 97, etc.

siques on avait suivi la nature, en allant, comme les
premiers observateurs, « de connaissances en connaissances par une suite de faits bien observés, les faits se
seraient arrangés d'eux-mêmes dans l'ordre où ils s'expliquent mutuellement les uns les autres (1). » C'est
ainsi, dit Condillac, qu'il remontera à la sensation, et y
rapportera les idées innées : « Pour s'apercevoir qu'elles
viennent des sens, il aurait fallu remonter jusqu'à leur
origine, en développer la génération, et saisir par quelles transformations les idées les plus sensibles deviennent en quelque sorte spirituelles. Mais cela demandait
une pénétration et une sagacité dont on ne pouvait encore être capable. Combien même aujourd'hui de philosophes qui ne peuvent comprendre cette vérité (2) ! »

Ainsi Condillac prétend avoir été le premier à tirer de
leur véritable origine la génération et le développement
de nos idées. Sans doute, d'autres avant lui, Aristote et
Locke, ont soutenu que toutes nos idées viennent des
sens : mais Aristote n'a pas été assez clair et assez précis et ses disciples n'ont pas connu cette vérité ; quant
à Locke, il a cru à tort que nos facultés étaient innées,
il n'a pas vu qu'elles provenaient toutes des sensations
et qu'aux sensations se mêlaient des jugements ; car la
sensation n'est pas tout : l'âme agit, elle acquiert des habitudes, développe ses sens et ses facultés (3).

A l'origine, la sensation est purement subjective,
mais avec l'expérience les sens ne sont plus seulement
des causes de plaisir et de douleur, ils nous font con-
naitre les objets avec lesquels ils sont en rapport (4).
Ce sont ces premières données qui, associées et précisées par l'attention et l'habitude, forment le système
entier de nos connaissances. Aussi Condillac distingue-
t-il l'état purement passif des sens de l'état actif, la sen-

(1) *Traité des systèmes*, p. 10.
(2) *Ibid.*, p. 88.
(3) *Extrait raisonné*, pass.
(4) *Extrait raisonné*, p. 9.

sation proprement dite de la tendance à nous procurer
l'agréable et à fuir le désagréable (1).

La question capitale, trop négligée par les métaphysiciens, est l'analyse et la détermination du fait primitif.
A quoi bon établir, comme Locke, deux sources de nos
connaissances, ajouter à la sensation la réflexion (2)?
La réflexion n'est que l'activité donnée à la sensation ;
elle n'est que « le canal par lequel les idées découlent
des sens. » Si l'homme s'abandonne à la multitude des
sensations qu'occasionnent en lui les objets extérieurs,
« il n'est qu'un animal qui sent (3), » mais qu'une sensation acquière plus de vivacité, qu'elle attire davantage
son attention, alors il y a en lui un phénomène de connaissance. L'âme est plus active, voilà tout : il n'est pas
nécessaire de supposer une faculté de plus (4).

Ainsi la sensation, en elle-même subjective, est le
fait primitif d'où, par une évolution plus ou moins rapide, sortiront toutes nos idées et toutes nos facultés.

Ce caractère subjectif de la sensation originelle, Condillac l'a parfaitement mis en lumière, avant Stuart Mill
et Herbert Spencer (5). Dans le *Traité des animaux* (6),
il critique vivement la description poétique que Buffon
met dans la bouche du premier homme à son réveil : il
est impossible de croire que celui-ci puisse de prime
abord démêler tous les objets dont il trace un si magni-
fique tableau : il doit les croire en lui-même et ne pas
faire immédiatement la distinction du moi et du non-
moi. Condillac reproche encore à Buffon d'avoir mal
déterminé le mot sentir, de l'avoir confondu avec résis-

---

(1) *Extrait raisonné*, p. 9.
(2) *Ibid.*, p. 13.
(3) *Ibid.*, p. 15.
(4) *Ibid.*, p. 16.
(5) « En Angleterre, où l'on est convenu de mettre à l'honneur du positivisme toute une grande école philosophique, on a vu M. Stuart Mill
réintroduire la psychologie subjective de Condillac et de Locke. » P.
Janet, *Origines de la philosophie d'Aug. Comte* (*Revue des Deux-Mondes,* 1er août 1887).
(6) *Traité des animaux*, p. 199.

ter à un choc, avec comparer des perceptions. Rien n'est plus faux : sentir signifie proprement éprouver une modification à la suite d'une impression organique, et, dans ce sens, il est indubitable que la bête sent comme l'homme (1).

Condillac établit une distinction entre les sens et la sensation : « Nos sens, » dit-il, « ne sont qu'occasionnellement la source de nos connaissances (2). » L'âme seule sent à propos des impressions faites sur les organes (3). C'est donc à tort qu'on a soutenu que le matérialisme était la conséquence logique du système de Condillac (4).

Mais comment l'esprit passe-t-il de la sensation, purement subjective, à la connaissance, autrement dit, comment s'objective la sensation? Par quel processus le mode affectif se transforme-t-il en mode représentatif? Tel est l'objet spécial du *Traité des sensations* et ce qui a donné lieu à l'allégorie de la statue (5). Comme c'est l'œuvre la plus connue de Condillac, nous n'en relèverons que les points relatifs à notre sujet.

(1) *Traité des animaux*, p. 457-463. — Il faut reconnaître que le mot *sensation* est un des plus mal déterminés chez les philosophes. Dans un article de Mind, avril 1876, M. G. Lowes fait remarquer que c'est un des plus équivoques de la langue philosophique, qu'il signifie quelquefois une simple sensation, quelquefois une perception, quelquefois un jugement fondé sur une sensation. Il ajoute qu'il existe une confusion pareille entre les termes *conscience* et *sensibilité*, et conclut à la nécessité d'une convention entre les savants pour fixer la nomenclature, comme l'ont fait Linné pour la botanique et Lavoisier pour la chimie. Voir *Rev. philosophique*, 1er juin 1876.

(2) *Ext. raisonné*, p. 23.

(3) *Ibid.*, p. 3. — Mais Condillac ne va pas ici aussi loin que Herbert Spencer, qui ajoute : « La validité de cette conclusion que tout ce que nous sentons n'existe que comme nous le sentons nous-mêmes, dépend entièrement de ce postulat que les sensations ont des antécédents hors de nous. » (*Pr. de psych.*, t. I, p. 213.)

(4) Tel n'était pas l'avis de Damiron : « Il ne faut certainement pas, » dit-il, « faire de Condillac un spiritualiste plus raffiné qu'il ne l'est réellement; mais en faire un matérialiste, en faire même un sensualiste, dans l'acception où l'on prend généralement le mot, serait d'une grande inexactitude. » *Mémoires pour servir à l'histoire de la philosophie au dix-huitième siècle*, t. III, p. 240.

(5) Voir Picavet, *Traité des sensat.*, 1re part., Introd., p. XXV-XXVII, et 270-283.

Nos sensations ne sont qu'en nous et ne nous font pas sortir de nous-mêmes (1) : elles ne sont que des manières d'être de l'âme ; mais, grâce à la liaison qui existe entre les modifications de l'âme et celles du corps (2), par l'expérience et l'analyse, le moi se distingue de ses modifications comme du monde extérieur.

On sait que Condillac commence son analyse des sensations par celles de l'odorat « celui des sens qui paraît contribuer le moins aux connaissances de l'esprit humain (3), » pour passer successivement en revue celles de l'ouïe (4), du goût (5), de la vue (6) et du toucher, soit isolément soit associées entre elles. Par les quatre premières espèces de sensations, la statue n'a aucune notion d'extériorité : elle se croit, suivant les impressions, odeur, son, saveur, couleur ou lumière, et rien de plus. Elle aura beau jouir de ces quatre sens, elle n'aura qu'un plus grand nombre de manières d'être ; mais, tout en distinguant ses sensations, elle ne pourra dire si elles correspondent à quelque chose qui existe réellement en dehors d'elle.

Le sens le plus parfait est le toucher ou le tact qui nous permet de distinguer les différentes parties de notre corps, puis celles des corps extérieurs, par l'action ou la résistance qu'ils nous opposent. N'est-ce pas là le germe de la théorie de Maine de Biran, qui fait reposer sur le sentiment de l'effort la distinction du moi et du non-moi; de M. Taine, qui considère le toucher comme le sens directeur et redresseur (7); d'Herbert Spencer, pour qui « le sentiment de la résistance est l'état de conscience primordial, universel, toujours présent (8)? »

Mais si le toucher est le sens le plus représentatif, il

(1) *Traité des sensat.*, 2ᵉ part., ch. IV, p. 177.
(2) *Ibid.*, p. 179.
(3) *Traité des sensat.*, *Dessein de l'ouvrage*, p. 50.
(4) *Ibid.*, 1ʳᵉ Part., ch. VIII, p. 124.
(5) *Ibid.*, ch. X, p. 137.
(6) *Ibid.*, ch. XI, p. 145.
(7) Taine, *Intelligence*.
(8) *Princip. de psych.*, t. II, p. 238.

est, comme les autres, soumis à une évolution. La statue ne peut du premier coup déterminer par lui la situation exacte des objets. Qu'elle croise, par exemple, deux bâtons tenus à chaque main, elle aura besoin d'une expérience assez longue pour rapporter à gauche ce qu'elle sent par le bâton droit, à droite ce qu'elle touche par le bâton gauche ; mais, par l'habitude, elle finira par rétablir les objets dans leur position réelle. De même, si elle appuie la paume de la main sur trois joncs réunis d'égale longueur, elle n'aura la notion que d'un seul point de contact : qu'on les écarte un peu par la base, elle distinguera nettement trois points (1). « Pour déterminer l'intervalle que laissent entre elles les extrémités de deux bâtons qui se croisent, il suffit à un géomètre de déterminer la grandeur des angles et celle des côtés. » La statue n'a pas besoin de géométrie, et encore moins d'idées innées : « c'est assez qu'elle ait des mains (2). » N'est-ce pas là le point de départ des recherches psycho-physiques contemporaines ?

De ce que la main est le principal organe du tact, faudrait-il conclure avec Buffon que, si elle avait un plus grand nombre de doigts, divisés en un plus grand nombre d'articulations, nous aurions un plus grand nombre de connaissances ? Condillac ne le suppose pas. Sans doute, la main pourrait toucher une infinité de parties des objets, mais quel fruit reviendrait-il à l'homme de cet amas confus de sensations ? Il ne pourrait connaître sa main trop compliquée ; son activité, disséminée, serait diminuée ; la différenciation, partant, serait impossible (3).

Nous devons au toucher deux sortes de données : 1° l'étendue, la figure, l'espace, la solidité, la fluidité, la dureté, la mollesse, le repos, le mouvement ; 2° la chaleur et le froid et différentes espèces de plaisirs et de

(1) *Traité des sensat.*, 2ᵉ part., ch. IX, p. 237.
(2) *Ibid.*, p. 238.
(3) *Ibid.*, ch. XII, p. 257.

2

douleurs (1). D'après la terminologie de nos jours, les premières sont plus représentatives, les secondes plus affectives; les unes peuvent être rapportées au toucher actif, les autres au toucher passif.

Les autres sensations, avons-nous dit, sont absolument subjectives et ne peuvent originairement être distinguées que par leur intensité ou leur vivacité. Mais que la statue, bornée d'abord à l'odorat, vienne à être douée du toucher, elle s'aperçoit bientôt que les odeurs deviennent plus fortes ou plus faibles, suivant qu'elle rapproche ou éloigne les objets de son visage : elle soupçonne donc que la cause de sa sensation est dans la fleur qu'elle touche, et, à force d'expériences, l'association devenant inséparable, elle juge qu'elle y est en effet. C'est ainsi qu'elle considère les odeurs comme des qualités objectives et réelles, qu'elle les associe aux formes, au tissu des feuilles ou des fleurs, que la sensation de l'odorat lui rappelle celle du toucher, et réciproquement (2).

Le processus est le même pour l'ouïe : c'est par l'association du son au mouvement qu'elle imprime aux corps sonores que la statue arrive à objectiver sa sensation et peu à peu à se rendre compte de la distance par l'ouïe seule (3).

La vue aussi a besoin des secours du tact pour apprendre à juger des distances, des grandeurs, des situations et des figures. Condillac rappelle le problème de Molyneux (4) et les expériences de Cheselden (5), notamment sur un sujet de treize à quatorze ans. Nous n'entrerons pas ici dans tous les détails d'une observation bien connue et dont les conclusions longtemps classi-

___

(1) *Traité des sensat.*, 2e part., ch. XI, p. 243.
(2) *Ibid.*, 3e part., ch. I, p. 265.
(3) *Ibid.*, ch. II, p. 271.
(4) *Ibid.*, ch. IV, p. 314 : « Molyneux, en proposant un problème qui a donné occasion de développer tout ce qui concerne la vue, paraît n'avoir saisi qu'une partie de la vérité. »
(5) *Ibid.*, ch. V et VI, p. 316 à 328.

ques ont été contestées de nos jours (1). Rappelons-en seulement les constatations principales : l'aveugle opéré ne se fit pas immédiatement une idée juste des dimensions (2) et du relief (3) ; quand il eut l'usage des deux yeux, il ne vit pas les objets doubles (4) ; il avait associé la bonté à la beauté (5) ; il ne pouvait supporter la couleur noire, sans doute en souvenir de son premier état (6) ; il ne savait mouvoir ses yeux dans la direction des objets qu'il voulait regarder (7). Aussi Condillac, s'appuyant sur l'opinion de Berkeley et de Voltaire (8), critique-t-il Buffon, qui croit que l'enfant voit d'abord les objets doubles et renversés (9), et les philosophes qui pensent au contraire qu'il n'a « qu'à ouvrir les yeux pour voir comme nous voyons (10). »

Toutes ces remarques de Condillac sur l'évolution des

(1) P. Janet, *La perception visuelle de la distance* (Rev. philosoph., t. VII, 1).

(2) *Traité des sensat.*, ibid., p. 317.

(3) *Ibid.*, p. 322.

(4) *Ibid.*, p. 324 : « Ses yeux ne virent point double, parce que le toucher, en apprenant à celui qui venait de s'ouvrir à la lumière à démêler les objets, les lui fit voir où il les faisait voir à l'autre. »

(5) *Ibid.*, p. 322 : « Nous avons du penchant à nous prévenir, et nous présumons volontiers que tout est bien dans un objet qui nous a plu par quelque endroit. Aussi ce jeune homme paraissait-il surpris que les personnes qu'il aimait le mieux ne fussent pas les plus belles, et que les mets qu'il goûtait davantage ne fussent pas les plus agréables à l'œil. »

(6) *Ibid.*, p. 323 : « On remarque que le noir lui était désagréable, et que même il se sentit saisi d'horreur la première fois qu'il vit un nègre. C'est peut-être parce que cette couleur lui rappelait son premier état. »

(7) *Ibid.*, p. 325 : « Cheselden remarque que ce qui embarrassait beaucoup les aveugles-nés à qui il a abaissé les cataractes, c'était de diriger les yeux sur les objets qu'ils voulaient regarder. Cela devait être : jusqu'alors n'ayant pas eu besoin de les mouvoir, ils n'avaient pu se faire une habitude de les conduire. »

(8) *Traité des animaux*, ch. VI, p. 489 : « Barclai a pensé différemment, et M. de Voltaire a ajouté de nouvelles lumières au sentiment de cet Anglais. »

(9) *Ibid.*, p. 489.

(10) *Ibid.*, p. 488 : « Prévenus que nous n'avons qu'à ouvrir les yeux pour voir comme nous voyons, ils n'ont pas pu démêler les opérations de l'âme dans l'usage que l'animal fait de ses sens. Ils ont cru que nous-mêmes nous nous servons des nôtres mécaniquement et par instinct... » Pour Berkeley, voir aussi *Traité des sensat.*, 3e part., ch. IV, p. 315.

sens ou leur éducation par le toucher sont-elles bien
différentes de celles qu'ont faites de nos jours Stuart
Mill, A. Bain et Herbert Spencer?

Il est une question sur laquelle les psychologues contemporains ont insisté : la complexité de la sensation,
qui, dans le système de Condillac, semble, à première
vue, être un fait simple et homogène. « Les travaux des
physiciens et des physiologistes ont amené, » dit M. Ribot,
« quelques psychologues à se demander si la sensation
est bien, comme elle le paraît, un phénomène irréductible, et ils ont répondu négativement. En face de ces
sensations prétendues simples, les sons, les couleurs,
les saveurs, ils se sont trouvés, comme la chimie l'était
à son début, en face de corps prétendus simples. L'analyse a montré que les sensations dites primitives sont
elles-mêmes des composés (1). » Condillac n'avait-il pas
entrevu et posé le problème dans le *Traité des sensations?*
Il demande si la statue démêlera plusieurs odeurs qui
se font sentir ensemble : « C'est un discernement, »
dit-il, « que nous n'acquérons nous-mêmes que par un
grand exercice : encore est-il renfermé dans des bornes
bien étroites : car il n'est personne qui puisse reconnaître
à l'odorat tout ce qui compose un sachet. Or, tout mé-
lange d'odeurs me paraît devoir être un sachet pour notre statue (2). »

Il n'est pas jusqu'au fait qu'on appelle la localisation
de la sensation dont on ne trouve l'indication dans le

---

(1) Ribot, *L'hérédité*, 1re éd., p. 324, 325. — L'auteur cite notamment
MM. Taine et H. Spencer.

(2) *Traité des sensat.*, 1re part., ch. II, p. 87 : Ailleurs il dit que les
sensations de grandeur, de figure, de situation et de distance « sont
intimement liées avec les sensations de couleur. » *Ibid.*, 3e part., ch. IV,
p. 309. Critiquant la manière dont a été posé le problème de Molyneux
et dont Locke l'a résolu : « Ils auraient dû, » dit-il, « raisonner sur les
distances, les situations et les grandeurs comme sur les figures, et conclure qu'au moment où un aveugle-né ouvrirait les yeux à la lumière,
il ne jugerait d'aucune de ces choses. Car elles se retrouvent toutes en
petit dans la perception des différentes parties d'un globe et d'un cube... »
Ibid., p. 315.

passage suivant : « L'impression d'un plaisir faible
paraît se concentrer dans l'organe qui la transmet à
l'âme (1). »

Condillac n'a-t-il pas encore, comme nous l'avons déjà
dit, attiré, avant l'école psycho-physique, l'attention sur
la mesure des sensations ? Primitivement la statue « ne
saurait remarquer les différentes parties de son corps :
elle ne les sent donc point les unes hors des autres et
contiguës. Elle est comme si elle n'existait que dans un
point, et il ne lui est pas encore possible de découvrir
qu'elle est étendue (2)... » « Une infinité d'expériences, »
ajoute-t-il, « peuvent confirmer qu'on sent la douleur
comme dans un point toutes les fois qu'on la rapporte
à une partie qu'on ne s'est pas fait une habitude de mesurer. Pour découvrir l'espace qu'une douleur occupe
au milieu de la cuisse, il le faut parcourir avec la main ;
il n'en est pas de même si elle s'étend du genou à la
hanche, parce que ce sont là deux points que nous savons être distants (3). » L'idée est donc trouvée : il ne
reste plus qu'à substituer à la main un compas à pointes
émoussées, à le porter sur les différentes parties du
corps, pour déterminer, par l'écart des branches, le moment précis où la sensation qui paraissait simple et uniforme devient double, et quel est le degré relatif d'ex-
citabilité des diverses portions de la peau (4).

Alexandre Bain a cherché une explication profonde
des variations de la sensation, et il les a ramenées à
deux causes principales. La sensation, suivant lui, varie : 1° *selon la voie d'entrée* ou selon l'organe particulier et les nerfs particuliers qui sont entrés en jeu ;
2° *selon l'énergie ou toute autre circonstance de l'impression*
faite sur le même organe ou sur la même partie d'un
organe et sur le même nerf (5). Condillac n'avait-il pas

(1) *Traité des sensat.*, 1re part., ch. II, p. 71.
(2) *Ibid.*, 2e part., ch. II, p. 168.
(3) *Ibid.*, p. 169, note.
(4) Consulter : Ribot, *Psychologie allemande.*
(5) « En admettant, comme nous l'avons fait pour de bonnes raisons,

dit qu'il faut se garder de croire que les mêmes objets
produisent en chacun de nous les mêmes sensations? Et
que si, avec les mêmes sens, nos connaissances sont si
différentes, c'est que nous ne savons pas tous en régler
également l'usage (1)? N'avait-il pas fait ressortir les
deux états distincts où se peuvent trouver les organes
des sens? « Ou ils reçoivent indifféremment toutes les
impressions que les objets font sur eux, ou ils agissent
pour recevoir une impression plutôt qu'une autre (2) . »
Il y a un art de conduire les facultés de l'âme comme
celles du corps (3) : nous ne sentons que lorsque nos organes, qui transmettent l'impression au cerveau, *ressort*

que toute impression nouvelle produite sur nos sens est un changement
des courants qui circulent dans les nerfs, — canal principal et voies
collatérales de diffusion, — nous sommes amenés à croire que la conscience varie de deux manières différentes. Elle varie d'abord selon la
voie d'entrée, ou selon l'organe particulier et les nerfs particuliers qui
sont entrés en jeu. Ainsi, de l'œil à l'oreille il y a un changement appréciable et une nouvelle impression. De même, avec le toucher, le goût,
l'odorat, nous avons une impression caractéristique pour chaque sens
et pour toutes les variétés de sensation de ce sens. Jamais nous ne
confondons une couleur avec une saveur. Bien plus, pour les sens les
plus élevés, et surtout pour la vue et le toucher, nous avons une impression différente selon la partie de l'organe qui est affectée; s'il n'en était
ainsi, il serait vrai d'appliquer à tous les hommes l'expression prover-
biale, et de dire qu'ils ne savent pas distinguer leur main droite de leur
main gauche.
» En second lieu, la sensation varie évidemment *selon l'énergie ou
toute autre circonstance de l'impression* faite sur le même organe ou
sur la même partie d'un organe et sur le même nerf. Une impression
plus forte détermine une sensation plus forte. Ce fait n'a évidemment
rien qui doive nous surprendre, quelque hypothèse que nous admettions
d'ailleurs. L'intensité des courants devient plus grande, et un changement d'intensité nerveuse est un changement d'impression. Mais les
sens nous donnent des différences de sensations *qualitatives*, et celles-ci
sont plus difficiles à expliquer. Nous ne pouvons, dans l'état actuel de
nos connaissances, déterminer le changement de courant produit dans
les fibres des nerfs optiques par le rouge, le jaune, le bleu, ni le mode
de diffusion qui en résulte. On a supposé l'existence de fibres séparées
pour les couleurs primitives; ceci diminuerait un peu la difficulté et ré-
duirait les différents modes d'action à n'être plus que de simples différences d'intensité ou de degré » (A. Bain, *L'esprit et le corps*, p. 89).

(1) *Logique*, 1re part., ch. I; p. 6.
(2) *Gramm.*, 1re part., ch. VIII, p. 85.
(3) *Logique, ibid.*

principal du sentiment (1), sont en contact avec les objets.
Aussi tous les sens peuvent-ils être considérés comme
des *extensions du tact* (2). « Mais comment le contact de
certains corpuscules occasionnera-t-il les sensations de
son, de lumière, de couleur (3)? » Toutes questions in-
solubles, étant donnée notre ignorance de l'essence de
l'âme, du mécanisme de l'œil, etc., et « l'on peut abandonner l'explication de ces phénomènes à ceux qui ai-
ment à faire des hypothèses sur les choses où l'expérience n'est d'aucun secours (4). »

Ainsi, pour Condillac comme pour Bain, la sensation
varie d'après les différents organes et d'après l'activité
du moi ou l'intensité de l'impression. « Si, » dit-il,
« l'homme (5) n'avait aucun intérêt à s'occuper de ses
sensations, les impressions que les objets feraient sur
lui passeraient comme des ombres et ne laisseraient
point de traces. Après plusieurs années, il serait, comme
au premier instant, sans avoir acquis aucune connaissance et sans avoir d'autre faculté que le sentiment. »
Et plus loin : « Si une multitude de sensations se font
à la 'ʼʂ avec le même degré de vivacité ou à peu près,
l'homme n'est encore qu'un animal qui sent : l'expérience seule suffit pour nous convaincre qu'alors la multitude des impressions ôte toute action à l'esprit (6). »

Remarquons que Condillac a soin de distinguer le
fait mental ou la sensation, du fait organique ou de
l'impression qui en est la cause : « Il ne peut y avoir
que du mouvement dans les organes, et cependant une
sensation, quoique produite à l'occasion du mouvement,
n'est pas ce mouvement même. Les sensations ne sont
donc pas dans les organes (7). » Craignant, d'un autre

(1) *Logique*, 1ᵉ part., ch. IX, p. 75.
(2) *Ibid.*, p. 76.
(3) *Ibid.*, p. 77.
(4) *Ibid.*, p. 77.
(5) *Ext. rais.*, p. 8, 9.
(6) *Ibid.*, p. 15.
(7) *Précis des leç. prél.*, p. cviii.

côté, de multiplier les facultés et de renouveler inutilement les entités du moyen âge, il avait reconnu dans la sensation un élément affectif, purement passif, et un élément représentatif, dû à l'activité du moi, corrélative à l'action du cerveau. Aussi est-il difficile d'admettre le reproche que lui adresse G. Lewes de s'en être tenu à une *analyse verbale* (1). Condillac n'a-t-il pas affirmé qu'il se mêlait des jugements à nos sensations? S'il n'avait pas à sa disposition les résultats de la physiologie moderne, et particulièrement la *curieuse histoire de Laura Brigmann* (2), n'a-t-il pas eu le mérite de montrer que nos connaissances dépendent de la nature ou de la conformation de nos organes, qu'avec un plus grand nombre de sens nous aurions peut-être plus d'idées, mais que les cinq que nous possédons suffisent, pourvu que nous sachions bien les conduire?

Si nous comparions, dans le détail, les idées de Condillac avec celles des Anglais nos contemporains, que de rapprochements curieux nous pourrions trouver sur l'analyse des sens et leur éducation, sur le rôle prédominant du toucher, sur l'importance du sens musculaire!

Sans entrer, il est vrai, aussi avant que Bain et Herbert Spencer dans l'analyse physiologique, Condillac avait déjà affirmé la priorité et la nécessité des sensations musculaires dans l'*évolution de l'appareil sensi-*

---

(1) « Le grand défaut de Condillac, c'est sa méthode, qui est une analyse verbale, au lieu d'être une analyse biologique. Il se laisse duper, par les mots... Condillac a confondu, sous le nom de sensation, deux choses en réalité différentes : la sensation proprement dite et l'idéation... L'indépendance de l'idéation et de la sensation est prouvée psychologiquement et anatomiquement, et ruine dans sa base le système de Condillac (G. Lewes, cité par Ribot, *Psych. angl.*, p. 310 et suiv.).

(2) Le savant critique de l'école anglaise dit ailleurs : « Ce sont les physiologistes qui ont tiré de la curieuse histoire de Laura Bridgmann les conclusions qu'elle comportait, conclusions totalement contraires à la doctrine de la sensation transformée, et qui, fondées sur des faits, n'avaient point le caractère vague des arguments ordinaires » (Ribot, *ibid.*, p. 38).

tif (1). Bornant la statue au toucher, il la réduit, dit-il, au plus faible degré de connaissance d'elle-même (2); elle a néanmoins celle de l'action des diverses parties de son corps et surtout du mouvement de la respiration : c'est ce qu'il appelle du nom de *sentiment fondamental* (3), qui, tout en ne lui donnant qu'une impression confuse de son existence, lui permettrait déjà de dire *moi* (4). Que ce sentiment devienne plus fort, elle commencera à acquérir des idées plus complexes de ses modifications (5). N'est-ce pas reconnaître l'activité comme la propriété *la plus intime* de notre être, comme la condition de toutes nos sensations (6) ?

Un point sur lequel Condillac diffère des psychologues anglais, à l'exception de Hamilton, c'est qu'il ne reconnaît pas de sensations indifférentes. Tandis que, d'après James Mill (7), celles-ci sont probablement les

(1) Cf. H. Spencer : « L'évolution de l'appareil sensitif ou directeur est enveloppée d'une manière inséparable dans l'évolution de l'appareil musculaire ou exécuteur. » *Princ. de psych.*, t. I, p. 372. — Cf. *ibid.*, p. 370 à 372

(2) *Traité des sensat.*, 2ᵉ part., ch. I, p. 166.

(3) *Ibid.*, p. 167 : « Je l'appellerai *sentiment fondamental*, parce que c'est à ce jeu de la machine que commence la vie de l'animal : elle en dépend uniquement. Etant exposée ensuite aux impressions de l'air environnant et de tout ce qui peut la heurter, son sentiment fondamental est susceptible de bien des modifications dans toutes les parties de son corps. » — « Elle pourrait dire *moi* aussitôt qu'il est arrivé quelque changement à son sentiment fondamental. »

(4) M. Ribot, se plaçant à un point de vue particulier, dit : « Ne pourrait-on pas considérer comme un retentissement lointain, faible et confus du travail vital universel, ce sentiment si remarquable qui nous avertit, sans discontinuité ni rémission, de l'existence et de la présence actuelle de notre propre corps ? Condillac l'appelait, avec assez de propriété, le sentiment fondamental de l'existence; Maine de Biran, le sentiment de l'existence sensitive » (*Hérédité*, p. 361, 1ʳᵉ édit.).

(5) *Sensat.*, 2ᵉ part., ch. III.

(6) Voir A. Bain : « Le mouvement précède la sensation; à l'origine, il se manifeste indépendamment d'aucun *stimulus* extérieur; l'action est une propriété plus intime, plus fondamentale qu'aucune de nos sensations » (*Sens et intell.*, p. 45).

(7) « Toutes nos sensations sont agréables, désagréables ou indifférentes, et celles-ci sont probablement les plus nombreuses. » Voir Ribot, *Psych. angl.*, p. 75.

plus nombreuses, il soutient que cette prétendue indifférence est toute relative, que toute sensation prise en soi est agréable ou désagréable, « sentir et ne pas se sentir bien ou mal sont deux expressions tout à fait contradictoires (1). » Al. Bain (2) admet aussi des états neutres. Mais M. Fr. Bouillier, qui a si bien étudié la sensibilité, est pour Condillac. « Comment, » dit-il, « concevoir un *excitement*, suivant l'expression de Bain, où la sensibilité n'entre absolument pour rien, une surprise qui ne soit au moins à quelque degré agréable ou désagréable (3) ? »

(1) *Ext. rais.*, p. 20. — Cf. *Traité des sensat.*, 1re part., ch. II, p. 72 : « Parmi ces différents degrés, il n'est pas possible de trouver un état indifférent : à la première sensation, quelque faible qu'elle soit, la statue est nécessairement bien ou mal. Mais, lorsqu'elle aura ressenti successivement les plus vives douleurs et les plus grands plaisirs, elle jugera indifférentes, ou cessera de regarder comme agréables ou désagréables les sensations plus faibles qu'elle aura comparées avec les plus fortes. »

(2) « Nous pouvons sentir, et cependant n'être ni heureux ni malheureux. Un sentiment peut être très intense sans être ni agréable ni désagréable : un tel sentiment s'appelle neutre ou indifférent. Un sentiment bien familier : la surprise, peut servir d'exemple. » *Émot. et vol.*, tr. fr., p. 13. En note, l'auteur ajoute : « Les sentiments indifférents sont pleinement admis par Reid; mais Hamilton, quelque étrange que ce soit, conteste leur existence. »

(3) Fr. Bouillier, *Plaisir et douleur*, p. 210.

CHAPITRE II.

LE PLAISIR ET LA DOULEUR.

Nous sommes donc amenés à exposer la théorie de Condillac sur le plaisir et la douleur : ce sont, croit-il, deux faits contemporains ou plutôt deux modes de la première sensation. Tout entier à ce qu'il éprouve, et ne connaissant pas d'autre manière d'être, l'homme ne se figure pas qu'il puisse être mieux ou plus mal qu'il n'est (1). Mais peu à peu il s'aperçoit qu'il change, qu'il passe d'un état de conscience à un autre, et il distingue des sentiments agréables et des sentiments pénibles. Il désire voir renaître les uns, disparaître les autres. C'est ainsi que le plaisir et la peine sont les premiers mobiles de notre activité (2), les ressorts de notre intelligence et de notre volonté (3), en un mot, nos premiers maîtres (4).

Mais quelle est la nature de ces phénomènes? Comme

(1) *Traité des sensat.*, 1re part., ch. II, p. 58.

(2) *Ibid.*, p. 67 : « C'est toujours le plaisir et la douleur qui sont le premier mobile de nos facultés. »

(3) *Ibid.*, 2e part., ch. VIII, p. 205 : « Le plaisir l'attache (la statue) aux objets, l'engage à leur donner toute l'attention dont elle est capable, et à s'en former des idées plus exactes. La douleur l'écarte de tout ce qui peut lui nuire, la rend encore plus sensible au plaisir, lui fait saisir les moyens d'en jouir sans danger, et lui donne des leçons d'industrie. »

(4) *Logique*, 1re part., ch. I : « Le plaisir et la douleur sont nos premiers maîtres : ils suffiraient à notre développement, et l'art de raisonner nous serait inutile si nous n'avions jamais à juger que de ce qui a rapport aux besoins de première nécessité : dans ce cas nous ne nous trompons jamais... »

un grand nombre de psychologues de nos jours, Condillac fait consister notre plus grand bien dans l'exercice de nos facultés. « Nous ne souffrons par la perte d'un bien, » dit-il, « que parce qu'une partie de l'activité de notre âme demeure sans objet (1). » N'est-ce pas la théorie de William Hamilton : « Tout plaisir naît du libre jeu de nos facultés, toute douleur d'une activité violemment refoulée ou violemment exagérée (2) ? » A. Bain fait-il autre chose que préciser davantage, en se plaçant au point de vue physiologique, quand il dit : « Les sensations de plaisir se rattachent à un accroissement, et celles de souffrance à une diminution de quelques-unes des fonctions vitales ou de toutes ces fonctions (3) ? »

On sait que Stuart Mill a fait des objections (4) à cette théorie à laquelle se sont pourtant ralliés, avec Bain, d'autres philosophes qui se rattachent à son école (5). On a opposé aussi à cette explication les plaisirs de l'oisiveté et du *farniente ;* mais Hamilton avait prévenu l'objection, et Condillac, avant lui, disait que quand les plaisirs ont demandé trop d'activité, l'âme fatiguée trouve sa plus grande jouissance dans le repos. C'est que Condillac ne peut pas ne pas admettre des degrés dans le plaisir et la peine. « En diminuant, le plaisir tend à s'éteindre et il s'évanouit avec la sensation. En augmentant, au contraire, il peut conduire jusqu'à la douleur,

---

(1) *Traité des animaux,* 1ᵉ part., ch. VIII, p. 601.

(2) Hamilton, *Leç. de métaph.,* t. II, p. 477.

(3) A. Bain, *L'esprit et le corps,* p. 62. — Cf. *Sens et intellig.,* p. 246. Voir aussi Léon Dumont et l'expression qu'il propose de substituer à celle d'Hamilton : « Nous dirions aujourd'hui, pour exprimer les mêmes vues que Ham^(on), qu'il y a plaisir toutes les fois que l'ensemble de forces qui con... :e le moi se trouve augmenté, sans que cette augmentation soit assez considérable pour produire un mouvement de dissolution de ces mêmes forces; il y a peine, au contraire, lorsque cette quantité de forces se trouve diminuée » (*Théorie scientifique de la sensibilité,* p. 67).

(4) Stuart Mill, *Examen de la philosophie de Hamilton,* p. 531 et suiv. Cf. Léon Dumont, *Théorie scientif.,* p. 65.

(5) Entre autres, Hodgson (*Théorie de la pratique*). Voir aussi Léon Dumont, ouv. cité, p. 67.

parce que l'impression devient trop forte pour l'organe. Ainsi, il y a deux termes dans le plaisir. Le plus faible est où la sensation commence avec le moins de force; le plus fort est où la sensation ne peut augmenter sans cesser d'être agréable; c'est l'état le plus voisin de la douleur. L'impression d'un plaisir faible paraît se concentrer dans l'organe, qui le transmet à l'âme. Mais s'il est à un certain degré de vivacité, il est accompagné d'une émotion qui se répand dans tout le corps. Cette émotion est un fait que notre expérience ne permet pas de révoquer en doute. La douleur peut également augmenter ou diminuer : en augmentant, elle tend à la dissolution totale de l'animal; mais en diminuant, elle ne tend pas, comme le plaisir, à la privation de tout sentiment; le moment qui la termine est au contraire toujours agréable (1). »

Le plaisir et la douleur sont les stimulants de l'intelligence et de la volonté, qui tendent à atteindre l'un, à éviter l'autre. Mais comme les plaisirs et les peines sont mêlés, mon bonheur rencontre des obstacles : je dois lutter. Cette lutte même et les victoires qui couronnent mes efforts me font jouir davantage de la possession de l'objet agréable; j'en apprécie mieux le prix : « La plus grande jouissance des biens naît de l'idée vive des maux auxquels je les compare (2). » C'est ainsi que je suis poussé à agir, à utiliser les objets de la nature, à vaincre les animaux nuisibles, à soumettre et apprivoiser ceux qui peuvent aider à ma conservation et à mon entretien, à me faire « des règles pour juger de la bonté et de la beauté des choses (3). »

Nos penchants ont leur évolution, depuis l'amour-

(1) Cf. Bonnet, *Traité analytique*, L. X. — Voir Léon Dumont, ouv. cité, p. 58. Dumont fait remarquer que Beneke, « combinant la définition de Condillac avec la théorie épicurienne, considère le plaisir comme une excitation modérée tenant le milieu entre le besoin qui est pénible et l'excitation trop forte qui devient douloureuse. » *Ibid.*, p. 59. — Il note aussi les rapports de cette théorie avec celles des physiologistes.
(2) *Traité des sensat.*, 4e part., ch. VIII, p. 411.
(3) *Ibid.*, p. 412.

propre, que possèdent les bêtes, et dont le premier objet n'est pas la conservation, mais le plaisir, ou plutôt la fuite de la douleur, jusqu'à la passion qu'elles ignorent (1). Chez l'homme, qui connaît la mort, l'amour-propre comprend à la fois l'amour du plaisir et l'amour de la conservation (2). En outre, les inclinations de l'homme sont vertueuses ou vicieuses : les penchants des animaux sont indifférents au point de vue moral (3).

Condillac n'a pas tenté, comme Hartley, Bentham (4), Bain (5), Morell (6), une classification analytique des plaisirs et des douleurs. Il se contente de les ramener à deux espèces : les uns relatifs au corps, les autres relatifs à l'âme ; il appelle les premiers sensibles, les autres intellectuels ou spirituels. Mais cette distinction, l'homme ne la peut faire dès le début, elle est le résultat de l'expérience : car, en réalité, l'âme seule sent et ce n'est que par l'association et l'habitude que nous rapportons à telle ou telle partie de l'organisme la modification agréable ou pénible (7).

Faut-il dire en passant que Condillac, qu'on' a parfois rendu responsable des conséquences morales que quelques-uns ont prétendu tirer de sa psychologie, proteste contre la doctrine cyrénaïque, pour qui la volupté « n'était qu'un plaisir de sensation (8) ?»

---

(1) *Traité des animaux*, 2ᵉ part., ch. VIII, p. 595 : « Lorsque les bêtes travaillent à leur conservation, elles ne sont occupées que du soin d'écarter la douleur. »

(2) *Ibid.*, p. 593-594.

(3) *Ibid.*, p. 596 : « Notre amour-propre a encore un caractère qui ne peut convenir à celui des bêtes. Il est vertueux ou vicieux, parce que nous sommes capables de connaître nos devoirs et de remonter jusqu'aux principes de la loi naturelle. Celui des bêtes est un instinct qui n'a pour objet que des biens et des maux physiques. »

(4) Voir F. Bouillier, *Du plaisir et de la douleur*, p. 315.

(5) *Id., Ibid.*, p. 303. — Cf. Bain, *Émotions et volonté*, p. 508 et *pass.*

(6) Ribot, *Psych. angl.*, p. 397. — Cf. Dumont, *Théor. scien'..* p. 119-124.

(7) *Traité des sensat.*, 1ʳᵉ part., ch. II, p. 69-70.

(8) « Cette doctrine serait une source de désordres dans la société, et de remords dans l'homme assez stupide pour la suivre. » *Hist. anc.*, t. X, p. 275.

CHAPITRE III.

PROCESSUS DE LA SENSATION.

§ 1er. — *Le besoin.*

Le plaisir et la peine sont intimement liés au besoin. Si l'homme n'avait pas de besoin, il serait réduit à une sorte de léthargie et le plaisir lui-même, qui en tire toute sa vivacité, aurait moins de prix à ses yeux (1). Sans doute, un homme sur qui la nature veillerait de façon à pourvoir à chacun de ses besoins aussitôt leur naissance pourrait se conserver longtemps, mais ce serait une créature peu développée et d'une intelligence fort restreinte (2). Que le besoin, au contraire, soit difficile à satisfaire, l'homme fait effort pour se soustraire au malaise et à la douleur ; le besoin une fois satisfait, il s'abandonne à la tranquillité (3) ; il ne prévoit pas que cet état doive renaître, il ne songe qu'au présent, n'a aucun souci de l'avenir (4). Mais peu à peu, averti par l'expérience du passé et excité par l'imagination, il cherche à se mettre en garde contre les maux et à s'assurer le bonheur (5).

Il y a aussi dans les besoins une évolution, depuis la satisfaction nécessaire jusqu'à la jouissance excessive

(1) *Traité des sensat.*, 4e part., ch. I, p. 352.
(2) *Ibid.*, p. 354.
(3) *Ibid.*, p. 355.
(4) *Ibid.*, p. 355.
(5) *Ibid.*, p. 356-363.

entraînant après elle la satiété èt le dégoût; mais la
douleur elle-même nous est utile : elle nous avertit de
veiller plutôt à la conservation de nos forces que de
chercher le plaisir (1).

Ce sont en définitive les besoins qui déterminent notre activité et l'ordre de nos connaissances (2) : c'est à
eux, répète souvent Condillac, qu'est dû tout le progrès, dans l'espèce comme dans l'individu. Le besoin
est le guide naturel des sens : on peut s'en assurer par
l'observation des enfants, qui suivent les lois de la nature (3); c'est lui qui nous pousse à apprendre, à discerner de la multitude des choses ce qui est utile à notre
développement physique ou moral (4).

Le premier de tous les besoins est celui de nourriture (5); viennent ensuite ceux qui concourent à notre
conservation et donnent naissance à des mouvements
habituels (6); enfin, d'autres, plus complexes, provo-
quent des mouvements plus réfléchis, des actes « qui
demandent de nouvelles vues et de nouvelles combinaisons (7). »

Condillac donne une grande place au besoin d'action
et il reproche aux philosophes qui voulaient faire consister le bonheur dans le repos de n'avoir pas tenu assez compte de ce fait primordial (8).

---

(1) « La douleur l'avertit bientôt que le but du plaisir n'est pas uniquement de la rendre heureuse (la statue) pour le moment, mais encore
de concourir à sa conservation; ou plutôt de rétablir ses forces pour
lui rendre l'usage de ses facultés, car elle ne sait pas ce que c'est que se
conserver. » Sensat., 4ᵉ part., ch. Iᵉʳ, p. 363.
(2) Logique, 2ᵉ part., ch. Iᵉʳ, p. 97.
(3) Motif des leçons, p. 1..
(4) Art de raisonner, p. 63. — Cf. Logique, p. 99.
(5) Sensat., 4ᵉ part., ch. Iᵉʳ, p. 359. — Cf. Hist. anc., t. IX, ch. v, p. 37.
(6) Ibid., p. 361.
(7) Traité des animaux, 2ᵉ part., ch. v, p. 555.
(8) « La plus légère considération sur les facultés de l'homme suffit
pour dissiper ce fantôme de bonheur que les philosophes croyaient
trouver dans une tranquillité parfaite. Nous avons des besoins. De ces
besoins naissent nécessairement des craintes et des désirs. De ces
craintes et de ces désirs naît également la nécessité d'agir... » Hist. anc.,

Au besoin d'agir, qu'elle implique d'ailleurs, se rattache la curiosité qui « n'est que le désir de quelque
chose de nouveau (1). » Elle suppose qu'on a déjà fait
des découvertes et qu'on croit avoir le moyen d'en faire
d'autres. Elle est un puissant mobile de notre activité :
plus nos connaissances s'accroissent, plus elle devient
un besoin pressant, que l'éducation pourra amoindrir
mais pas anéantir. Il arrivera sans doute parfois qu'elle
sera mal dirigée, appliquée à des choses frivoles ou inutiles : mais à l'origine, elle est un sentiment qui dérive
de notre nature (2).

Condillac suit la curiosité dans les différentes phases
de son évolution. L'homme s'intéresse d'abord à ce qui
peut le nourrir, et, peu à peu, à tout ce qui l'environne.
C'est ainsi qu'il observe ses organes, les impressions
que les choses font sur eux, les mouvements nécessaires pour se rendre maître de ce qui lui est utile; plus
tard, s'attachant aux rapports des différentes parties du
monde extérieur, il distribue les êtres en classes, associe ses idées, devient entreprenant, attaque les animaux,
s'en empare et s'en nourrit (3). Originellement donc, la
curiosité n'a pour objet que notre conservation et l'utilité prochaine : ce n'est que par un processus plus ou
moins long qu'elle s'élève aux questions spéculatives (4).
Telle est, dit Condillac, la marche naturelle de l'esprit
humain; les philosophes qui ont eu la prétention de

---

t. X, p. 245. Pyrrhon eut le tort de vouloir supprimer les craintes et les
désirs : « C'est nous anéantir. » *Ibid.*

(1) *Sensat.*, 2⁰ part., ch. VII, p. 200.

(2) *Ibid.*, p. 109 et suiv. — Cf. Th. Reid, *Essai*, III, 2⁰ part., ch. II,
p. 43-44; t. VI, trad. Jouffroy.

(3) *Traité des sensat.*, 4⁰ part., ch. II, p. 365-374.

(4) *Ibid.* — Cf. Herbert Spencer, *Principes de biologie*, t. I, p. 130-
131 : « Incapable de penser et dépourvu du désir de savoir, le sauvage
n'a aucune tendance spéculative. Il voit des choses qui s'imposent sans
cesse à son attention, et ne fait aucun effort pour les expliquer... On
nous le représente, d'ordinaire, comme se perdant en théories sur les
phénomènes qui l'entourent, tandis qu'en réalité il ne sent pas le besoin
de les expliquer. »

s'élever de prime saut à l'explication de la nature des choses en ont dévié (1).

Tandis que Condillac place, dans l'évolution individuelle, la curiosité immédiatement après le besoin de nourriture, Hume, au contraire, refuse de « reconnaître la curiosité comme un ressort primordial de notre existence : ce sont des passions seules qui excitent en nous le désir de savoir : le plaisir que l'homme trouve à philosopher est analogue pour lui à celui de la chasse (2). » Hume n'a-t-il donc pas vu que la curiosité ou l'amour de la recherche, tout en n'étant originairement qu'un besoin naturel, peut, aussi bien que l'amour de la chasse, se transformer en passion?

Si Condillac, comme on le lui reproche, n'a pas connu l'analyse biologique, n'a-t-il pas pourtant noté, avant Charles Darwin, le rapport entre nos besoins et la conformation de nos organes? « La manière dont je suis conformé détermine les espèces d'aliments dont j'ai besoin, et la manière dont les productions sont conformées elles-mêmes détermine celles qui peuvent me servir d'aliments (3). » Il n'est pas nécessaire que nous connaissions ces différentes conformations : la nature nous avertit elle-même par le plaisir ou la douleur.

§ 2. — *Le désir.*

Le besoin non satisfait provoque le désir (4), que Locke a eu le tort de confondre avec sa cause (5) et

----

(1) *Hist. anc.*, t. IX, ch. v.

(2) Hume, *Nat. hum.*, II, p. 313. — Voir Ritter, *Hist. de la philosophie moderne*, t. III, p. 97.

(3) *Logique*, 2ᵉ part., ch. Iᵉʳ p. 97.

(4) *Extrait raisonné*, p. 9.

(5) *Ibid.*, p. 20 : « En voulant définir le désir, il l'a confondu avec la cause qui le produit. « L'inquiétude, » dit-il, « qu'un homme ressent en lui-même par l'absence d'une chose qui lui donnerait du plaisir si elle était présente, c'est ce qu'on nomme désir. » On sera bientôt convaincu que le désir est autre chose que cette inquiétude. »

qu'il a trop distingué de la volonté (1). Malebranche l'a aussi mal défini, parce qu'il ne l'a pas assez bien analysé, quand il le dit « un mouvement de l'âme (2). » Condillac complète cette définition : le désir est pour lui « la détermination des facultés sur l'objet dont on est privé (3). » Ce n'est pas un fait primitif, mais secondaire, qui implique aussi bien les facultés du corps que celles de l'âme (4), qui a son germe dans le besoin et dont l'évolution se termine à la passion (5).

§ 3. — La passion.

Condillac définit la passion « un désir qui ne permet pas d'en avoir d'autres ou qui, du moins, est le plus dominant (6). » Elle subsiste tant que son objet paraît le seul désirable; « mais elle est remplacée par une autre si la statue a occasion de s'accoutumer à un nouveau bien auquel elle doit donner la préférence (7). » Il indique par là les causes déterminantes de la passion, dégagées par la psychologie contemporaine : l'imagination, l'habitude et la réflexion (8), qui peuvent d'ailleurs se ramener à l'association.

Condillac n'a pas analysé les passions avec autant de détails que Descartes, Bossuet et Malebranche; mais il

---

(1) « Il met entre le désir et la volonté plus de différence qu'il n'y en a en effet. » *Ibid.*, p. 9.

(2) « Malebranche le définit le *mouvement de l'âme*, et il parle en cela comme tout le monde. Il n'arrive que trop souvent aux philosophes de prendre une métaphore pour une notion exacte. » *Ibid.*, p. 19.

(3) *Précis des leç. prélim.*, p. xcvi.

(4) « Le désir n'est que l'action des mêmes facultés qu'on attribue à l'entendement, et qui, étant déterminée vers un objet par l'inquiétude que cause sa privation, y détermine aussi l'action des facultés du corps. » *Ext. rais.*, p. 21.

(5) « Du désir naissent les passions... Tout cela n'est donc encore que la sensation transformée... » *Ibid.*, p. 21. Cf. *Précis des leç.*, p. xcvii : « Les désirs prennent le nom de passions, lorsqu'ils sont vifs et continus... »

(6) *Traité des sensat.*, 1re part., ch. III, p. 92.

(7) *Ibid.*

(8) Voir notamment Th. Bernard, *Psychologie*, p. 83.

est remonté à leur origine et en a marqué assez rapidement l'évolution. D'accord avec Bossuet, dont il ne fait aucune mention comme philosophe, mais qu'il cite souvent comme modèle dans *l'art d'écrire*, il ramène toutes les passions à deux principales : l'amour et la haine, qui ont pour origine le plaisir et la peine (1). L'un et l'autre peuvent avoir leur processus ou des degrés (2) que nous désignons par des mots comme goût, penchant, inclination d'une part, éloignement, répugnance, dégoût d'autre part. Ces sentiments, toutefois, ne sont pas, à proprement parler, des passions : ils n'en sont que le commencement (3).

A l'amour se rattache l'espérance, qui se flatte de la possibilité de jouir de l'objet agréable; à la haine, la crainte, qui se juge menacée de l'objet désagréable (4). « L'espérance et la crainte contribuent à augmenter les désirs. C'est du combat de ces deux sentiments que naissent les passions les plus vives (5). » Si jusqu'ici Condillac ne semble guère dépasser Bossuet, il cherche plus loin à expliquer le passage de l'égoïsme à l'altruisme ou aux sentiments appelés ego-altruistes par Herbert Spencer.

L'homme, dont toutes les passions se ramènent d'abord à l'amour de soi (6), c'est-à-dire de ses sensations agréables, attribuant peu à peu ses modifications aux objets extérieurs qui les occasionnent, en arrive à aimer, haïr, craindre, espérer les choses sensibles elles-mêmes (7).

---

(1) *Traité des sensat.*, 1re part., ch. III, p. 92.
(2) *Ibid.*, p. 93.
(3) *Id., ibid.*
(4) *Id., ibid.*
(5) *Ibid.*, p. 94.
(6) « L'amour dont notre statue est capable n'est que l'amour d'elle-même, ou ce qu'on nomme l'amour-propre. Car, dans le vrai, elle n'aime qu'elle, puisque les choses qu'elle aime ne sont que ses propres manières d'être. » *Ibid.*, p. 93.
(7) « Son amour, sa haine, sa volonté, son espérance, sa crainte n'ont plus ses propres manières d'être pour seul objet : ce sont les choses palpables qu'elle aime, qu'elle hait, qu'elle espère, qu'elle craint, qu'elle veut. Elle n'est donc pas bornée à n'aimer qu'elle-même; mais son amour

« On voit donc, » dit Condillac, « comment d'un seul désir, celui d'écarter la douleur, naissent les passions dans tous les êtres capables de « sentiment; comment des mouvements qui nous sont communs avec les bêtes et qui ne paraissent chez elles que l'effet d'un instinct aveugle, se transforment chez nous en vices ou en vertus, et comment la supériorité que nous avons par l'intelligence nous rend supérieurs par le côté des passions (1). » S'il refuse aux animaux les inclinations vertueuses ou vicieuses, c'est qu'il a parfaitement remarqué les rapports de la passion avec l'intelligence. Chez l'homme, l'espérance et la crainte, excitées souvent par l'imagination qui agrandit les objets aimables ou terribles, sont causes d'illusions nombreuses, propres à nous rendre vainement heureux ou malheureux, et, par conséquent, nous nuisent, si nous ne savons les régler par la raison, en nous dérobant la réalité pour y substituer des apparences (2).

Si l'on reproche à Condillac d'avoir traité trop superficiellement du mode affectif ou émotionnel, c'est une critique que M. Ribot adresse également aux psychologues anglais contemporains (3), dont « les doctrines sur

pour les corps est un effet de celui qu'elle a pour elle-même; elle n'a d'autre dessein , en les aimant, que la recherche du plaisir ou la fuite de la douleur. » *Sensat.*, 2ᵉ part., ch. VI, p. 196.

(1) *Traité des animaux*, 2ᵉ part,. ch. VIII, p. 202. — Cf. Bain : « Nous sommes capables de concevoir les douleurs des autres êtres par l'expérience personnelle que nous en avons , et , quand nous les concevons, nous nous sentons disposés à faire les mêmes choses pour les soulager que si ces peines étaient nôtres... L'intelligence, qui peut se faire des idées de la condition des autres êtres sensibles , nous pousse à les traduire en actes et à nous conduire comme s'il s'agissait de nos propres peines » (*Sens et intell.*, p. 302).

(2) *Traité des sensat.*, 4ᵉ part., ch. Iᵉʳ, p. 357. — Cf. *Traité des animaux*, 2ᵉ part., ch. IX, p. 608 : « Les passions vicieuses supposent toujours quelques faux jugements. La fausseté de l'esprit est donc la première habitude qu'il faut travailler à détruire. »

(3) Ribot, *Psych. angl.*, p. 72-73 : « Les uns n'y touchent point; d'autres, comme M. H. Spencer et M. John Stuart Mill, n'ont guère fait que l'effleurer. Deux seuls ont essayé de la traiter à fond : James Mill et M. Bain. L'étude de ce dernier, probablement la plus ample et la plus

la psychologie des sentiments, des émotions, des phénomènes affectifs en général, ne semblent pas aussi précises ni aussi complètes que sur la question des sensations et des idées. » N'est-ce pas suivre la tradition de Condillac dont cette question fut, dès son premier ouvrage, la préoccupation dominante?

Grâce pourtant à ces tentatives d'analyse, on a pu ramener les passions à des lois qui, dit M. Janet, « sont au fond les mêmes que celles du plaisir et de la douleur, mais avec quelques nuances différentes (1). » On peut, sans trop de peine, y retrouver les remarques de Condillac sur le rôle de l'habitude, de l'imagination, du conflit de la crainte et de l'espérance, et enfin sur l'action organique.

approfondie qui ait encore paru sur ce sujet, nous semble cependant la partie faible de son ouvrage. »

(1) P. Janet, *Traité élémentaire*, p. 53 : lois de continuité, de relativité, de contagion, d'idéalité, de rythme, de diffusion.

SECTION II.

EVOLUTION DE L'ENTENDEMENT.

CHAPITRE PREMIER.

LA PERCEPTION.

La distinction devenue classique en France aussi bien qu'en Angleterre des deux faits corrélatifs de la sensation et de la perception avait été assez nettement indiquée par Condillac pour qu'on n'eût qu'à développer ou préciser sa pensée.

Que dit en effet Condillac? Que la sensation est pour l'âme l'occasion de la connaissance du moi et du non moi, de la perception de ce qu'elle juge en elle et hors d'elle (1); qu'à toutes nos sensations se mêlent des jugements (2) : en un mot, comme nous l'avons déjà vu, il y reconnait deux modes : l'un subjectif, affectif; l'autre représentatif, objectif (3).

---

(1) *Sensat.*, 2ᵉ part., ch. VIII, p. 226.

(2) *Ibid.*, 3ᵉ part., ch. IV, p. 315.

(3) Cf. A. Bain : « Nos sensations sont des faits en partie intellectuels, en partie sensibles. » *Logique*, t. II, p. 408. — « Comme les sens nous procurent ou bien de véritables émotions (plaisir ou peine), ou bien des représentations intellectuelles qui sont les germes de nos idées, le mot sensation peut être employé pour l'un ou pour l'autre de ces phénomènes. Enfin, il y a une différence à faire entre la perception et la sensation, ou entre l'effet immédiat produit sur l'esprit et les effets dérivés : la couleur et la grandeur visible sont des sensations, la distance et la grandeur réelle sont des perceptions » (*Ibid.*, t. II, p. 412). — De même, d'après M. Morell : « Prise seule, la sensation n'est ni de la connaissance, ni de l'expérience : c'est un phénomène subjectif ou, pour mieux dire, une série d'états isolés, sans connexion entre eux. La perception ne se

« Il y a, » dit-il, « trois choses à considérer dans nos sensations : 1° la perception que nous éprouvons ; 2° le rapport que nous en faisons à quelque chose hors de nous ; 3° le jugement que ce que nous rapportons aux choses leur appartient en effet (1). » Peut-on mieux ana-lyser ces deux faces d'un même phénomène qu'en ces termes : « La sensation actuelle comme passée de soli-dité est seule par elle-même tout à la fois sentiment et idée. Elle est sentiment par le rapport qu'elle a à l'âme qu'elle modifie ; elle est idée par le rapport qu'elle a à quelque chose d'extérieur... Cette sensation nous force bientôt à juger hors de nous toutes les modifications que l'âme reçoit par le toucher : c'est pourquoi chaque sen-sation du tact se trouve représentative des objets que la main saisit. Nos sensations se rassemblent hors de nous et forment autant de collections que nous distinguons d'objets sensibles (2). »

La perception est « le premier et moindre degré de connaissance (3), » « la première opération de l'âme (4). » Condillac la définit : « l'impression occasionnée dans l'âme par l'action des sens (5) ; » c'est à elle que nous devons la notion d'extériorité (6). Mais il est si loin de confondre la sensation et la perception, faits mentaux, avec l'impression organique ou les mouvements senso-riels, qu'il prétend que la sensation se rapporte à une substance une, qu'on nomme *âme, esprit*, tandis que les mouvements appartiennent à des organes distincts (7),

produit que lorsque deux ou plusieurs états de conscience ont été liés entre eux intimement... » (Voir Ribot, *Psych. angl.*, p. 386).

(1) *Art de penser*, 1re part., ch. II, p. 17. — *Essai sur l'orig.*, p. 30.

(2) *Extrait raisonné*, p. 41-42.

(3) *Essai sur l'origine*, 1re part., ch. Ier, p. 38.

(4) *Ibid.*, Introd., p. 10.

(5) *Ibid.*, 1re part., ch. Ier, p. 38.

(6) « Si nous cherchons à quoi nous rapportons cette étendue et ces figures, nous apercevons clairement et distinctement que ce n'est pas à nous ou à ce qui est en nous le sujet de la pensée, mais à quelque chose hors de nous » (*Ibid.*, 1re part., p. 29.

(7) *Précis des leçons*, p. CVIII, CIX. Cf. *Sensat.*, *Dessein de l'ouvrage*, p. 31.

et qu'il reproche à Buffon d'avoir soutenu deux choses à son avis contradictoires : que les bêtes sont sensibles et matérielles (1).

Toutefois, il y a un rapport entre le fait physiologique et le fait psychique. Les perceptions sont plus ou moins nombreuses selon le nombre de nos organes ou plutôt de nos sensations (2). Toutes sont saisies par la conscience, quoi qu'en aient dit les Cartésiens, les Malebranchistes, les Leibniziens surtout (3).

Condillac se refuse à admettre des perceptions obscures ou confuses (4) : il suffit, d'ailleurs, pour les rendre claires et distinctes d'y apporter de l'attention : c'est de la vivacité et non de la durée que dépend leur clarté. Otez l'attention, l'âme semble plongée dans une sorte d'assoupissement où « elle n'est occupée d'aucune pensée (5). »

« Percevoir, » a dit Herbert Spencer, « c'est classer des rapports (6)... » « Une perception spéciale n'est possible que par l'intuition d'une ressemblance ou dissemblance entre certains attributs ou rapports présents et certains attributs et rapports passés (7). » N'est-ce pas aussi à des rapports que Condillac avait ramené toutes nos perceptions (8)?

(1) *Traité des animaux*, 1re part., ch. III, p. 466.

(2) « Puisque la perception ne vient qu'à la suite des impressions qui se font sur les sens, il est certain que ce premier degré de connaissance doit avoir plus ou moins d'étendue, selon qu'on est organisé pour recevoir plus ou moins de sensations différentes. Prenez des créatures qui soient privées de la vue, d'autres qui le soient de la vue et de l'ouïe, et ainsi successivement ; vous aurez bientôt des créatures qui, étant privées de tous les sens, ne recevront aucune connaissance. Supposez, au contraire, s'il est possible, de nouveaux sens dans des animaux plus parfaits que l'homme. Que de perceptions nouvelles! » (*Essai sur l'orig.*, p. 39). — Ce passage ne contenait-il pas déjà en germe, dès 1746, l'allégorie de la statue développée en 1754 ?

(3) *Essai sur l'orig.*, p. 39.

(4) *Ibid.*, p. 33 et suiv.

(5) *Ibid.*, p. 49.

(6) Herbert Spencer, *Princ. de psych.*, t. II.

(7) *Ibid.*, t. II, p. 135.

(8) « Il est démontré que nous ne connaissons pas la nature des êtres,

Si l'expression est quelquefois flottante chez lui, si, dans l'*Essai*, il dit que les perceptions, dans leur origine, sont simples et que, quand elles forment une collection, elles se ramènent cependant à l'unité (1); si, dans le *Traité des sensations*, il en distingue de simples et de complexes (2), il n'en devance pas moins Herbert Spencer et Bain, et, comme eux, reconnaît que la perception d'un corps est le résultat de l'association de certaines propriétés, une coordination d'attributs. « Les sensations étant devenues à son égard les qualités mêmes des objets, la statue ne peut s'en rappeler, en imaginer ou en éprouver, qu'elle ne se représente des corps. Par là, elles entrent toutes dans quelques-unes des collections que le tact lui a fait faire, deviennent des propriétés de l'étendue, se lient étroitement à la chaîne des connaissances par la même idée fondamentale que les sensations du toucher, et la mémoire et l'imagination en sont plus riches que lorsqu'elle n'avait pas encore l'usage de tous ses sens (3). » L'idée que nous conservons le plus longtemps est celle d'étendue : le toucher, même dans le sommeil, nous met en rapport avec cette qualité des corps ; les objets nous sont représentés comme formés de parties contiguës (4); l'étendue est la condition des autres propriétés.

mais il l'est aussi que nous connaissons plusieurs des rapports qu'ils ont à nous » (*Hist. anc.*, t. X, ch. XVI, p. 142).

(1) *Essai sur l'origine*, p. 19, 26.

(2) *Traité des sensat.*, 2ᵉ part., ch. VIII, p. 212.

(3) *Ibid.*, 3ᵉ part., ch. XI, p. 346.

(4) *Art de penser*, ch. II, p. 17. Cf. Bain, *L'esprit et le corps*, ch. V; *Sens et intellig.*, passim, résumé ainsi par M. Ribot : « La perception d'un objet extérieur est fondée sur des associations par contiguïté dans l'espace et le temps. C'est parce que nous associons les données de nos divers sens, que nous percevons des objets concrets qui nous sont donnés comme extérieurs » (*Psych. angl.*, p. 244). — D'après Herbert Spencer : « Par des décompositions successives de nos connaissances en éléments de plus en plus simples, nous devons arriver, enfin, au tout à fait simple, aux matériaux ultimes, au *substratum*. Qu'est-ce que ce *substratum*? C'est l'impression de la résistance » (Herbert Spencer, *Pr. de psych.*, t. II, p. 238).

Pour Condillac comme pour les psychologues anglais, la sensation n'est qu'un signe qu'il faut interpréter (1) : c'est une erreur de croire que les choses sont en dehors de nous comme nous les sentons : « Accoutumés de bonne heure à nous dépouiller de nos sensations pour en revêtir les objets, nous ne nous bornons pas à juger que nous avons des sensations, nous jugeons encore qu'elles sont hors de nous. Mais cette erreur n'est que dans les jugements dont nous nous sommes fait une habitude... Nous ne saurions concevoir dans les objets quelque chose de semblable à ce que nous éprouvons (2)... » Nous ne pouvons connaître la nature même des êtres, mais seulement les phénomènes sensibles (3).

Comme on le voit, avant G. Lewes (4), il avait insisté, notamment au sujet d'Aristippe et d'Epicure (5), sur la distinction de la perception proprement dite ou du fait de conscience avec le jugement que nous en portons. C'est cette confusion qui a fait que les sens ont été, dès l'antiquité, l'objet des accusations de certains philosophes. Sans doute, ils peuvent être l'occasion d'erreurs, mais ils sont aussi une source de

(1) Herbert Spencer considère « les sensations comme autant de signes, et la perception comme l'interprétation d'un groupe de signes » (*Princ. de psych.*, t. I, p. 396).

(2) *Art. de penser*, 1re part., ch. II, p. 14.

(3) *Ibid.*

(4) « L'erreur radicale de ceux qui pensent que nous percevons les choses comme elles sont consiste à prendre une métaphore pour un fait... La perception n'est rien de plus qu'un état du sujet percevant, c'est-à-dire un état de conscience : elle peut être causée par des objets externes, mais elle ne leur ressemble en rien » G. Lewes, *Hist. de la philosophie*. Voir Ribot. p. 371.

(5) *Hist. anc.*, t. X, p. 170, 275 : « Aristippe est le premier qui ait bien parlé sur les sens. Il a vu qu'ils ne nous trompent que par les jugements que nous joignons à nos sensations; que, propres à nous faire connaître les choses par leurs apparences et par leurs rapports à nous, ils ne sauraient faire découvrir ce qu'elles sont en elles-mêmes. » — « Epicure a su démêler deux choses dans nos sensations : la perception qui est toujours vraie, parce qu'elle n'assure que ce que nous sentons; le jugement qui peut être faux lorsque, d'après nos perceptions, nous jugeons de ce que les choses sont en elles-mêmes. »

vérités (1). Nous ne nous trompons que parce que nous
affirmons quelle est la nature des choses qui sont hors
de nous et que nos sens ne peuvent nous faire connai-
tre ; ne leur demandons que ce qu'ils sont capables de
donner : des phénomènes et des rapports (2). Cette connaissance peut avoir plus ou moins d'étendue, suivant
que nous sommes plus ou moins bien organisés ou
que nous sommes plus ou moins attentifs (3). Ce qui
montre, comme nous l'avons déjà dit, que Condillac
fait une place plus importante qu'on ne le répète généralement à l'activité et qu'il tient compte des conditions
physiologiques.

Quant à l'explication profonde et définitive de la perception, Condillac ne l'a pas cherchée : il croit que c'est
chose impossible, et qu'au delà de la sensation et de la
perception — autrement dit des états de conscience —
que nous pouvons affirmer (4), il y a un postulat inexplicable, comme dit Herbert Spencer (5).

D'après A. Bain (6) et G. Lewes (7) le sens de l'exté-

(1) *Art de penser*, 1re part., ch. II, p. 13.
(2) *Ibid.*, p. 14.
(3) *Ibid.*, 1re part., ch. III, p 23.
(4) « Notre âme a des perceptions, c'est-à-dire qu'elle éprouve quelque
chose quand les objets font impression sur les sens. Voilà ce que nous
sentons : mais la nature de l'âme et la nature de ce qu'elle éprouve
quand elle a des perceptions nous sont si fort inconnues que nous ne
saurions découvrir ce qui nous rend capables de perceptions » (*Traité
des systèmes*, 2e part., ch. VIII, p. 179). — « Qu'est-ce qu'une perception ? C'est ce que l'âme éprouve quand il se fait quelque impression
dans les sens. Cela est vague et n'en fait point connaître la nature,
j'en conviens, et, après cet aveu, on n'a plus de questions à me faire »
(*Ibid.*, p. 180).
(5) « La validité de cette conclusion que tout ce que nous sentons
n'existe que comme nous le sentons nous-mêmes dépend entièrement de
ce postulat : que les sensations ont des antécédents hors de nous-
mêmes » (H. Spencer, *Pr. de psych.*, t. I, p. 213).
(6) D'après A. Bain, « la solidité, l'étendue et l'espace, qui sont les propriétés fondamentales du monde matériel, répondent à certains mouvements et énergies de notre propre corps, et existent dans notre esprit
sous forme de sentiments de force, d'impressions visuelles ou tactiles.
Le sens de l'extériorité est donc la conscience d'énergies et d'activités
particulières qui nous sont propres » (Ribot, *Psy. angl.*, p. 253).
(7) « La perception est l'identité du moi et du non moi, le rapport de

riorité se ramène à la conscience de l'activité. N'est-ce pas la solution indiquée par Condillac, et développée par Maine de Biran?

Un point sur lequel Condillac reste inférieur aux psychologues contemporains, c'est qu'il n'a pas posé la loi du rapport de la sensation et de la perception qui, comme l'a justement remarqué Herbert Spencer (1), appartient à une époque récente, et a été formulée d'une manière précise par Hamilton (2). Toutefois, il semble avoir entrevu les deux facteurs du rapport établi par H. Spencer (3), l'intensité et la vivacité, quand il dit : « une sensation est attention, soit parce qu'elle est seule, soit parce qu'elle est plus vive que toutes les autres (4). »

deux termes, le *tertium quid* de deux forces unies, comme l'eau est l'identité de l'oxygène et de l'hydrogène » (Ribot, *ibid.*, p. 329).

(1) H. Spencer, *Pr. de psych.*, t. II, p. 253.

(2) « William Hamilton dit que, passé un certain point, plus la sensation est forte, plus la perception est faible, et plus la perception est distincte, moins la sensation s'impose : en d'autres termes, qu'autant qu'elles coexistent, il se trouve toujours que, sous le rapport du degré d'intensité, elles sont en raison inverse l'une de l'autre. » (*Ibid.*)

(3) Herbert Spencer modifie ainsi la loi : « Il semble qu'au lieu de dire que la perception et la sensation varient en raison inverse, il serait plus juste de dire qu'elles s'excluent mutuellement avec une force variable en degrés. Quand les sensations (considérées comme des changements physiques dans l'organisme) sont faibles, le phénomène objectif qu'elles représentent nous occupe seul, les sensations sont complètement exclues de la conscience, et ne peuvent y être ramenées sans un effort marqué » (*Ibid.*, p. 255).

(4) *Ext. raisonné*, p. 16.

CHAPITRE II.

L'INCONSCIENT ET LA CONSCIENCE.

§ 1er. — *L'inconscient.*

Condillac, ne reconnaissant pas de sensations indifférentes, n'admet naturellement pas l'inconscient, du moins dans le sens que lui ont donné les philosophes allemands et quelques psychologues anglais, comme G. Lewes, Morell et J. Murphy (1). Hamilton paraît être le premier qui ait soutenu, en Angleterre, l'existence d'états psychiques inconscients et Stuart Mill n'oublie pas de le critiquer sur ce point et de le mettre en contradiction avec ses propres aphorismes (2).

Condillac avait bien dit, il est vrai, que nous n'avons pas conscience des premiers mouvements de la nature, que nous ne pouvons pas connaître comment s'effectuent les rapports de l'âme et du corps (3) : il ne nous est possible que de constater le fait et cela doit nous suffire (4). Remarquons d'ailleurs que la question est plutôt d'ordre métaphysique que psychologique. Il avait reconnu que « dans le développement de nos facultés, il y a des principes qui nous échappent au moment même qu'ils nous

(1) Voir, sur l'inconscient, Fr. Bouillier : *La conscience en psychologie et en morale; La vraie conscience.* — Colsenet : *La vie inconsciente de l'esprit.* — Léon Dumont : *Théorie scientifique de la sensibilité*, etc.

(2) *Examen de la philosophie de Hamilton*, p. 212.

(3) *Sensation*, 2e part., ch. IV, p. 182-183.

(4) *Ibid.*, 2e part., ch. III, p. 180.

guident : nous ne les remarquons pas et cependant nous
ne faisons rien que par leur influence (1). » Mais c'est
surtout au point de vue physiologique ou de l'activité
motrice qu'il se place. « Chaque instant produit en nous
des sensations que le sentiment ne fait point remarquer
et qui, à notre insu, déterminant nos mouvements, veillent à notre conservation. Je vois une pierre prête à
tomber sur moi et je l'évite. C'est que l'idée de la mort
ou de la douleur se présente à moi et j'agis en conséquence (2). » Mais n'est-ce pas en définitive un acte réflexe, ou le résultat d'une association tellement habituelle
que nous ne nous en rendons pas compte?

L'inconscience, d'ailleurs, n'est que relative : elle
tient au peu de vivacité ou d'énergie mentale, au défaut
d'attention. « Quelquefois notre conscience, partagée
entre un grand nombre de perceptions qui agissent sur
nous avec une force à peu près égale, est si faible qu'il
ne nous reste aucun souvenir de ce que nous avons
éprouvé. A peine sentons-nous pour lors que nous existons (3). » En somme ces cas d'inconscience ne seraient
que des cas d'oubli (4). « Si, par la conscience d'une
perception, on entend une connaissance réfléchie qui
en fixe le souvenir, il est évident que la plupart de nos
perceptions échappent à notre conscience; mais si on
entend par là une connaissance qui, quoique trop légère
pour laisser des traces après elle, est cependant capable d'influer et influe, en effet, sur notre conduite au
moment que la perception se fait éprouver, il n'est
pas douteux que nous n'ayons conscience d'une multitude de perceptions qui paraissent ne pas nous avertir
de leur présence (5). »

(1) *Sensat.*, 2ᵉ part., ch. IX, p. 238.
(2) *Art de raisonner*, ch. IV, p. 51 et suiv.
(3) *Essai sur l'orig.*, 1ʳᵉ part., sect. IV, ch. II, p. 192. — *Sensat.*, 4ᵉ part.,
ch. VII, p. 400.
(4) *Art de penser*, ch. III, p. 24.
(5) *Ibid.*, ch. III, p. 24 et suiv. — Condillac donne des exemples pour
éclaircir sa pensée.

G. Lewes, qui est pour l'inconscient, et qui accumule les exemples à l'appui de sa thèse, se plaint d'une « malheureuse équivoque de langage qui fait paraître absurde de parler de sensations non perçues (1). » Mais, tout en critiquant les analyses verbales, il reproduit à peu près les expressions de Condillac (2). Herbert Spencer semble avoir mieux tranché la question par l'opposition ou le conflit du phénomène affectif ou émotionnel, et du fait intellectuel ou représentatif (3).

§ 2. — *La conscience.*

Si l'inconscient n'est que relatif, s'il n'est qu'une dégradation plus ou moins grande de la conscience, qu'est-ce donc que la conscience pour Condillac? C'est « le sentiment qui. donne à l'âme la connaissance de ses perceptions et qui l'avertit du moins d'une partie de ce qui se passe en elle (4). »

Il n'en fait pas, comme les Ecossais, une faculté spéciale, distincte des autres pouvoirs ou opérations du moi : « perception et conscience ne doivent être prises que pour une seule opération (5); nous sentons notre pensée, nous la distinguons parfaitement de ce qui n'est pas elle (6). » La distinction entre la conscience et la perception est purement verbale (7).

---

(1) Voir Ribot, *Psych. angl.*, p. 349.

(2) « Certaines sensations sont si faibles ou si familières, ou si bien noyées dans des sensations plus fortes, ou si incapables d'exciter des associations d'idées que nous n'en sommes pas conscients dans le présent, et que nous ne pouvons nous les rappeler plus tard » (*Ibid.*, p. 349).

(3) « La perception et la sensation tendent toujours à s'exclure l'une l'autre sans y réussir jamais : et c'est seulement en vertu de ce conflit que la conscience continue » (*Prin. de psych.*, t. I, p. 512.

(4) *Essai*, 1re part., ch. I, p. 40. — Cf. *Art de raisonner* et *Art de penser.*

(5) *Essai*, 1re part., ch. I, p. 40.

(6) *Ibid.*, p. 18.

(7) « Perception et conscience ne sont qu'une même opération sous deux noms » (*Ibid.*, p. 50).

La conscience se retrouve sous tous nos états mentaux (1), quoiqu'à des degrés différents; c'est grâce à elle que nous saisissons sous nos diverses modifications « un être qui est constamment le même nous (2). » Condillac pose la distinction, devenue courante de nos jours dans la philosophie classique, de la conscience instinctive, qui perçoit les phénomènes au passage, et de la conscience réfléchie, instrument du psychologue, qui les analyse et les ramène à des classes et à des lois (3). Toutes les opérations de l'âme, que distingue la réflexion, pourraient être réduites à une seule, la conscience (4), car dans leur origine elles sont toutes également simples : chacune d'elles n'est qu'une perception (5).

La conscience peut avoir un état vif et un état faible (6) : mais, quelle que soit la variété ou la multiplicité de ses opérations, l'homme y sent « un certain fonds qui reste toujours le même (7). » Adversaire de la théorie des idées innées et de la philosophie cartésienne en général, Condillac n'admet pas que l'âme pense toujours, mais il soutient que « l'exercice de la perception et de la conscience ne cesse point quand on est éveillé (8), » et il reconnaît avec Descartes que la notion de notre être est perçue directement par la conscience (9). Aussi réfute-t-il les philosophes qui ont cherché à définir l'existence après avoir préalablement distingué la possibilité et l'impossibilité (10).

(1) *Essai*, 1re part., ch. Ier, p. 49.
(2) *Ibid.*, p. 52.
(3) *Ibid.*, p. 92, 93. — Cf. *ibid.*, p. 213.
(4) *Ibid.*, p. 118.
(5) *Ibid.*, p. 159.
(6) *Ibid.*, p. 192.
(7) « Notre esprit étant trop borné pour réfléchir en même temps sur toutes les modifications qui peuvent lui appartenir, il est obligé de les distinguer, afin de les prendre les unes après les autres. Ce qui sert de fondement à cette distinction, c'est que ces modifications changent et se succèdent continuellement dans son être, qui lui paraît un certain fonds qui demeure toujours le même » (*Essai sur l'orig.*, p. 214-215).
(8) *Ibid.*, p. 200.
(9) *Ibid.*, p. 214.
(10) « En observant mieux l'ordre naturel des idées, on aurait vu que

4

Mais pour qu'il y ait conscience, — et ici l'analyse de Condillac devance encore celle des Anglais contemporains, — il faut changement d'état, c'est-à-dire un contraste ou un choc mental (1) : autrement dit, la conscience consiste dans la perception d'une différence (2), et c'est surtout dans l'action que se manifeste cette perception. « C'est au mouvement que les enfants doivent la conscience la plus vive qu'ils aient de leur existence (3). » Toutes ces idées de Condillac ne sont-elles pas celles qu'ont reprises de nos jours Hamilton, James Mill, Bain, Herbert Spencer (4), pour qui aussi la conscience n'est pas une faculté spéciale qui viendrait, comme l'ont cru les Ecossais, s'ajouter aux autres sentiments et en serait distincte?

la notion de possibilité ne se forme que d'après celle de l'existence » (*Ibid.*, p. 230. — Cf. *Art de penser*, p. 118).

(1) *Essai sur l'origine*, p. 498, 499.

(2) « Il faut s'être senti avec quelques idées pour observer qu'on se sent avec des idées qu'on n'avait pas » (*Traité des sensat.*, Desseins de l'ouvr., p. 47).

(3) *Traité des sensat.*, 2ᵉ part., ch. VI, p. 192.

(4) « Chez les psychologues anglais contemporains, la conscience est le mot qui exprime, de la manière la plus générale, les diverses manifestations de la vie psychologique. Elle consiste en un courant continu de sensations, idées, volitions, sentiments, etc. Le premier fait fondamental, celui qui constitue la conscience, c'est la perception d'une différence. Le second fait fondamental, celui qui continue la conscience, c'est la perception d'une ressemblance. Le seul fait psychologique, primitif et irréductible, est la sensation » (Ribot, *Psych. angl.*, Conclusion, p. 410).

CHAPITRE III.

LES FACULTÉS.

La sensation est le fait primitif, l'habitude et l'association des idées sont les ressorts de notre développement intellectuel, de nos opérations ou facultés. Mais que sont pour Condillac les facultés? D'abord on peut, suivant la manière de concevoir les choses, multiplier plus ou moins les opérations de l'âme, ou les réduire à une seule, la conscience (1). « Mais il y a un milieu entre trop diviser et ne pas diviser assez (2). » D'ailleurs, les facultés ne sont que des capacités de l'âme, et ce mot convient aussi bien aux actions du corps (3). Condillac, comme M. Taine, considère donc le mot faculté comme un *nom commode* (4). Attention, comparaison, jugement, réflexion, imagination, raisonnement « sont contenus dans la faculté de sentir (5) : » c'est par l'analyse seule qu'on les en sépare et qu'on les distingue (6). « Toutes les opérations de l'âme, considérées dans leur origine, sont également simples, car chacune n'est alors qu'une perception : mais ensuite elles se

(1) *Essai sur l'orig.*, 1ʳᵉ part., sect. II, ch. VIII, p. 118.
(2) *Id., ibid.* — Cf. Rabier, *Psychologie*, p. 81.
(3) *Précis des leç.*, p. XCV.
(4) *Ibid. :* « On donne à ces opérations le nom de facultés, et alors on ne veut pas dire qu'elles sont actuellement dans l'âme, on veut dire seulement que l'âme en est capable. » — Cf. Taine, *Intell.*, t. I, préface.
(5) *Logique*, 1ʳᵉ part., ch. VII, p. 65.
(6) *Ibid.*

combinent pour agir de concert et forment des opérations complexes (1). » Aussi Condillac n'admet-il pas
qu'on puisse, avec Bacon, ramener à la raison, à la mémoire et à l'imagination toutes les opérations intellectuelles (2).

Herbert Spencer (3) et A. Bain (4) reproduisent sur ce
point les idées, sinon les termes mêmes de Condillac.

Condillac ne reconnaît que deux chefs principaux ou,
comme il dit, deux systèmes d'opérations (5) : l'entendement et la volonté (6). C'est la division adoptée par
James Mill, qui rapporte tous les phénomènes de la
pensée à deux classes : les facultés intellectuelles et les
facultés actives (7).

L'entendement et la volonté constituent la pensée.
« Le mot *pensée* peut se dire en général de toutes les
opérations de l'âme et de chacune en particulier, comme
le mot *mouvement* s'applique à toutes les opérations du

---

(1) *Art de penser*, liv. I, ch. XIII, p. 162.

(2) *Hist. mod.*, t. XX, p. 513 : « Ce n'est que le résultat d'une analyse
grossièrement faite, résultat qu'on reçoit par convention, et qu'on
rejetterait si on analysait mieux. »

(3) « Evidemment les classifications courantes de nos philosophies de
l'esprit ne peuvent être vraies que superficiellement. Instinct, raison, perception, conception, mémoire, imagination, sentiments, volonté, etc., etc., tout cela ne peut être que des groupes conventionnels
de correspondances ou bien des divisions subordonnées parmi les
diverses opérations qui servent d'instruments pour effectuer les correspondances... Il est vrai qu'on peut percevoir des distinctions entre les
phénomènes groupés sous ces divers titres. Mais quand on les considère
dans leur essence, il est manifeste que, examinées à un certain point de
vue, elles se fondent l'une dans l'autre, comme les branches dans un
même tronc... » (H. Spencer, *Princ. de psych.*, t. I, p. 410.)

(4) « On a longtemps traité l'intelligence comme un faisceau de facultés qu'on a nommées perception, conception, etc... Cependant, les
modes d'action auxquels on a donné ces noms ne sont pas des facultés
distinctes, mais bien des applications différentes des mêmes facultés... »
(Bain, *L'esprit et le corps*, p. 236).

(5) *Essai sur l'orig.*, 1re part., sect. II, p. 36, 37.

(6) *Ibid.* Cf. *Art d'écrire*, p. 7, 8.

(7) Voir Ribot, *Psych. angl.*, p. 75 : « Dans la première, les sensations
et les idées sont considérées simplement comme existantes ; dans la
seconde, elles sont considérées comme excitant à l'action. »

corps (1). » Aussi bien l'entendement et la volonté ne
signifient-ils que l'âme envisagée par rapport à certains
actes qu'elle produit ou peut produire (2) ; l'entendement
embrasse toutes les opérations qui naissent de l'attention, comme la volonté toutes celles qui naissent du
besoin (3). « Le germe de l'art de penser est dans nos
sensations : les besoins le font éclore, le développement
en est rapide et la pensée est formée presque au moment
qu'elle commence ; car sentir des besoins, c'est sentir
des désirs et dès qu'on a des désirs, on est doué d'attention et de mémoire : on compare, on juge, on raisonne (4). » C'est cette génération et ce développement
des opérations de l'entendement que Condillac se pro-
posait de montrer dès son premier ouvrage. Il y déclare
qu'il ne se contentera pas de donner des définitions (5) ;
il reproche à Malebranche de s'être fait des idées peu
exactes, d'avoir traité de l'esprit par comparaison avec
le corps, tout en reconnaissant que ces comparaisons ne
peuvent être absolument justes, enfin d'avoir regardé
l'entendement comme essentiellement passif, tandis qu'il
ne l'est que lorsqu'il s'agit des idées qui viennent des
sens ; toutes les autres sont son ouvrage (6).

Avant Herbert Spencer qui tient, il est vrai, un plus
grand compte de notre organisation physiologique (7),
Condillac reconnaît comme facteurs de notre activité intellectuelle les besoins et les circonstances. « L'entendement, » dit-il, « n'est que la collection ou la combinaison des opérations de l'âme (8). » N'est-ce pas rame-

(1) *Précis des leç.*, p. XCIX.
(2) *Art de penser*, 1re part., ch. VIII, p. 110.
(3) *Précis des leç.*, p. XCVIII.
(4) *Art de penser*, p. 1.
(5) *Essai sur l'orig.*, 1re part., sect. II, p. 36, 37. C'est « une partie de
la métaphysique qui, dit-il, a été jusqu'ici dans un si grand chaos qu'il
a été obligé de se faire, en quelque sorte, un nouveau langage. »
(6) *Traité des systèmes*, ch. VII, p. 103 et suiv.
(7) H. Spencer, *Pr. de psych.*, t. II, p. 199 : « Toute intelligence est
acquise par l'expérience. »
(8) *Essai sur l'orig.*, 1re part., sect. II, ch. VIII, p. 116 : « Apercevoir
ou avoir conscience, donner son attention, reconnaître, imaginer, se

ner toutes nos facultés à une seule originelle (1)? N'est-ce pas ce que dit en d'autres termes Herbert Spencer (2)?

Il n'y a donc en résumé pour Condillac que deux facultés ou plutôt deux modes de processus de la sensation. C'est qu'en réalité nous ne nous déterminons et n'agissons qu'à la suite d'une sensation, à la fois affective et représentative, que la sensibilité est la condition et le germe de toute l'activité intellectuelle et motrice.

ressouvenir, réfléchir, distinguer des idées, les abstraire, les composer, les analyser, affirmer, nier, juger, raisonner, concevoir, voilà l'entendement. »

(1) « Quel que soit l'objet de notre pensée, ce n'est jamais qu'elle que nous apercevons et nous trouvons, dans nos sensations, l'origine de toutes nos connaissances et de toutes nos facultés » (Art de penser, 1ʳᵉ part., ch. I, p. 4).

(2) « Soit qu'on considère les faits en détail, soit qu'on les examine dans leur ensemble, on est conduit à cette conclusion nécessaire que l'intelligence n'a pas de degrés distincts, qu'elle n'est pas formée de facultés réellement indépendantes, mais que ses phénomènes les plus élevés sont les effets d'une multiplication qui, par degrés insensibles, est sortie des éléments les plus simples » (H. Spencer, Princ. de psych., t. I, p. 409).

CHAPITRE IV.

PROCESSUS DE L'ENTENDEMENT. — L'ATTENTION.

« Je suis remonté, » dit Condillac, « à la première opération de l'âme, et j'ai, ce me semble, non seulement donné une analyse complète de l'entendement, mais j'ai encore découvert l'absolue nécessité des signes et le principe de la liaison des idées (1). » Comment donc va s'effectuer ce processus? La première opération intellectuelle proprement dite est l'attention.

Pour ceux qui n'ont vu dans la sensation qu'un fait absolument passif, le passage de la sensation à l'attention est tout à fait inexplicable. La difficulté disparaît quand, comme Condillac, on n'admet pas d'états inconscients, mais seulement de faible conscience. « L'attention, » dit-il, « est la conscience plus vive que nous nous formons de quelque perception (2); » c'est l'opération par laquelle la conscience de certaines perceptions est si vive qu'elles semblent les seules dont nous ayons la connaissance (3). C'est donc une évolution naturelle de l'activité préexistante et non, comme on l'a dit, une métamorphose (4) complète et inconceva-

---

(1) *Essai sur l'orig.*, p. 502.
(2) *ibid.*, p. 117.
(3) *Essai sur l'orig.*, p. 42. — Cf. *ibid.*, p. 48. *Art de penser*, p. 38, etc.
(4) « Que de métamorphoses subit la sensation sous le talisman du philosophe! » V. Cousin, *Philos. sensualiste*, 3ᵉ leçon, p. 77. Cf. Nourrisson, ouv. cité, p. 538 : « Rien de plus miraculeux que cette simplicité... Vous diriez une sorte de prestidigitation. »

ble. D'ailleurs, ce passage de l'état faible à l'état vif a ses causes dans notre organisation physique et mentale. Ce qui détermine surtout et fixe notre attention, c'est « le rapport que les choses ont à notre tempérament, à nos passions, à notre état, ou, pour tout dire en un mot, à nos besoins... la même attention embrasse tout à la fois les idées des besoins et celles des choses qui s'y rapportent (1). » La condition physiologique de l'attention est « la direction de l'organe vers l'objet (2), » la condition psychologique, l'activité du moi impliquée dans la sensation (3). Condillac distingue donc une attention spontanée et une attention volontaire, suivant que nous dirigeons nous-mêmes nos sens ou non (4) : dans le second cas « l'effet de cette opération est si grand que par elle nous disposons de nos perceptions, à peu près comme si nous avions le pouvoir de les produire et de les anéantir (5). »

Si l'attention peut être involontaire, il n'en est pas de même de la réflexion, qui ne s'applique pas à des perceptions actuelles, mais à des faits antérieurs, et qui dépend entièrement de nous : « on dirait qu'elle suspend à son gré les impressions qui se font dans l'âme pour n'en conserver qu'une seule (6); » c'est à elle que « nous commençons à entrevoir tout ce dont l'âme est capable (7). » Y a-t-il donc un abîme aussi infranchissable qu'on l'a prétendu entre la sensation, l'attention et

(1) *Essai sur l'orig.*, 1re part., sect. II, ch. III, p. 67.
(2) *Précis des leçons*, p. LXXXVI.
(3) « La direction des organes, qui fait que vous remarquez plus particulièrement une sensation, n'est que la cause de l'attention. C'est uniquement dans votre âme que l'attention se trouve, et elle n'est que la sensation particulière que vous éprouvez » (*Ibid.*, p. LXXXV).
(4) *Essai*, p. 93 : « Tant qu'on ne dirige pas soi-même son attention, l'âme est assujettie à tout ce qui l'environne, et ne possède rien que par une vertu étrangère. Mais si, maître de son attention, on la guide selon ses désirs, l'âme alors dispose d'elle-même, en tire des idées qu'elle ne doit qu'à elle, et s'enrichit de son propre fonds. »
(5) *Essai*, *ibid.*
(6) *Id.*, *ibid.*
(7) *Ibid.*, p. 92.

la réflexion? entre la passivité et l'activité? Tout se ramène à une différence de degré et non de nature, à un
développement plus ou moins grand de l'énergie consciente. L'attention proprement dite, qui se porte sur
les objets extérieurs, est provoquée directement par
l'impression organique, tandis que la réflexion a pour
cause les faits mentaux qui résultent de cette impression, et demande plus d'effort; mais de part et d'autre
il y a activité.

C'est à la faculté d'attention que tient toute la différence des esprits (1). Sans doute, elle est, comme nous
l'avons vu, étroitement liée à notre organisation; mais
l'organisation seule ne suffit pas, il y faut joindre l'art
et l'exercice (2).

Le philosophe qui prétend « avoir découvert l'absolue
nécessité des signes et le principe de la liaison des
idées (3) » n'a garde d'oublier l'influence de l'attention
sur ces deux ordres de faits : il mêle même à ses théories des observations pédagogiques que n'ont fait que
reprendre et développer MM. Herbert Spencer et Bain (4).
Il ne veut pas qu'on aspire à être universel; car l'attention, d'où dépendent les autres opérations, « ne peut

(1) *Essai*, p. 93.

(2) « Si la nature nous a donné la faculté de voir une multitude de
choses à la fois, elle nous a donné aussi la faculté de n'en regarder
qu'une, c'est-à-dire de diriger nos yeux sur une seule, et c'est à cette
faculté, qui est une suite de notre organisation, que nous devons toutes
les connaissances que nous acquérons... » (*Logique*, p. 18). Nous avons
ainsi des connaissances « que nous devons uniquement à l'art avec
lequel nous avons dirigé nos regards... Il en est de l'esprit comme de
l'œil... Un esprit exercé voit, dans un sujet qu'il médite, une multitude
de rapports que nous n'apercevons pas, comme les yeux d'un grand
peintre démêlent en un moment, dans un tableau, une multitude de
choses que nous voyons avec lui, et qui, cependant, nous échappent »
(*Ibid.*, p. 20).

(3) Voir plus haut, p. 55.

(4) « On ne peut mieux augmenter l'activité de l'imagination, l'étendue
de la mémoire, et faciliter l'exercice de la réflexion qu'en s'occupant
des objets qui, exerçant davantage l'attention, lient ensemble un plus
grand nombre de signes et d'idées : tout dépend de là » (*Essai*, p. 90,
93, 94). Cf. H. Spencer, *De l'éducation intellectuelle, morale et physique*, ch. II, p. 162, et A. Bain, *Emotions et volonté*, p. 548, 552.

s'occuper d'un objet qu'à proportion du rapport qu'il a
à notre tempérament et à tout ce qui nous touche (1), »
et comme elle n'est que « la conscience qui nous avertit
plus particulièrement de la présence d'une perception,
il suffit, pour l'occasionner, qu'un objet agisse sur les
sens avec plus de vivacité que les autres (2). »

(1) *Essai*, p. 94.

(2) *Ibid.*, p. 76. Il nous semble regrettable que, dans une récente et
savante étude sur le *Mécanisme de l'attention* (*Rev. philosoph.*, oct.
et nov. 1887), M. Th. Ribot, qui cite les observations d'un grand nombre
de psychologues, notamment des anglais contemporains, n'ait fait aucune
mention de celles de Condillac, qui s'en rapprochent par plus d'un
point.

CHAPITRE V.

LA COMPARAISON.

Discrimination, similarité, rétentivité : voilà à quoi A. Bain (1) ramène toutes les opérations intellectuelles. De même Condillac avait compris que l'attention implique ressemblance, différence et mémoire. « Nous ne connaissons les choses, » dit-il, « que par les rapports qu'elles ont entre elles et avec nous (2). » Il avait nettement marqué que la comparaison est essentielle et fondamentale, qu'elle accompagne les premières sensations (3), qu'elle est la condition de tout jugement (4), même de ceux qu'on regarde comme les plus intuitifs. « Se faire une idée d'une grandeur, par exemple, c'est la comparer avec d'autres qu'on observe et juger qu'elle en diffère plus ou moins. Avec quelque promptitude que nous acquérions de pareilles idées, il est donc évident, puisqu'elles sont relatives, que nous ne les avons acquises que parce que nous avons comparé et jugé (5). »

(1) A. Bain, *Sens et intell.*, p. 283. — *Esprit et corps*, p. 87, 236. — *Logique*, t. II, p. 415, 417. — *Science de l'éducation*, p. 12, 15.

(2) *Art de raisonner*, p. 88.

(3) *Art de penser*, p. 1.

(4) Comparer, c'est « être attentif à deux idées. Or on ne peut les comparer sans apercevoir entre elles quelque différence ou quelque ressemblance » (*Ext. rais.*, p. 17). « Les manières d'être ne peuvent se partager la capacité de sentir qu'elles ne se comparent : car comparer n'est autre chose que donner en même temps son attention à deux idées. Dès qu'il y a comparaison, il y a jugement » (*Traité des sensat.*, 1re part., ch. II, p. 65.

(5) *Motif des leçons*, p. L.

La doctrine de la relativité de la connaissance est-elle donc d'invention récente? Herbert Spencer fait-il autre chose que renouveler la théorie de Condillac quand il dit : « Le rapport de différence est primordial : c'est le rapport impliqué dans tout autre rapport, et on n'en peut rien dire de plus, sinon qu'il est un changement de la conscience (1). » N'est-ce pas, pour Condillac, le changement, la différence ou le contraste qui fait naître les idées? La statue ne pourra manquer d'être surprise « si elle passe tout-à-coup d'un état auquel elle était accoutumée à un état tout différent, dont elle n'avait pas encore d'idée. Cet étonnement lui fait encore mieux sentir ses manières d'être (2). »

C'est donc d'après nos manières d'être, ou nos sensations, que nous distinguons les qualités des objets. « Dans tous les cas, la comparaison n'est jamais que l'attention donnée aux idées que vous avez de deux choses, c'est-à-dire aux sensations que les objets font sur vous, s'ils sont présents, et au souvenir des sensations qu'ils ont faites, s'ils sont absents (3). » De même pour Stuart Mill, c'est d'après nos états de conscience que nous jugeons de la différence des objets. « Là différence, autant que nos facultés peuvent la connaître, gît dans les sensations. Les différences qu'on dit exister entre les choses mêmes sont toujours fondées exclusivement sur la différence des sensations qu'elles excitent (4). »

_____

(1) H. Spencer, *Princ. de psych.*, t. II, p. 296. « Dans notre esprit, toutes les qualités des choses sont relatives. Comme nous n'acquérons des connaissances qu'autant que nous comparons, il ne nous est pas possible de considérer des qualités comme absolues : nous les voyons toujours dans les rapports qu'elles ont avec des qualités contraires » (Condillac, *Gramm.*, p. 101).

(2) *Traité des sensat.*, 1re part., ch. II, p. 67.

(3) *Précis des leçons*, p. LXXXVII.

(4) St. Mill, *Log.*, t. I, p. 79. Plus loin : « La ressemblance n'est que notre sentiment de ressemblance, la succession notre sentiment de succession : ou, si cela était contesté, il est certain, du moins, que notre connaissance et même la possibilité de la connaissance de ces relations ne concerne que celles qui existent entre des sensations ou autres états

La facilité de la comparaison dépend à la fois de la simplicité des idées et de la vivacité des impressions : « quand des notions peu composées font une impression assez ·sensible pour attirer notre attention sans effort de notre part, la comparaison n'est pas difficile; mais les difficultés augmentent à mesure que les idées se composent davantage et qu'elles font une impression plus légère (1). »

A. Bain, après n'avoir fait en somme qu'appuyer par des exemples (2) les observations de Condillac, conclut en disant que « la connaissance n'est jamais simple, mais toujours double ou à deux faces, quoique l'on ne parle pas toujours de ces deux faces (3). » N'est-ce pas là cette double attention, si mal comprise par quelques-uns, l'attention portée à la fois sur deux objets, comme l'avait dit à plusieurs reprises Condillac, qui en avait tiré un argument en faveur de l'unité de l'être pensant (4)? Il avait insisté aussi sur le rôle de la comparaison dans le développement des autres opérations intellectuelles et montré comment, par l'habitude d'établir et de saisir des rapports, nous arrivons à associer étroitement nos idées, à raisonner vite et juste (5).

---

de conscience ; car, quoiqu'on attribue la ressemblance, la succession, la simultanéité aux attributs et aux objets, c'est toujours en vertu de la ressemblance, succession ou simultanéité des sensations que les objets excitent, et sur lesquelles ces attributs sont fondés » (Id., ibid., p. 80).

(1) Essai sur l'orig., 1re part., sect. II, ch. VI, p. 99.

(2) « Presque tout le monde sait que, lorsque nous passons de la maladie à la santé, de la pauvreté à l'abondance, de l'ignorance à la connaissance, c'est le premier choc qui est le plus vif, et qu'à mesure que s'efface le souvenir de notre premier état, la vivacité avec laquelle nous jouissons du changement s'émousse aussi... Le loisir, la retraite et le repos ne sont agréables que par contraste avec les fatigues et les agitations qui les ont précédés » (A. Bain, L'esprit et le corps, p. 49).

(3) A. Bain, L'esprit et le corps, p. 49.

(4) Précis des leçons, p. XCVIII. — Art de raisonner, p. 45, etc.

(5) « Avec le secours de cette opération, nous rapprochons les idées les moins familières de celles qui le sont davantage; et les rapports que nous y trouvons établissent entre elles des liaisons très propres à augmenter et à fortifier la mémoire, l'imagination et, par contre coup, la réflexion. »

CHAPITRE VI.

L'ABSTRACTION ET LA GÉNÉRALISATION.

Le sentiment de la ressemblance et de la différence enveloppe, d'après l'école anglaise contemporaine et notamment A. Bain, l'abstraction et la généralisation : Condillac, avant eux, avait considéré, comme le principe de ces opérations, l'attention et la comparaison, soit involontaires ou spontanées, soit volontaires ou réfléchies. Ce n'est pas seulement dans le fond, mais encore dans la forme, qu'on peut découvrir entre eux et lui une profonde analogie : il n'est pas jusqu'aux exemples qui ne soient presque identiques (1).

Condillac établit que nos premières idées sont individuelles : « Puisqu'il n'y a hors de nous que des individus, il n'y a aussi que des individus qui puissent agir sur nos sens... Les autres objets de notre connaissance ne sont que différentes vues de l'esprit qui considère, dans les individus, les rapports par où ils se ressemblent et ceux par où ils diffèrent (2). » C'est ainsi, dit-il, que, pour l'enfant, le mot *papa*, d'abord appliqué à son père, est rapporté à tous les hommes, et cela parce que « les ressemblances sont les premières choses qui le frappent,

---

(1) Voir Bain, *Sens et Intell.*, p. 283, 623. — *L'esprit et le corps*, p. 90, 278, 285. — *Logique*, t. I, p. 7, 9, 36, 80; t. II, p. 256, 290.

(2) *Gramm.*, 1re part., ch. V, p. 59. Cf. Bain, *Log.*, t. II, p. 256 : « La nature ne nous présente que des concrets et des particuliers dans un cours perpétuel de changement et d'action réciproques. »

parce qu'il ne sait pas encore analyser pour distinguer les objets par les qualités qui leur sont propres (1). »

Mais comment nos premières idées, d'abord individuelles, se généralisent-elles ? Comment de générales deviennent-elles « des espèces subordonnées à un genre (2) ? » Il faut remarquer d'abord que « les idées abstraites naissent nécessairement de l'usage que nous voulons faire de nos organes ; par conséquent elles ne sont pas aussi éloignées de l'intelligence des hommes qu'on paraît le croire, et leur génération n'est pas assez difficile pour supposer que nous ne. puissions les tenir que de l'auteur de la nature (3). » Ces idées se forment en ne donnant notre attention qu'à telle ou telle propriété des corps, en séparant telle qualité des autres auxquelles nous n'avons point eu d'égard (4). C'est ainsi, par exemple, qu'après avoir éprouvé différentes espèces de sensations, nous en dégageons le caractère permanent et, éliminant les différences, nous formons la notion abstraite de sensation (5) : c'est en considérant, dans les objets. concrets et complexes, les qualités communes à plusieurs, que nous obtenons les idées abstraites et générales (6).

Condillac distingue des degrés dans les idées abstraites, un processus des abstractions naturelles des sens aux notions les plus élevées. « L'action des sens suffit à la production de quelques idées abstraites ; l'esprit concourt avec eux à la production de plusieurs ; enfin, aidé de celles qu'il a reçues des sens et de celles auxquelles il a contribué, il en forme par lui-même un grand nombre (7). » Il reconnaît donc, comme Herbert

(1) *Gramm.*, 1ʳᵉ part., ch. V, p. 56. Cf. Taine, *Intelligence.*
(2) *Id.*, *ibid.*, p. 58.
(3) *Traité des sensat.*, p. 218.
(4) *Ibid.*, p. 103.
(5) *Ibid.*, p. 245.
(6) *Ibid.*, p. 301.
(7) « Ainsi les idées abstraites de couleur, de son, etc., viennent immédiatement des sens ; celles des facultés de notre âme sont dues tout à la fois aux sens et à l'esprit ; et les idées de la divinité et de la morale

Spencer, que la pensée passe successivement par différents échelons (1), que les phénomènes mentaux constituent une série (2).

L'intelligence humaine, dans son enfance, s'attache d'abord aux ressemblances et descend ensuite aux différences (3) : c'est ce qui explique pourquoi nous nous élevons du premier coup aux idées les plus générales pour distinguer ensuite les espèces (4). Sans doute, ces idées générales sont, à l'origine, mal classées ; car l'ordre suppose des signes ; mais il est impossible qu'il n'y en ait point même avant le développement du langage ; il y a plus : sans idées générales, on ne pourrait apprendre à parler à un enfant (5).

Toutefois les idées générales ne sont pas des réalités objectives, puisque les sens ne nous font connaître que des individus : il n'y a pas de genres et d'espèces dans la nature : « Les idées générales sont les noms des classes que nous avons faites à mesure que nous avons senti le besoin de distribuer nos connaissances avec ordre (6). » Cette importance des signes pour former et

---

appartiennent à l'esprit seul. Je dis à *l'esprit seul*, parce que les sens n'y concourent plus par eux-mêmes ; ils ont fourni les matériaux et c'est l'esprit qui les met en œuvre. » *Art de penser*, p. 93.

(1) H. Spencer, *Princ. de Psych.*, t. II, p. 547.

(2) « Cette doctrine, que les phénomènes mentaux constituent une série, est depuis longtemps établie et nul n'en peut révoquer en doute la vérité générale. » H. Spencer, *Pr. de Psych.*, t. I, p. 426. « De l'ignorance de l'enfant aux connaissances de l'adulte, la marche ascendante se fait à pas lents. » *Id., ibid.*, p. 447.

(3) *Sensations*, p. 386.

(4) *Ibid.*, p. 388. « Elle passe tout à coup des idées particulières aux plus générales, d'où elle descend à de moins générales, à mesure qu'elle remarque la différence des choses. C'est ainsi qu'un enfant, après avoir appelé or tout ce qui est jaune, acquiert ensuite les idées de cuivre, de tombac, et d'une idée générale en fait plusieurs qui le sont moins. »

(5) « Si un enfant qui ne parle pas encore n'avait pas d'idées assez générales pour être communes au moins à deux ou trois individus, on ne pourrait jamais lui apprendre à parler, car on ne peut commencer à parler une langue que parce qu'avant de la parler on a quelque chose à dire, que parce qu'on a des idées générales ; toute proposition en renferme nécessairement. » *Sensat.*, 4e part., ch. VI, p. 388.

(6) *Précis des leç.*, p. LXXI.

fixer les idées abstraites et générales a été aussi mise en évidence par Herbert Spencer; mais contrairement à Condillac, qui accorde un certain pouvoir d'abstraction aux bêtes (1), il considère cette opération comme un degré supérieur absolument de l'intelligence (2), et la refuse aux sauvages. C'est que Condillac, comme nous l'avons dit, établit des degrés entre l'abstraction naturelle des sens et ces *expressions abrégées* qui contribuent tant à notre développement scientifique.

Mais si l'abstraction est naturelle et la généralisation nécessaire au développement de la pensée et du langage, elles n'en ont pas moins des dangers. C'est sur des abstractions que reposent la plupart des croyances et des préjugés populaires; ce sont elles qui ont donné naissance à la mythologie, à la divination sous toutes ses formes, aux absurdités de la magie et de l'astrologie judiciaire (3). Les philosophes eux-mêmes n'ont pas été exempts d'erreurs analogues quand ils ont regardé les idées abstraites « comme des êtres qui ont une existence réelle indépendamment de celle des choses (4), » quand ils ont donné l'être à des ouvrages de l'imagination. C'est à l'abus des idées abstraites que nous devons, dit Condillac, « l'heureuse découverte des qualités occultes, des formes substantielles, des espèces intentionnelles, ou, pour ne parler que de ce qui est commun

(1) « Les bêtes ont des idées abstraites et même générales; mais dans l'impuissance où elles sont de se faire une langue, elles n'ont pas ces expressions abrégées qui multiplient nos idées à l'infini; car le langage est à l'esprit ce que la statique est au corps; il ajoute à ses forces. » *Art de penser*, p. 110.

(2) « Une remarque de M. Hodgson sur les tribus montagnardes de l'Inde est un exemple de l'état mental qui résulte de l'incapacité de s'élever au-dessus du concret. La lumière, dit-il, est une abstraction supérieure qu'aucun de ceux qui me donnaient des explications ne pouvait saisir... Nous en trouvons encore un exemple dans Spix et Martins. On chercherait en vain, disent-ils, dans la langue des Indiens du Brésil, des mots pour exprimer les idées abstraites de plante, d'animal et pour les notions encore plus abstraites de couleur, de ton, de sexe, d'espèce, etc. » H. Spencer, *Principes de sociologie*, t. I, p. 127.

(3) *Traité des systèmes*, ch. V.

(4) *Essai*, 1re part., sect. IV, p. 213.

aux modernes, c'est à elles que nous devons ces espèces, ces genres, ces essences et ces différences qui sont
tout autant d'êtres qui vont se placer sous chaque substance pour la déterminer à être ce qu'elle est (1). » De
ce que chaque qualité contribue par son union avec
d'autres à modifier un corps, que toutes nos qualités
sont connues de nous comme nous appartenant réellement, on s'est mis à penser qu'elles avaient une existence réelle et distincte de leur sujet (2).

L'abus des abstractions réalisées a aussi entraîné celui des expressions métaphoriques : il ne faut pas s'en
étonner quand on songe aux équivoques du langage
même que nous employons pour parler de nos sensations. Qu'on prenne le mot *doux*, par exemple. « Une
chose peut être douce de bien des manières : à la vue,
au goût, à l'odorat, à l'ouïe, au toucher, à l'esprit, au
cœur, à l'imagination (3). » Condillac montre bien que
ces applications différentes d'un même mot reposent
sur l'association par ressemblance, mais il faut avouer
que Bain et Stuart Mill ont poussé l'analyse plus loin
que lui, qu'ils ont mieux cherché à déterminer la tran-
sition du sens primitif ou matériel au sens dérivé ou
immatériel. On peut citer notamment leur étude sur les
mots *goût* et *beau* où ils déploient une grande pénétration philosophique (4).

---

(1) *Essai*, 1ʳᵉ part., sect. IV, p. 218.

(2) *Art de penser*, p. 101. Aussi M. Janet a-t-il eu raison de dire que
« si l'école de Locke, de Condillac, de Destutt de Tracy a un mérite,
c'est l'horreur des abstractions réalisées » (*Crise philosophique*, p. 85).
Cette horreur est partagée par l'école anglaise contemporaine et par un
de ses maîtres avoués, Berkeley, pour qui « la racine de tout le mal
intellectuel, c'est le fantôme des idées abstraites. C'est dans les abstractions, dans leur verbiage scolastique que s'abritent toutes les absurdités, toutes les contradictions qui retardent la science et entretiennent
le scepticisme » (Voir Penjon, *Berkeley*, p. 24). D'après G. Lewes, « il
faut compter au nombre des infirmités de la pensée la tendance à réaliser des abstractions, à leur donner une existence objective et indépendante » (Voir Ribot, *Psych. angl.*, p. 311).

(3) *Traité des systèmes*, ch. IV, p. 56.

(4) Voir A. Bain, *Logique*, t. II, p. 259, et Stuart Mill, *Logique*, t. II,
p. 228.

On n'ignore pas qu'on doit à Hamilton la distinction précise de la quantité ou extension et de la qualité ou compréhension, et leur loi. Les philosophes anglais contemporains y ont substitué les mots *dénotation* et *connotation* (1), et des logiciens comme de Morgan et Boole (2) les ont ramenées à des signes et des rapports algébriques. Condillac leur est sur ce point inférieur et ne semble pas avoir entrevu l'importance de la question.

D'ailleurs il confond l'abstrait et le général (3), ce qui lui a attiré les critiques de Stuart Mill (4). Toutefois il a bien remarqué à la fois les dangers et l'utilité de la généralisation pour notre développement intellectuel en général et pour la mémoire en particulier. Si cette opération nous permet de rassembler et d'ordonner nos connaissances, de les ramener à l'unité, il n'en faut pas moins user avec circonspection. Le seul moyen, en effet, de s'assurer d'une vérité physique, c'est de joindre l'observation au raisonnement. Cette sage méthode n'a pas toujours été pratiquée par les philosophes (5) : à peine une loi a-t-elle été posée et vérifiée dans certains cas, qu'on se hâte de la généraliser. Il faut au contraire se

(1) Voir A. Bain et Stuart Mill, *Logique*.

(2) Voir L. Liard, *Les logiciens anglais contemporains*.

(3) « Les noms abstraits se forment en cessant de penser aux propriétés par où les choses sont distinguées, pour ne penser qu'aux qualités par où elles conviennent. Cessons de considérer ce qui détermine une étendue à être telle, un tout à être tel, nous aurons les idées abstraites d'étendue et de tout. » *Essai sur l'orig.*, 1re part., sect. V, p. 209.

(4) « Dans des temps voisins de nous s'est établie l'habitude, sinon introduite par Locke, du moins vulgarisée principalement par son exemple, d'appeler *noms abstraits* les noms qui sont le résultat de l'abstraction ou généralisation, et, par conséquent, tous les noms généraux, au lieu de borner cette dénomination aux noms des attributs. Les métaphysiciens de l'école de Condillac, — dont l'admiration pour Locke, négligeant les plus profondes spéculations de ce génie original, s'attache avec une ardeur particulière à ses parties les plus faibles, — ont, à sa suite, porté si loin cet abus du langage, qu'il est difficile maintenant de ramener le mot à sa signification primitive... » Stuart Mill, *Logique*, t. I, p. 28.

(5) *Art de raisonner*, l. IV, ch. I, p. 220. « La manie de généraliser a souvent égaré : elle est le principe de tous les mauvais systèmes. »

garder d'affirmer de toute l'espèce ce qu'on n'a bien constaté que dans quelques individus (1).

Non content de critiquer cette tendance à généraliser et à réaliser des abstractions, Condillac, fidèle à son principe, en recherche l'origine et il la trouve dans l'association : les noms des substances jouent dans notre esprit le même rôle que les sujets des qualités dans le monde extérieur; nous pouvons connaître toutes les idées simples qui contribuent à une idée que nous formons sans modèle et, comme ce qui fait qu'une chose est telle ou telle est ce qu'on appelle son essence, nous croyons connaître des essences; enfin nous supposons que les termes répondent à la réalité des choses, ce qui est souvent loin d'être vrai (2).

On ne s'étonnera donc pas après cela que Condillac ait attaqué avec tant de vigueur les systèmes abstraits (3), c'est-à-dire ceux qui prennent pour principes des abstractions, et qui, partant, renversent l'ordre naturel. « C'est aux idées plus faciles à préparer l'intelligence de celles qui le sont moins; or chacun peut connaître, par sa propre expérience, que les idées sont plus faciles à proportion qu'elles sont moins abstraites et qu'elles se rapprochent davantage des sens (4). » D'ailleurs, les principes abstraits sont stériles. On ne peut rien tirer de propositions comme celle-ci : « Tout ce qui est est. » « On cherchera longtemps des philosophes qui aient tiré de là quelques connaissances (5). »

Condillac distingue trois sortes de principes abstraits :

(1) « Si les philosophes se sont trompés jusqu'à supposer que l'odorat pourrait seul régler les mouvements des animaux, c'est que, faute d'avoir analysé les sensations, ils ont pris pour l'effet d'un seul sens des actions auxquelles plusieurs concourent. » *Extrait raisonné*, p. 22.

(2) *Art de penser*, p. 116. « Celui qui fait une question et qui s'informe ce que c'est que tel ou tel corps, croit, comme Locke le remarque, demander quelque chose de plus qu'un *nom*, et celui qui lui répond : « C'est du fer, » croit aussi lui apprendre quelque chose de plus. »

(3) *Traité des systèmes.*

(4) *Ibid.*, ch. II, p. 15.

(5) *Ibid.*, p. 17. Cf. Locke.

« 1° des propositions générales exactement vraies
dans tous les cas ;

2° des propositions vraies par les côtés les plus frappants et que pour cela on est porté à supposer vraies à
tous égards ;

3° des rapports vagues qu'on imagine entre des choses de nature différente (1). »

Le premier abus de ces systèmes est d'accepter les
propositions générales sans examen, de négliger l'observation et l'expérience. On prend certains mots qu'on définit arbitrairement, on les pose comme principes, et
tout est dit. Suivant le sens qu'on attachera aux mêmes
termes, on en tirera des conséquences différentes, et
on fera dépendre la vérité du langage. Ajoutez à cela la
passion qui aveugle, les excès de l'imagination séduite
par une vaine apparence de grandeur et de simplicité,
et l'on comprendra la vogue des systèmes abstraits (2),
vogue malheureuse surtout quand, quittant les régions
inoffensives de la spéculation pure, les philosophes
transportent leur méthode dans les questions de morale
et de politique (3).

On devrait enfin, dit Condillac, renoncer à ces généralisations aventureuses, revenir à l'étude des faits, les
considérer sous tous leurs rapports, imiter les physiciens
et les chimistes surtout, qui « s'attachent uniquement à
recueillir des phénomènes parce qu'ils ont reconnu
qu'il faut embrasser les effets de la nature et en découvrir la dépendance mutuelle avant de poser les principes qui les expliquent (4). » C'est là la méthode qu'il

(1) *Traité des systèmes*, p. 20.
(2) *Ibid.*, ch. III, p. 37 et suiv.
(3) *Ibid.*, p. 43, 44. « Si les philosophes ne s'appliquaient qu'à des matières de pure spéculation, on pourrait s'épargner la peine de critiquer
leur conduite... Les principes abstraits sont une source abondante en
paradoxes, et les paradoxes sont d'autant plus intéressants qu'ils se rapportent à des choses d'un plus grand usage. Quels abus, par conséquent,
cette méthode n'a-t-elle pas dû introduire dans la morale et la politique ? »
(4) *Traité des systèmes*, p. 26.

prétend avoir suivie : ce n'est pas l'envie de généraliser qui lui a fait dire que les facultés de l'entendement
« naissent toutes d'une même origine : c'est là un système qui s'est en quelque sorte fait tout seul, et il n'en
est que plus solidement établi (1). »

(1) *Extrait raisonné*, p. 19.

CHAPITRE VII.

LA CLASSIFICATION.

A la question psychologique de la généralisation on peut rattacher l'opération logique de la classification. Pour Condillac comme pour Herbert Spencer (1), ce n'est pas d'après la nature des choses, qui nous est inaccessible, mais d'après la manière dont nous les concevons que nous formons les classes (2). On eût évité de graves erreurs et une foule de questions déraisonnables si l'on n'avait pas imaginé qu'il y eût des genres dans la nature comme dans l'esprit (3), et si l'on n'avait pas cru que plus on diviserait, mieux on connaîtrait (4). Il faut au contraire limiter la classification : un trop grand nombre de divisions et de subdivisions amènerait la confusion qu'on se propose d'éviter par son moyen (5); mais, employée avec mesure, elle permet de restreindre le sens des mots, ce qui serait impossible si nous devions

(1) « Pour ceux qui acceptent la doctrine générale de l'évolution, il n'est guère besoin de rappeler que les classifications sont des conceptions subjectives auxquelles ne correspond aucune démarcation absolue dans la nature. Ce sont des artifices à l'aide desquels nous limitons et arrangeons les matières soumises à nos recherches, afin de faciliter l'œuvre de l'esprit » (H. Spencer, *Pr. de biologie*, t. I, p. 70).

(2) *Logique*, p. 35 et suiv.

(3) *Ibid.*

(4) « Parce qu'on est prévenu que les classes sont dans la nature où cependant il n'y a que des individus, on croit qu'à force de subdiviser on en connaîtra mieux les choses et on subdivise à l'infini. » *Gramm.*, 2ᵉ part., ch. I, p. 155.

(5) *Art d'écrire*, l. IV, ch. II, p. 351.

nommer tous les individus, et par là elle soulage et fa-
cilite la mémoire (1). Acquises par la méthode analytique, les idées se classent et se conservent dans l'esprit
dans l'ordre où nous les avons obtenues; acquises au
contraire au hasard, elles s'y accumulent en désordre (2).

Avant A. Bain, Condillac, malgré son admiration pour
le génie de Bacon, et son amitié pour d'Alembert, critique, comme nous l'avons vu plus haut (3), la classification des sciences du traité *De Dignitate et augmentis
scientiarum*, qu'il trouve superficielle et arbitraire. C'est
ce qu'affirme à son tour le logicien anglais, tout en reconnaissant les mérites du système de Bacon, « comme
premier essai de division appliqué à l'ensemble des œuvres de l'esprit humain (4). »

Mais ce n'est pas seulement sur des points particuliers,
que nous croyons pourtant devoir noter en passant, c'est
dans le fond même de la doctrine que la ressemblance
apparaît entre Condillac et l'évolutionnisme contemporain. En rejetant l'indifférence et l'inconscience, en reconnaissant l'activité essentielle de l'âme jusque dans
la sensation, Condillac a pu suivre logiquement l'évolution de ce germe jusqu'à l'abstraction et la généralisation :
un état de conscience d'abord faible passe, par suite d'un
choc mental, à l'état vif : il provoque l'attention, c'est-
à-dire un degré plus fort de l'activité de l'esprit qui,
s'attachant à la ressemblance ou à la différence, se con-
centre enfin sur une qualité abstraite ou commune des
objets. Il n'y a donc pas plus solution de continuité dans
le processus de la sensation transformée que dans le
passage de la cellule homogène à l'organisme hétérogène : l'une contient comme l'autre un principe d'action.

_____

(1) Gramm., p. 152.
(2) H. Spencer s'exprime d'une manière analogue : « L'arrangement
ordonné qu'on appelle classification répond à deux fins, fins qui ne sont
pas absolument distinctes, mais qui le sont en grande partie. Une classification peut servir à faciliter la reconnaissance d'un objet ; elle peut
servir aussi à organiser la connaissance » (*Pr. de biologie*, t. I, p. 356).
(3) Voir page 52.
(4) A. Bain, *Logique*, t. I, p. 336.

CHAPITRE VIII.

LA MÉMOIRE.

C'est aussi dans la différence des états vifs et des états faibles que Condillac va, comme Spencer (1), trouver l'explication de la mémoire. Mais si *ordinairement* le souvenir n'est qu'une sensation affaiblie (2), Condillac reconnaît que dans certains cas la réviviscence peut avoir autant de force que la sensation actuelle : il distingue deux degrés dans la mémoire, celui où le souvenir est aussi vif que la perception primitive et celui où il n'en reste qu'une trace légère (3). Il indique, presque dans les mêmes termes que Spencer, les rapports de la mémoire avec le mécanisme de l'organisation cérébrale, et fait ressortir ce qu'elle a de commun avec l'habitude. Le cerveau peut, aussi bien que les autres organes, contracter des habitudes, acquérir la facilité de se mouvoir, pour reproduire les sensations de la même manière qu'au moment où il les éprouvait. « Nous ne

_____

(1) « Se rappeler la couleur rouge, c'est être à un faible degré dans cet état psychique que la présentation de la couleur rouge produit. » H. Spencer, *Pr. de Psych.*, t. I, p. 483.

(2) *Traité des sens*, 1re part., ch. II, p. 62. « Je dis *ordinairement*, parce que le souvenir ne sera pas toujours un sentiment faible, ni la sensation un sentiment vif. Car toutes les fois que la mémoire lui retracera ses manières d'être avec beaucoup de force et que l'organe, au contraire, ne recevra que de légères impressions, alors le sentiment d'une sensation actuelle sera bien moins vif que le souvenir d'une sensation qui n'est plus. »

(3) *Ibid*, p. 78.

nous retracerions pas les objets que nous avons vus,
entendus, touchés, si le mouvement ne prenait pas les
mêmes déterminations que lorsque nous voyons, entendons, touchons. En un mot, l'action mécanique suit les
mêmes lois, soit qu'on éprouve une sensation, soit qu'on
se souvienne seulement de l'avoir éprouvée, et la mémoire n'est qu'une manière de sentir (1). »

L'explication de Condillac a été acceptée par le savant
auteur d'une théorie de la mémoire, fort remarquée en
son temps, qui rejetait pourtant la doctrine de la sensation transformée (2). Herbert Spencer ne fait que reproduire Condillac avec plus de développements, quand il
montre le *progrès des correspondances ou relations internes
et externes*, le passage *de la mémoire consciente* à la *mémoire inconsciente et organique* (3). Il reprend même
l'exemple que Condillac avait tiré du musicien qui, à
force d'ajuster le mouvement de ses doigts *aux déterminations qu'il veut leur faire prendre*, finit par acquérir

---

(1) *Logique*, p. 83. Cf. H. Spencer. « Se rappeler un mouvement fait
avec le bras, c'est se sentir une répétition, à un faible degré, de ces
états internes qui accompagnent le mouvement, — c'est un commencement d'excitation de tous ces nerfs dont une excitation plus forte a
été éprouvée durant le mouvement. — Ainsi donc, les commencements
d'excitation nerveuse qui se produisent durant ce conflit de tendances
sont en réalité autant d'idées des phénomènes de mouvement qui, si
elles étaient plus fortes, produiraient une réminiscence de ces phénomènes. Ainsi, la mémoire vient nécessairement à l'existence toutes les
fois que l'action mécanique est imparfaite » (*Princip. de Psych.*, t. I,
p. 483).

(2) Gratacap, *Théorie de la mémoire*, p. 288. « Peut-on méconnaître la
part qu'a l'organisation dans l'exercice de la mémoire? Et, puisque
l'âme ne paraît sentir et penser qu'autant qu'un mouvement ébranle en
quelque point le système nerveux, pourquoi le même mouvement, en
se renouvelant de lui-même, ne pourrait-il pas susciter encore l'idée
qu'il a déjà fait naître? Condillac n'a-t-il pas pour lui d'imposantes analogies quand, pour expliquer la reproduction spontanée de ces mouvements, il affirme que les nerfs et le cerveau sont susceptibles de contracter des habitudes ? »

(3) « Par une multiplication d'expériences, les relations internes sont
enfin organisées automatiquement en correspondance avec les relations
externes, et ainsi une mémoire consciente se transforme en une mémoire
inconsciente et organique. » H. Spencer, *Princ. de psych.*, p. 487.

une telle habileté qu'il n'a plus besoin de veiller continuellement sur eux, et *qu'ils exécutent un morceau de
musique pendant que sa réflexion se porte ailleurs* (1).

Peut-on dire que Condillac se soit contenté d'analyses
purement logiques ou verbales, qu'il n'ait pas tenu assez
de compte de la face physiologique des phénomènes,
quand il affirme catégoriquement ce qui suit : « Le cerveau est le premier organe : c'est un centre commun
où tous se réunissent, et d'où même tous paraissent
naître. En jugeant donc du cerveau par les autres sens,
nous serons en droit de conclure que toutes les habitudes du corps passent jusqu'à lui et que, par conséquent,
les fibres qui le composent, propres, par leur flexibilité,
à des mouvements de toute espèce, acquièrent, comme
les doigts, l'habitude d'obéir à différentes suites de mouvements déterminés (2)? »

On demande souvent où se conservent les idées pour
pouvoir se les représenter après un long temps écoulé
et l'on regarde la mémoire comme un magasin. Condillac, qui n'aime pas les métaphores, répond qu'il serait
« tout aussi raisonnable de donner de l'existence aux
différentes figures qu'un corps a eues successivement et
de demander : que devient la rondeur de ce corps, lorsqu'il prend une autre figure? où se conserve-t-elle? et
lorsque ce corps redevient rond, d'où lui vient la rondeur (3)? » Les idées, manières d'être de l'âme, ne sont
nulle part quand l'âme n'y pense pas; mais elles peuvent se représenter comme les sons du clavecin quand
se renouvellent les mouvements propres à les reproduire. Il y a souvenir « quand les idées qui ont été
produites par l'action des objets sur les sens sont reproduites par les mouvements dont le cerveau a contracté
l'habitude (4). » C'est la même explication, par l'habi-

(1) Condillac, *Logique*, p. 81. Cf. Spencer, *Princ. de psych.*, p. 485.
(2) *Logique*, *ibid.*
(3) *Logique*, p. 83. — Consulter Bouillier, *Rev. phil.*, XXIII, p. 105 :
Ce que deviennent les idées.
(4) *Logique*, p. 85.

tude organique, mais avec une précision plus technique des termes, qu'a donnée A. Bain (1).

Mais comment se fait-il que nous ne nous souvenions pas de toutes nos sensations? C'est, dit Herbert Spencer, que nos états de conscience n'ont pas eu une persistance appréciable (2) ; c'est que nous n'y avons pas été assez attentifs, dit Condillac, qui tenait, dans le phénomène de l'attention, compte de la durée (3). Si nous ne sommes pas toujours maîtres de nous rappeler nos sensations ; si, malgré nos efforts, quelque vives qu'elles aient été originellement, nous n'en retrouvons que le nom (4), c'est que le cerveau, comme tous les organes, peut être rebelle à la volonté (5).

Le cerveau ne subit pas seulement l'action des objets extérieurs, « il réagit sur les sens, il leur renvoie les sensations qu'ils lui ont auparavant envoyées (6), » et ses différentes habitudes sont les causes des varia-

---

(1) « La rétentivité, l'acquisition ou la mémoire étant la faculté de continuer dans l'esprit des impressions qui ne sont plus excitées par l'agent primitif, et de les reproduire plus tard à l'aide de forces purement intellectuelles, je parlerai d'abord de la place qu'occupent dans le cerveau ces impressions renouvelées. On doit regarder comme presque démontré que l'impression renouvelée occupe exactement les mêmes parties et de la même manière que l'impression primitive, et qu'elle ne s'étend à aucune autre partie et d'aucune autre manière qu'on puisse indiquer. » A. Bain, L'esprit et le corps, p. 93. « Au point de vue physique ou physiologique, la mémoire, ou la faculté d'acquisition, est une série de processus nerveux, la formation d'un certain nombre de sentiers battus sur certaines lignes de la substance cérébrale. » Id., Science de l'éducation, p. 10.

(2) « Un souvenir est nécessairement un état de conscience qui dure un temps appréciable. Les états nerveux qui nous traversent instantanément, — comme ceux par lesquels nous inférons la distance, — ne rentrent pas du tout dans ce que nous appelons mémoire ; en fait, nous en sommes inconscients, parce que ce ne sont pas des états de notre conscience ayant une persistance appréciable. » H. Spencer, Princ. de psych., t. I, p. 481.

(3) Art de penser, p. 33.
(4) Ibid.
(5) Ibid. Cf. Logique, p. 88.
(6) Logique, p. 88.

tions ou de ce qu'on a appelé de nos jours « les maladies de la mémoire (1). »

Condillac.a tenté une explication de ces phénomènes :
il les attribue aux changements qu'amènent dans nos
habitudes le défaut de répétition, la multiplicité des
sensations, une maladie du cerveau, une paralysie des
organes, la vieillesse, où le mouvement se ralentit et
est près de cesser (2). Il ne s'occupe, il est vrai, que
des dégradations de la mémoire et non de la surexcita-
tion subite qu'on désigne sous le nom d'hypermné-
sie (3).

De même enfin qu'Alexandre Bain attribue à la mémoire un rôle prépondérant dans l'éducation, Condillac
la considère comme une des causes de notre développement intellectuel et moral et même comme l'éduca-
trice des sens (4).

(1) Voir Th. Ribot, *Les maladies de la mémoire.*
(2) *Logique*, p. 90 et suiv. Cf. Spencer, *Princ. de psych.*, t. I, p. 236
et suiv.
(3) Voir Ribot, ouv. cité. — Taine, *l'Intelligence.* — Morvoyer, *Étude
sur l'association.*
(4) *Traité des sensat*, 1re part., ch. VIII, p. 132. — *Ibid.*, p. 228.

CHAPITRE IX.

L'IMAGINATION.

Un autre mode de représentation ou de reviviscence est l'imagination : elle a, comme la mémoire, pour conditions physiologiques les mouvements cérébraux, pour conditions psychiques l'attention et l'association des idées.

Il y a fait d'imagination quand une perception « par la seule force de la liaison que l'attention a mise entre elle et un objet se retrace à la vue de cet objet (1). » Il suffit quelquefois « d'entendre le nom d'une chose pour se la représenter comme si on l'avait sous les yeux (2). »

Avant Spencer, Condillac établit que les sensations de la vue et de l'ouïe sont plus faciles à reproduire que celles du goût, de l'odorat et même du toucher (3). Avant Spencer, il explique le jeu de l'imagination par celui des fibres du cerveau, non toutefois qu'il regarde cette hypothèse comme démontrée, mais parce qu'elle peut rendre compte du mouvement : un premier mouvement produit par une impression extérieure en entraîne d'autres à sa suite, et ainsi se retrace une longue série d'images (4) : il y a correspondance entre l'excitation physique et l'action psychologique (5) ; selon que les

---

(1) *Essai sur l'orig.*, 1re part., sect. II, ch. II, p. 55.
(2) *Id., ibid.*
(3) *Ibid.*, p. 56. Cf. Spencer, *Princ. de psych.*, t. I, p. 233.
(4) *Logique*, p. 88.
(5) Cf. Spencer, *ibid.* : « L'association de la sensation avec des sen-

idées ou, pour mieux dire, les sensations sont plus étroitement liées et plus nombreuses, l'imagination est plus vive ou plus étendue (1).

Comme la mémoire, l'imagination est *engendrée* par la liaison des idées : aussi est-ce à l'inégalité du pouvoir d'association — qui dépend lui-même de la conformation des organes — qu'il faut rapporter l'inégalité de ces deux facultés chez les différents individus (2). Comme la mémoire aussi, l'imagination peut devenir automatique : elle ne dépend pas toujours de nous (3). Elle a un pouvoir sans bornes et ses plaisirs sont « tout aussi réels et tout aussi physiques que les autres, quoiqu'on dise communément le contraire (4). » C'est en effet la capacité que nous avons de reproduire nos sensations « avec tant de force qu'elles paraissent présentes (5); c'est cette mémoire vive qui fait paraître présent ce qui est absent (6). » Ses effets sont si puissants qu'elle va jusqu'à nous rendre insensibles aux sensations actuelles, comme Archimède, et même aux douleurs corporelles les plus intenses. C'est qu'elle absorbe toute notre attention et sa domination est d'autant plus grande que nous sommes moins distraits par la multitude des objets environnants; les songes en sont une preuve : nous croyons voir, sentir, toucher des objets qui ne font pourtant pas d'impression sur nos organes :

sations semblables antérieures correspond à la réexcitation physique des mêmes structures. »

(1) *Traité des systèmes*, p. 360.
(2) *Essai sur l'orig.*, p. 71.
(3) *Ibid.*, p. 55.
(4) *Ibid.*, p. 132-134. Cf. Spencer : « Quoiqu'un état de conscience antécédent, vif ou faible, n'amène ordinairement comme conséquent qu'un état de conscience faible, cependant il n'est pas vrai, comme on le suppose communément, que le conséquent n'est jamais un état de conscience vif. Les idées, dans certains cas, éveillent des sensations. J'en ai quelques exemples dans ma propre expérience. Je ne puis penser voir frotter une ardoise avec une éponge sèche, sans sentir le même frisson qui se produirait si cela se passait en réalité. » *Princ. de Psych.*, p. 255.
(5) *Traité des sensat.*, p. 78.
(6) *Ibid.*, p. 245.

l'image n'est ni effacée ni rectifiée par ce que M. Taine appelle les réducteurs (1); aussi les idées apparaissent-elles mal enchaînées et en désordre (2).

L'imagination peut être la source des jouissances les plus vives et des plus pénibles désenchantements : elle prête aux choses des qualités qu'elles n'ont pas, elle nous aveugle sur les défauts qui les déparent : par l'appât du plaisir, elle nous porte à des effets qui dépassent nos forces et dont l'excès, ressenti trop tard, nous occasionne les plus grandes douleurs : l'expérience seule peut remédier à cet inconvénient (3). Soit qu'elle nous représente les maux qui nous menacent ou les plaisirs que nous pouvons attendre, qu'elle excite en nous l'espérance ou la crainte, elle est un puissant ressort de notre activité (4). Si elle contribue à notre bonheur, elle nous est aussi funeste, parce qu'elle accroît nos désirs, entretient le feu de nos passions, devant lesquelles elle fait miroiter sans cesse la possession d'un bien qui nous échappe, et nous pousse à persévérer dans nos habitudes (5).

Comme on le voit, Condillac semble faire naître les sentiments de l'imagination. M. A. Bain est d'un avis contraire (6); mais nous croyons, avec M. Fr. Bouillier, qu'il intervertit les rôles (7), ou du moins que sa pen-

---

(1) Taine, l'*Intelligence*.

(2) *Traité des sensat.*, p. 79-82.

(3) *Ibid.*, 2ᵉ part., ch. XI, p. 247.

(4) *Ibid.*, 4ᵉ part., ch. I, p. 356.

(5) « C'est ainsi que les excès où elle tombe (la statue), ont souvent pour cause une habitude contractée et l'ombre d'un plaisir que l'imagination lui retrace sans cesse et qui lui échappe toujours. » *Ibid.*, p. 363.

(6) « L'imagination est le résultat des sentiments et non les sentiments le résultat de l'imagination. Intensité de sentiment, d'émotion ou de passion, voilà le fait primitif; l'intelligence dominée et dirigée par le sentiment et produisant des formes qui correspondent à l'émotion existante, voilà l'imagination. » *Esprit et corps*, p. 216.

(7) « Selon Bain, les sentiments seraient la base de l'imagination, c'est-à-dire l'imagination serait excitée par les sentiments et non les sentiments par l'imagination. Il nous semble que le célèbre psychologue se trompe et qu'il intervertit les rôles. » Fr. Bouillier, *Plaisir et douleur*, p. 201.

sée est excessive. Il est vrai que quelques lignes plus loin il semble atténuer ce qu'il y avait d'exclusif dans son affirmation (1).

Condillac distingue deux formes de l'imagination : l'une, représentative, qui reproduit à l'esprit l'objet comme présent ; l'autre, créatrice, qui, de plusieurs qualités rapprochées, constitue un tout nouveau (2). La dernière forme est ce que Herbert Spencer appelle *imagination constructive* (3) et M. Bain *association constructive* (4). Bain étudie cette *constructivité* depuis notre éducation machinale, en passant par le langage, le mouvement, les sensations, les émotions nouvelles, la construction du concret avec l'abstrait, la description, la science, les inventions pratiques, les beaux-arts (5).

Condillac n'entre pas dans autant de détails et n'est pas aussi méthodique ; mais il fait remarquer que l'imagination « emprunte ses agréments du droit qu'elle a de dérober à la nature ce qu'il y a de plus riant et de plus aimable pour embellir le sujet qu'elle manie (6). » Aussi doit-elle faire un choix habile et harmonieux, modifier ses fictions d'après l'analogie de la nature, sous peine de n'enfanter que « des idées monstrueuses et extravagantes (7). »

Dans ce choix des matériaux l'imagination ne doit pas être trop minutieuse, car « son empire finit où celui de l'analyse commence (8). » Ces deux pouvoirs sont en

---

(1) « L'imagination est un composé de puissance intellectuelle et de sentiment. La puissance intellectuelle peut être grande, mais si elle n'est accompagnée de sentiment, elle ne servira pas le sentiment, ou bien elle servira tour à tour plusieurs sentiments, sans en servir aucun en particulier. » Bain, *Esprit et corps*, p. 216.

(2) *Précis des leç. prél.*, p. XCII.

(3) « Je signalerai une distinction d'une importance considérable : celle qui existe entre l'imagination reproductive (réminiscence) et l'imagination constructive. » H. Spencer, *Pr. de Psych.*, t. II, p. 556.

(4) *Sens et intell.*, p. 528.

(5) *Ibid.*, p. 529 à 564.

(6) *Essai sur l'orig.*, p. 135.

(7) *Ibid.*, p. 137.

(8) *Ibid.*, p. 136.

raison inverse : dans l'un domine la sensibilité, dans l'autre la réflexion (1), et, partant, rien n'est moins favorable aux recherches philosophiques que l'excès d'imagination : on en voit la preuve, dit Condillac, dans ces systèmes qu'il a critiqués et où l'esprit d'analyse fait absolument défaut (2).

Condillac, comme A. Bain (3), distingue ainsi le domaine de l'artiste et celui du savant, et il n'accepte pas au pied de la lettre la théorie de Boileau : Rien n'est beau que le vrai (4). Dans l'œuvre d'art, le vrai doit être embelli d'ornements choisis avec discernement et répandus avec sagesse (5).

Il semblerait que les idées abstraites ne pussent être la condition d'un développement de l'imagination. Bain reconnaît que la construction d'un concret nouveau avec ces idées est assez difficile : cependant c'est par là que s'expliquent les combinaisons de l'industriel et du savant, et parfois même de l'artiste (6). Condillac rendait

---

(1) *Essai sur l'orig*, p. 184.

(2) *Traité des systèmes*, p. 364.

(3) « Le criterium de l'artiste est le sentiment, sa fin le plaisir raffiné ; il s'adresse à la nature, y prend ce qui s'accorde avec son sentiment de l'effet artistique et laisse le reste... Par contre, le savant doit embrasser tous les détails, sans en rejeter aucun ; le reptile le plus dégoûtant, la vapeur la plus pestilentielle sont des objets qu'il doit examiner et exposer dans les plus minutieux détails... Dans les arts, la nature fournit le sujet, et le génie artistique l'ornement... il y a et il y aura toujours une distinction entre le degré de vérité qu'un artiste peut atteindre et celui auquel peut arriver un savant ou un homme d'affaires... Nous ne devons pas demander à un artiste de nous conduire à la vérité, il suffit qu'il ne nous en éloigne pas. » Bain, *Sens et intell.*, p. 562-564.

(4) *Essai sur l'orig.*, p. 138.

(5) *Ibid.* « L'imagination est à la vérité ce qu'est la parure à une belle personne : elle doit lui prêter tous ses secours pour la faire paraître avec les avantages dont elle est susceptible. »

(6) « Les nouvelles découvertes de la science et de l'industrie sont des effets de la faculté de reconstituer les éléments abstraits des choses réelles. L'artiste lui-même s'explique par cette faculté, bien qu'il ne pousse pas d'ordinaire l'abstraction aussi loin que le savant ou l'industriel. Beaucoup de grandes conceptions poétiques ne sont que l'incarnation d'une idée abstraite; nous en avons un exemple dans la personnification de l'esprit du mal dans le Satan de Milton. » A. Bain, *Sens et intell.*, p. 546.

compte de cette opération par la liaison que les idées abstraites ont avec les sens, leur origine (1) : imaginer n'est proprement qu'avoir des images, rapprocher les idées suivant des rapports plus ou moins étroits, quelquefois même supposer des rapports qui n'existent pas. Des sensations primitives, une association entre les données sensibles ou les abstractions que l'esprit, par son activité, a le pouvoir d'en tirer, suffisent pour expliquer nos plus hautes conceptions (2).

(1) *Traité des systèmes*, p. 360. « Par la grande liaison que les notions abstraites ont avec les idées des sens, d'où elles tirent leur origine, l'imagination est naturellement portée à nous les représenter sous des images sensibles. C'est pourquoi on l'appelle imagination ; car imaginer ou rendre sensible par des images, c'est la même chose. Ainsi, cette opération a pris sa dénomination non de sa première fonction, qui est de réveiller des idées, mais de sa fonction qui se remarque davantage, qui est de les revêtir des images auxquelles elles sont liées. »

(2) *Traité des sensat.*, 2e part., ch. VIII, p. 226.

CHAPITRE X.

§ 1er. — *Le Beau.*

Victor Cousin a dit : « Locke et Condillac n'ont pas laissé un chapitre, ni même une seule page sur le beau (1). » Ce jugement est au moins exagéré. Tout en reconnaissant que l'esthétique est une des parties faibles du système de Condillac, comme de la plupart des psychologues anglais contemporains, on pourrait trouver chez ceux-ci et celui-là quelques observations et même des dissertations complètes sur ce sujet (2). Mais la doctrine de Condillac sur le beau n'a rien de commun avec celle de Cousin et Quatremère de Quincy (3), qui creusent un abîme entre le réel et l'idéal, qui ramènent le beau à une conception abstraite, générale et indéterminée.

Pour Condillac, l'origine de l'idée du beau est relative : elle dépend du plaisir que nous causent les objets, de leur action sur nos sens ou nos passions, de notre organisation et de notre caractère (4).

---

(1) V. Cousin, *Du vrai, du beau, du bien*, p. 135.

(2) Voir H. Spencer, *Essais de morale, etc.,* t. I. — A. Bain, *Sens et intell.,* passim. *Emotions et volonté*, tout le chapitre XIV. — H. Spencer, *Princ. de psych.,* etc. — Condillac, *Sens., Art d'écrire, etc.,* et *Dissertation sur l'harmonie du style,* t. VII.

(3) Voir Ravaisson, *Rapport sur la philosophie,* p. 20-24.

(4) « On appelle bon tout ce qui plaît à l'odorat et au goût, et on appelle beau tout ce qui plaît à la vue, à l'ouïe et au toucher. » *Traité*

Le sentiment esthétique étant ainsi soumis aux variations de nos goûts et de nos caprices, on comprend
qu'on n'ait du beau qu'une idée vague (1). Mais de ce
désaccord entre les âges et les passions faut-il conclure
qu'il ne soit pas soumis à des règles (2)? Non, assuré-
ment, et ces règles, Condillac cherche à les déterminer.
On les trouve en comparant successivement les œuvres
d'art dans leurs époques de formation et de développement (3) : c'est ainsi que nous voyons que le plaisir
n'est pas le juge infaillible du mérite d'un ouvrage (4),
et si, poussant plus loin l'observation et l'analyse, sans
nous contenter de donner du beau une définition abstraite, nous en étudions les éléments (5), nous pouvons
dire qu'il consiste « dans un accord dont on peut encore
juger quand on le décompose (6). » Cet accord lui-même
consiste « en partie dans le développement des pensées
suivant la plus grande liaison des idées, et en partie
dans certaines associations qui sont particulières à chaque genre (7). » Cette théorie, sans doute, est tout
empirique et relativiste : elle repose sur le principe
associationiste ; mais n'est-elle pas, par cela même, la
conséquence d'un système bien enchaîné?

des sensat., p. 474. « Ce qui flatte les passions est bon; ce que l'esprit
goûte est beau; et ce qui plaît en même temps aux passions et à l'esprit
est bon et beau tout ensemble. » Ibid.

(1) « On a pour toute règle que ce qui plaît est beau, et on ne songe
pas que ce qui plaît aujourd'hui ne plaira plus demain. » Art d'écrire,
l. IV, ch. V, p. 391.

(2) Ibid., p. 392.

(3) Ibid., p. 393.

(4) Ibid., p. 394.

(5) Ibid., p. 395. « Il faut apporter dans l'étude des arts un esprit
d'observation et d'analyse pour imaginer un modèle d'un beau parfait. Par
conséquent, il ne suffit pas de concevoir ce modèle pour en donner
l'idée à d'autres ; il faut encore que ceux à qui on la veut communiquer soient également capables d'observer et d'analyser. Si on se contentait de définir le beau, on ne le ferait pas connaître, parce que l'expression abrégée d'une définition ne saurait répandre la même lumière
qu'une analyse bien faite. »

(6) Ibid., p. 396. — Il faut aussi tenir compte de la proportion des
éléments qui constituent les choses sensibles. Sensat., p. 377.

(7) Ibid., p. 401.

On pourra reprocher à Condillac de n'avoir pas assez
nettement distingué le beau du bon et de l'utile (1),
d'avoir affirmé que la bonté et la beauté des choses sont
relatives à l'usage que nous avons appris à faire de nos
facultés (2) : mais en établissant ainsi une association
entre ces différentes qualités, il est toujours d'accord
avec son principe. Deux conditions contribuent encore
à nos jugements sur la beauté et la bonté des objets :
leur rareté et leur nouveauté (3), qui excitent notre
admiration et notre curiosité ; en définitive, ce n'est
pas d'après une conception absolue, *à priori*, que nous
jugeons qu'une chose est réellement bonne et belle,
mais d'après un modèle formé sur des sensations agréables (4).

L'analyse de Condillac peut paraître un peu superficielle : mais est-elle, comme on l'a dit, d'une effrayante
naïveté (5)? Aussi bien il est un élément qu'il a parfaitement fait ressortir : c'est l'expression, ou le mouvement de l'âme. « Que m'importe de voir dans un tableau
une figure muette? J'y veux une âme qui parle à mon
âme (6). » Cette expression, que Socrate, dont les indé-
cisions sur la définition du beau ont aussi été remar-
quées, réclamait des artistes ses contemporains (7), Condillac la désire dans un beau visage, dans les œuvres
d'art, dans le style (8) : il va jusqu'à dire : « Si vous

---

(1) « L'utilité contribue à la bonté et à la beauté des choses » (*Traité
des sensat.*, p. 376).

(2) « C'est à l'exercice de ses organes et de son esprit que notre statue
doit l'avantage d'embrasser plus d'idées et plus de rapports. Le bon et le
beau sont donc encore relatifs à l'usage qu'elle a appris à faire de ses
facultés » (*Ibid.*, p. 377).

(3) « L'étonnement que donne un objet déjà bon et beau par lui-même,
joint à la difficulté de le posséder, augmente le plaisir d'en jouir » (*Ibid.*,
p. 376).

(4) *Ibid.*, p. 378.

(5) Voir *Dictionn.* de Larousse, art. *Condillac*. « Condillac a eu, sur
le bon et sur le beau, des idées d'une naïveté effrayante. »

(6) *Art d'écrire*, p. 281.

(7) Xénophon, *Mémor.*, l. III, ch. x. — Cf. Ravaisson, *Rapport*, p. 22.

(8) *Art d'écrire*, p. 283.

n'avez pas le talent d'allier la correction avec l'expression, sacrifiez la première : on peut plaire avec des traits peu réguliers (1). »

A la rareté et à la nouveauté un peu vagues de Condillac substituons un autre mot, celui de contraste qu'ils impliquent, et nous comprendrons avec H. Spencer comment « ce qui fut utile devient le beau pour nous (2). » N'est-ce pas encore par le changement ou la nouveauté que Léon Dumont, qui a si bien connu les théories anglaises, rend compte des plaisirs esthétiques (3)? Quand Herbert Spencer place dans la sympathie le principe de l'idée de grâce, que Léon Dumont l'associe à l'aisance des mouvements, ne la ramènent-ils pas, comme Condillac, au plaisir.(4)?

§ 2. — *Le goût.*

La faculté de juger le beau est ce qu'on appelle le goût : comme toutes les autres, elle a son évolution. Le goût dépend de nos premières impressions, des circonstances, du nombre de nos observations,◦de l'association et de l'habitude (5). Condillac en fait surtout le partage

---

(1) *Art d'écrire*, p. 281.

(2) « Une condition nécessaire de toute beauté, c'est le contraste... Ce principe général fera comprendre, je pense, comment ce qui fut utile devient le beau pour nous. C'est en vertu du contraste qu'elles font avec nos façons de vivre à nous que les anciennes façons ont pour nous de l'intérêt et un air romanesque » (*Essais de morale*, etc., t. I, p. 158).

(3) Léon Dumont, *Théorie scientifique de la sensibilité*, p. 70, 71.

(4) « L'idée de grâce, en ce qu'elle a de subjectif, a son principe dans la sympathie. La même faculté qui nous fait frémir à la vue du péril d'autrui, qui parfois agite nos membres à la vue d'un homme luttant ou tombant, nous fait participer, d'une façon confuse, à toutes les sensations musculaires que nos voisins éprouvent. Quand leurs mouvements sont violents ou gauches, nous sentons, bien que faiblement, les sensations désagréables que nous aurions, si ces mouvements étaient de nous. Quand ils ont de l'aisance, nous éprouvons, par sympathie, les sensations de plaisir que ces mouvements annoncent chez ceux en qui nous les remarquons » (H. Spencer, *Essais*, t. I, p. 290. — Cf. Léon Dumont, *Théorie scientif.*, p. 186 et suiv.).

(5) « Le goût dépend surtout des premières impressions qu'on a reçues,

des gens du monde (1). On est porté à le croire inné,
mais il est acquis (2) : il n'est pas absolu, mais relatif :
il n'est pas restreint à un objet unique, mais s'applique
à tous les genres du beau. « Le goût est un jugement
rapide auquel toutes les facultés de l'esprit conspirent
et qui, embrassant dans ses comparaisons une multitude
d'idées, demande une âme exercée sur chacune et accoutumée à les saisir toutes ensemble. Pour acquérir du
goût, il faut donc beaucoup voir, beaucoup comparer :
il faut que tous les arts et toutes les sciences se prêtent
mutuellement des secours (3), ...c'est le même goût qui
juge de la beauté d'une scène et de la beauté d'un tableau. Lorsqu'on sent le beau dans un genre, on est
capable de le sentir dans tout autre (4)... »

L'évolution, et même les brusques révolutions du
goût (5) supposent outre la spontanéité, dont Condillac
a toujours tenu compte, l'observation et l'analyse. Mais
il faut se tenir dans certaines limites, parce que « quand
on raisonne mieux sur le beau, on le sent moins (6)...
il en est ici de l'analyse comme en chimie; elle détruit
la chose en la réduisant à ses premiers principes (7). »

Contrairement aux arts mécaniques, les beaux-arts ont
devancé l'observation : ils sont le résultat de l'exercice

et il change d'un homme à l'autre, suivant que les circonstances font
contracter des habitudes différentes » (*Traité des animaux*, 2ᵉ part.,
ch. V, p. 561).

(1) « Le goût est l'effet d'une imagination qui, ayant été exercée de
bonne heure sur des objets choisis, les conserve toujours présents, et
s'en fait naturellement des modèles de comparaison. C'est pourquoi le
bon goût est ordinairement le partage des gens du monde » (*Essai*,
1ʳᵉ part., sect. II, ch. XI, p. 146.

(2) « Nous croyons avoir un goût naturel, inné... Mais, si nous avons
appris à voir, à entendre, etc., comment le goût, qui n'est que l'art de
bien voir, de bien entendre, etc., ne serait-il pas une qualité acquise? »
(*Traité des animaux*, p. 562).

(3) *Hist. anc.*, t. XIII, ch. II, p. 21.

(4) *Hist. mod.*, t. XVII, p. 281.

(5) *Ibid.*, p. 280.

(6) *Art d'écrire*, liv. IV, ch. V, p. 397. Condillac ajoute : « Rien n'est
plus contraire au goût que l'esprit philosophique » (*Ibid.*, p. 398).

(7) *Art d'écrire*, p. 396.

de nos facultés, déterminé lui-même par le besoin (1).
On a produit d'abord : ce n'est qu'après, qu'on a cherché les règles et les principes, qu'on a voulu rendre
raison des effets (2). La nature — c'est-à-dire notre activité naturelle — a été notre premier maître de penser (3) : c'est de là que sont nés l'art de parler, d'écrire,
de raisonner, et ce n'est que lorsqu'ils eurent fait des
progrès que des hommes de génie en dégagèrent les règles et les ramenèrent à des systèmes (4).

Toutes ces observations se retrouvent, sous une forme
différente, chez A. Bain et H. Spencer (5).

§ 3. — Les beaux-arts.

Puisque toutes nos idées ont pour origine la sensation,
nous ne créons pas à proprement parler : nous ne faisons que combiner de façons nouvelles des matériaux
fournis par l'expérience. C'est uniquement dans ce travail de composition et de décomposition que consiste
toute l'invention (6) : c'est cette aptitude qui constitue
le talent et le génie (7). Quoique plus puissant, plus
élevé (8) que le talent, le génie s'explique par le principe
d'association (9). Si Newton a fait tant de grandes décou-

---

(1) *Traité des systèmes*, 2ᵉ part., ch. XVII, p. 396.

(2) *Ibid.*, p. 396.

(3) *Ibid.*, p. 397.

(4) *Ibid.*, p. 374.

(5) Voir A. Bain, *Sens et intell.*, p. 406, et H. Spencer, *Princ. de psych.*, t. II, p. 674-677-685.

(6) « L'invention consiste à savoir faire des combinaisons nouves » (*Essai*, 1ʳᵉ part., sect. II, ch. XI, p. 147).

(7) *Essai*, 1ʳᵉ part., sect. II, ch. XI, p. 147.

(8) « Le talent combine les idées d'un art ou d'une science connue d'une manière propre à produire les effets qu'on en doit naturellement attendre. Il demande tantôt plus d'imagination, tantôt plus d'analyse. Le génie ajoute au talent l'idée d'esprit, en quelque sorte, créateur... Un homme à talent a un caractère qui peut appartenir à d'autres; il est égalé et quelquefois même surpassé. Un homme de génie a un caractère original, il est inimitable. » *Ibid.*, p. 147-148. — Cf. *Systèmes*, 2ᵉ part., ch. XII, p. 365.

(9) *Hist. mod.*, t. XX, p. 473.

vertes, c'est qu'il est « de tous les philosophes celui qui
a le mieux connu cette route que trace une suite de vérités liées les unes aux autres... Celui qui a fait une
première découverte est capable d'en faire d'autres toutes les fois qu'il est doué d'assez de sagacité pour apercevoir cette liaison dont je parle. Voilà ce qui caractérise l'homme de génie. Il doit ce qu'il est à cette liaison
qu'il aperçoit et c'est par elle qu'il va rapidement de
connaissances en connaissances (1). » Aussi pour Condillac le génie n'est-il qu'un « esprit simple qui trouve
ce que personne n'a su trouver avant lui (2), » qui ramène tout à son commencement et n'a pour guide que
l'analogie (3).

Si Condillac ne semble pas ici tenir expressément
autant de compte de la sensibilité qu'A. Bain, il n'oublie pas le rôle de l'enthousiasme, de ce choix naturel
que l'homme vivement remué fait parmi ses sentiments
de celui qui est le plus propre à exprimer ce qu'il
éprouve (4). L'association des idées, favorisée par
l'usage des signes, suffit, sans l'intervention d'une
puissance mystérieuse, pour expliquer l'inspiration (5).
Quant à l'inconscient, que l'on considère de nos jours
comme un des éléments du génie, Condillac, tout en
n'acceptant par l'inconscience absolue, ne semble-t-il

---

(1) *Hist. mod.*, t. XX, p. 473.

(2) *Langue des calculs*, liv. II, ch. 1, p. 231.

(3) « Le génie n'est qu'un esprit simple, fort simple, quoiqu'on ne s'en
doute pas... l'ignorance complique tout. » *Langue des calculs*, liv. I,
ch. XV, p. 200. — « Expliquer le génie, » dit Bain, « c'est le rattacher
aux lois générales de l'esprit ou à certaines facultés élémentaires — facultés d'intelligence ou de sensibilité — dont les degrés plus ou moins
élevés et les combinaisons variées produisent la supériorité intellectuelle qu'on appelle génie. » A. Bain, *Logique*, t. II, p. 175.

(4) « C'est l'état d'un homme qui, considérant avec effort les circonstances où il se place, est vivement remué par tous les sentiments qu'elles
doivent produire, et qui, pour exprimer ce qu'il éprouve, choisit naturellement, parmi ces sentiments, celui qui est le plus vif et qui seul
équivaut aux autres, par l'étroite liaison qu'il a avec eux. » *Essai sur
l'orig.*, 1re part., sect. II, ch. XI, p. 153.

(5) *Essai sur l'orig.*, *Ibid.*, p. 155.

pas lui faire sa part par ce choix naturel d'un sentiment qui équivaut à tous les autres (1) ?

(1) Voir Th. Ribot : « Les créations les plus hautes de l'imagination sortent de l'inconscient. Tout grand inventeur, artiste, savant, industriel, sent l'inspiration en lui comme une invasion involontaire, qui sort du plus profond de son être, mais qui est, comme on le dit, impersonnelle. Ce qui tombe dans la conscience, ce sont les résultats et non les procédés. La différence du talent au génie est celle de la conscience à l'inconscient. Artistes, prophètes, martyrs, mystiques, tous ceux qui ont éprouvé à quelque degré le *furor poeticus*, se sont sentis subjugués par une force plus puissante que leur moi : c'était l'inconscient débordant sur la conscience engloutie... » *L'hérédité*, p. 317. — Le mot *inconscient* mis à part, n'est-ce pas là un développement du passage de Condillac ?

CHAPITRE XI

ETATS MORBIDES DE L'IMAGINATION.

On attache, dans la psychologie contemporaine, une grande importance à ce qu'on appelle les états morbides de nos facultés : Condillac n'a pas négligé ceux de l'imagination. Il a montré qu'il y a entre l'imagination et la folie des rapports si étroits qu'elles se ressemblent même par le physique (1), que toutes deux dépendent physiologiquement d'un mouvement vif du cerveau, passager dans le cas normal, permanent dans le cas contraire, et psychologiquement de la faculté d'association. Aussi recommande-t-il d'éviter les lectures capables de donner à nos idées l'habitude d'un tour romanesque et mystique (2). Ces constructions désignées sous le nom de *châteaux en Espagne* ne sont-elles pas de courts moments de folie, n'ayant d'autre principe qu'une association accidentelle ? Ici, il est vrai, nous pouvons, plus maîtres de nous, revenir à l'enchaînement rationnel : l'aliéné ne le peut pas (3). Son imagition, sans cesse préoccupée du même objet, y ramène toutes ses pensées.

Condillac distingue les travers des cerveaux froids, où les impressions se conservent longtemps, et ceux des

(1) *Essai sur l'orig.*, 1re part., sect. II, ch. IX, p. 127.
(2) *Ibid.*, p. 128-130.
(3) *Ibid.*, p. 128. — Voir Albert Lemoine : *L'aliéné devant la philosophie, la morale et la société.*

organisations ardentes, qui passent rapidement d'une imagination à une autre, chez qui les folies se succèdent pour ainsi dire (1). Quoi qu'il en soit, ce ne sont de part et d'autre que des phénomènes d'association, ce que Locke a le premier remarqué (2). Mais, si la folie a sa source dans l'exagération du pouvoir d'associer les idées, le défaut de ce même pouvoir est la cause de l'imbécillité (3).

Un état analogue à la folie et qui, comme elle, dépend de l'action du cerveau, est l'hallucination. Condillac, sans employer le mot, avait indiqué le phénomène d'une manière assez précise et devancé les théories de M. Taine (4). Il semble même avoir distingué les deux modes de l'hallucination (5).

Condillac a remarqué aussi le rôle de l'imagination et par conséquent de l'association dans un état sinon anormal, du moins passif de la vie mentale, le sommeil.

Le sommeil est l'état de repos qui succède à l'excès de fatigue de nos facultés : l'âme n'y éprouve plus de sensations proprement dites (6). Mais si nos facultés ou notre cerveau viennent à entrer en exercice, nous aurons des idées, liées toutefois d'une manière moins étroite que dans la veille. C'est que, le plaisir n'étant plus le principe de l'activité de l'âme, la suite des ima-

---

(1) « Les impressions qui se font dans les cerveaux froids s'y conservent longtemps... Au contraire, dans les cerveaux où il y a beaucoup de feu et beaucoup d'activité, les impressions s'effacent, se renouvellent, les folies se succèdent. » *Essai*, *Ibid.*, p. 131. Cf. *Art de penser*, p. 56.

(2) *Essai sur l'orig.*, p. 126. Cf. *Art de penser*, p. 51.

(3) *Art de penser*, p. 43.

(4) « Le cerveau... réagit sur les sens avec vivacité, il leur renvoie les sensations qu'ils lui ont auparavant envoyées, et il nous persuade que nous voyons ce que nous ne voyons pas. » *Log.*, 1re part., ch. IX, p. 88. — Cf. *Art de penser*, p. 57. — Consultez : Taine, *l'Intelligence*.

(5) « Si le mouvement commence au cerveau et s'étend jusqu'à l'organe, je crois avoir une sensation que je n'ai pas : c'est une illusion... Lorsque la statue imagine une sensation qu'elle n'a plus et qu'elle se la représente aussi vivement que si elle l'avait encore, elle ne sait pas qu'il y a en elle une cause qui produit le même effet qu'un corps qui agirait sur son organe... » *Traité des sensat.*, p. 79-84.

(6) *Traité des sensat.*, 1re part., ch. V, p. 115.

ges est fatale (1). Aussi l'homme n'a-t-il, pendant le sommeil, aucune notion de la durée (2) : il ne distingue même cet état qu'en comparant la fatigue qui l'a précédé au bien-être qui le suit (3).

Entre le sommeil profond et la veille se place le songe, où les idées reproduites par la mémoire ou l'imagination ont plus ou moins de vivacité, mais où l'esprit n'est pas assez actif pour rétablir les anneaux interceptés de la chaîne : de là ces associations bizarres que l'attention suffirait à remettre dans leur ordre logique (4).

Condillac semble avoir entrevu le rôle de ce que M. A. Maury (5) appelle les hallucinations hypnagogiques, quand il dit que les songes sont suscités par les idées que nous avions avant de nous endormir et auxquelles l'imagination, abandonnée à elle-même, allant à l'aventure, associe au hasard d'autres images (6) : c'est ce qui fait qu'il nous est si difficile d'en retrouver le souvenir. Puisque, d'ailleurs, nous ne nous rappelons pas toutes les idées de la veille, est-il si étonnant que nous oubliions celles du sommeil (7)? Il arrive cependant que nous nous souvenions de quelques-uns de nos songes : Condillac explique ce fait par l'étonnement ou la surprise. Frappés du désaccord qu'il y a entre les images du sommeil et les idées qui l'ont pré-

(1) *Traité des sensat.*, 1re part., ch. V, p. 116.
(2) « La statue ne se représente pas ce que ce peut être que l'état d'où elle sort au réveil. Elle ne juge point quelle en a été la durée, elle ne sait même pas s'il a duré. » *Sensat.*, 2e part., ch. X, p. 242.
(3) « Elle n'a aucune notion de l'état de sommeil, et elle n'en distingue l'état de veille que par la secousse que lui donnent toutes ses facultés au moment que les forces lui sont rendues. » *Ibid.*, p. 242.
(4) « Il ne se fait dans les songes des associations si bizarres et si contraires à la vérité, que parce que les idées qui rétabliraient l'ordre s'y trouvent interceptées... » *Ibid.*, p. 249. « Tout songe suppose donc quelques idées interceptées sur lesquelles les facultés de l'âme ne peuvent plus agir. » *Ibid.*, p. 110.
(5) A. Maury, *Le sommeil et les rêves*.
(6) *Sensat.*, 2e part., ch. XI, p. 248.
(7) *Ibid.*, p. 251.

cédé, nous faisons effort pour les relier (1) : mais il
faut que l'impression ou le changement d'état de conscience ait une certaine intensité (2). Si la surprise est
trop faible, nous ne nous rappellerons pas toutes nos
idées ; nous nous souviendrons seulement d'en avoir eu
de fort extraordinaires (3).

Nous reconnaissons nos songes « à la manière frappante dont ils contredisent les connaissances que nous
avions avant de nous endormir et dans lesquelles nous
nous confirmons à notre réveil (4). » N'est-ce pas encore
une application de la loi de discernement ou de discrimination ? N'est-ce pas aussi la loi de l'habitude et, au
moins en germe, la théorie des réducteurs de l'image
qui se trouve dans le passage suivant : « Ayant eu fréquemment des songes, la statue y remarque un désordre où ses idées sont toujours en contradiction avec
l'état de veille qui les suit comme avec celui qui les a
précédées, et elle juge que ce ne sont que des illusions.
Car, accoutumée à rapporter ses sensations hors d'elle,
elle n'y trouve de la réalité qu'autant qu'elle découvre
des objets auxquels elle les peut rapporter encore (5). »

Condillac a aussi parfaitement compris l'action du
cerveau dans le phénomène du songe, quand, conser-
vant assez d'activité pour obéir à quelques-unes de ses
habitudes, il se meut comme dans l'état de sensation
actuelle (6). Il avait comparé le mouvement des idées

(1) *Sensat.*, 2ᵉ part., ch. XI, p. 251.
(2) *Id.*, *ibid.*
(3) « Ses songes ne se gravent dans sa mémoire que parce qu'ils se
lient à des jugements d'habitude qu'ils contredisent, et c'est la surprise
où elle est encore à son réveil qui l'engage à se les rappeler. » *Ibid.*,
p. 252.
(4) *Sensat.*, 3ᵉ part., ch. VIII, p. 336.
(5) *Ibid.*, p. 337.
(6) « Les songes sont l'effet de l'action de ce principal organe sur les
sens, lorsque, au milieu du repos de toutes les parties du corps, il conserve assez d'activité pour obéir à quelques-unes de ses habitudes. Or,
dès qu'il se meut comme il a été mû lorsque nous avions des sensations, alors il agit sur les sens, et aussitôt nous entendons et nous
voyons... » *Logique*, p. 91.

dans le rêve à ceux qu'exécute la main d'un organiste distrait (1).

C'est à peu près les explications de Condillac que G. Lewes a reproduites dans sa « nouvelle théorie du rêve (2). »

(1) « Les idées que nous avons dans le sommeil ressemblent assez à ce qu'exécute un organiste lorsque, dans des moments de distraction, il laisse aller ses doigts comme au hasard. » *Ibid.*, p. 90.

(2) « Les centres nerveux sont mis constamment en activité par divers stimulus, qui entrent par le canal imparfaitement clos des cinq sens, ou mieux encore, qui proviennent des états organiques, des sensations du système. Cette activité donne naissance à une suite d'idées en vertu de la loi d'association... C'est une tendance inévitable de notre nature de lier toute sensation à une cause externe, de la projeter hors de nous, pour ainsi dire... Dans le sommeil, l'activité cérébrale, quoique faible, est entièrement isolée des excitations externes. Ainsi s'explique le phénomène du rêve et la croyance à la réalité objective de nos idées et de nos sensations. » G. Lewes, cité par Ribot, *Psych. angl.* p. 362.

SECTION III.

L'ASSOCIATION PRINCIPE DE L'ÉVOLUTION MENTALE. THÉORIE ASSOCIATIONISTE DE LA RAISON.

CHAPITRE PREMIER.

L'ASSOCIATION.

On a pu voir jusqu'ici quel rôle Condillac attribue à l'association des idées dans nos diverses opérations intellectuelles. C'est un des points les plus importants de sa doctrine et, quoi qu'on en ait dit, il avait, avant Hartley, attiré l'attention sur ce phénomène fondamental (1).

En effet, dès les premières pages de l'*Introduction* de l'*Essai*, Condillac le pose comme le pivot de toute sa théorie des facultés de l'âme. On ne peut être plus précis : « Les idées, » dit-il, « se lient avec les signes et ce n'est que par ce moyen, comme je le prouverai,

---

(1) Voir Mervoyer, *Étude sur l'association*, p. 3. « Après Hobbes vinrent Locke, Hume et Hartley, suivis de toute l'école écossaise ; puis Condillac, Maine de Biran, Jouffroy, Herbert et leurs disciples. » — Dans son *Rapport sur le Mémoire de M. Luigi Ferri*, M. Fr. Bouillier revendique au contraire les droits de Condillac, de Destutt de Tracy et de quelques-uns de nos contemporains. « Il a bien quitté, » dit-il, « l'Angleterre pour faire une excursion en Italie ; que n'en a-t-il fait une, qui eût été encore mieux justifiée, dans la philosophie française ? » L. Ferri, La *Psychologie de l'association. Rapport*, p. 373. — Voir aussi Diderot, art. *Logique*, édit. Garnier, t. XV, p. 531, — et art. *Liaison*, *ibid.*, p. 473, où l'on peut trouver en germe toute la métaphysique du *transformisme cosmologique*. — Pour Destutt de Tracy, consulter Ch. de Rémusat, *Essais*, t. I, p. 487. Pour la comparaison de Hartley et de Condillac, L. Ferri, *Psychologie de l'association*, p. 352.

7

qu'elles se lient entre elles (1)... A un besoin est liée
l'idée de la chose qui est propre à le soulager ; à cette
idée est liée celle du lieu où cette chose se rencontre ;
à celle-ci celle des personnes qu'on y a vues ; à cette
dernière, les idées des plaisirs et des chagrins qu'on en
a reçus et plusieurs autres (2). » N'est-ce pas ce qu'on a
appelé l'association par contiguïté ?

C'est aux associations inséparables que Condillac aussi
rapporte les notions dites innées. « Les liaisons d'idées
se font dans l'imagination de deux manières : quelquefois volontairement et d'autres fois elles ne sont que
l'effet d'une impression étrangère. Celles-là sont ordinairement moins fortes... celles-ci sont si bien cimen-
tées qu'il nous est impossible de les détruire : on les
croit volontiers naturelles (3). » Reprochant à Malebranche d'avoir vu dans la liaison de l'idée de mort à
celle d'un précipice une disposition native, il affirme
que, sans l'expérience, nous n'aurions et ne pourrions
avoir aucune idée de la mort (4).

On s'étonnera vraiment de lire que Condillac avait
négligé absolument le côté physiologique de la question (5), quand on le voit indiquer les rapports du phénomène de l'association, comme de toutes les opérations, dont elle est le ressort, avec le cerveau (6). Ne
tient-il pas compte de l'influence du physique, quand il
fait dépendre les progrès des sciences et des arts de
l'habitude de lier étroitement les idées avec les signes (7) ?

(1) *Essai sur l'orig.*, introd., p. 9.
(2) *Ibid.*, 1ʳᵉ part., sect. II, ch. II, p. 52. — *Ibid.*, ch. III, p. 67.
(3) *Ibid.*, 1ʳᵉ part., sect. II, ch. IX, p. 120.
(4) « Il est bien évident que si l'expérience ne nous avait pas appris
que nous sommes mortels, bien loin d'avoir une idée de la mort, nous
serions fort surpris à la vue de celui qui mourrait le premier » (*Ibid.*,
p. 122. Cf. Taine, *De l'acquisition du langage. Rev. philos.*, t. I, p. 5).
(5) Voir L. Ferri, *Ibid.*, p. 352.
(6) « Afin qu'on restât fou, il suffirait que les fibres du cerveau eussent été ébranlées avec trop de violence pour pouvoir se rétablir. Le
même effet peut être produit d'une manière plus lente » (*Essai sur
l'orig.*, ch. IX, p. 127).
(7) « Le bon sens, l'esprit, la raison et leurs contraires naissent éga-

Trois ans donc avant Hartley, sans avoir lu Hume, ne connaissant l'Essai de Locke que par la traduction de Coste, Condillac est convaincu et espère qu'on se convaincra après lui « que la liaison des idées est, sans comparaison, le principe le plus simple, le plus lumineux et le plus fécond (1). » Dès 1746, il proclame qu'il n'y a qu'une seule méthode, l'analyse, l'unique secret des découvertes. « Mais, » demandera-t-on, « quel est celui de l'analyse? La liaison des idées (2). » Peut-on être plus précis, plus décisif, plus catégorique? N'est-il pas juste de revendiquer pour Condillac l'honneur de la priorité dans la doctrine associationiste (3) ?

Le principe si nettement posé dans l'*Essai* se développe et se précise à mesure que s'accumulent les écrits de notre philosophe. Dans le chapitre du *Traité des systèmes* consacré à la divination, Condillac montre comment l'association devient indissoluble et pour ainsi dire fatale, combien elle peut par conséquent être funeste à notre bonheur (4). C'est surtout dans le *Traité des sensa-*

lement de la liaison des idées les unes avec les autres... Remontant encore plus haut, on voit que cette liaison est produite par l'usage des signes » (*Ibid.*, ch. XI, p. 154. Cf. p. 478).

(1) « Dans les temps même qu'on n'en remarquait pas l'influence, l'esprit humain lui devait tous ses progrès » (*Ibid.*, p. 506).

(2) *Essai sur l'orig.*, 2ᵉ part., sect. II, ch. III, p. 501.

(3) M. Charles a indiqué le rôle de Condillac dans l'associationisme. Après avoir constaté que le fait de l'association avait été signalé au dix-septième siècle par Malebranche, les logiciens de Port-Royal, il ajoute : « Hobbes, à qui on en attribue presque la découverte, en dit à peine quelques mots ; Locke n'en parle que comme d'une cause d'erreurs ; *Condillac en signale l'importance avant Hartley et les psychologues anglais contemporains* » (E. Charles, *Éléments de philosophie*, t. I, p. 357). — Il fait remarquer aussi que Cardaillac, dans ses *Études élémentaires*, publiées en 1830, a énoncé la loi de la simultanéité. *Ibid.*, p. 361). Ajoutons que dans le *Manuel de philosophie à l'usage des collèges*, publié en collaboration avec E. Saisset et J. Simon, Amédée Jacques avait aussi « grossièrement décrit, comme il le dit trop modestement, le phénomène qu'on appelle *association des idées*. » Voir *Manuel*, 2ᵉ édit., 1847, p. 71. M. Papillon, *Histoire de la philosophie moderne*, t. II, p. 66, range Condillac, comme associationiste, à côté de Hume. Voir aussi le *Rapport*, cité plus haut, de M. F. Bouillier.

(4) « Si on me prédit des choses désagréables qui aient quelque liaison

tions, l'époque où la pensée de Condillac est définitive-
ment fixée, qu'il est facile de trouver la plupart des lois
ou des rapports sur lesquels ont insisté les psychologues anglais : contiguïté (1), ressemblance (2), intensité (3), fréquence ou vivacité de l'impression (4), inséparabilité. « Le tact ayant une fois lié différents jugements à différentes impressions de lumière, ces impressions ne peuvent plus se reproduire que les jugements
ne se répètent et ne se confondent avec elles (5). » C'est
ainsi que la statue associe les sensations de grandeur,
de distance, de mouvement : « Un cheval immobile
peut, par exemple, lui paraître assez petit et assez près.
Il se meut : à ses mouvements, elle le reconnaît :
aussitôt, elle le juge de la grandeur ordinaire et elle
l'aperçoit dans l'éloignement (6)... » « Toutes ces idées
(grandeurs, figures, distances et situations) paraissent si
intimement liées avec les sensations de couleur qu'on
n'imagine pas qu'elles en aient jamais été séparées (7). »
Ainsi, la loi n'est pas seulement applicable à des sen-

avec les différentes circonstances où me fait naturellement passer le
genre de. vie que j'ai embrassé, chacune de ces circonstances me les
rappellera. Ces, images tristes me troubleront plus ou moins à proportion de la vivacité avec laquelle elles se retraceront » (*Systèmes*, ch. V,
p. 70).

(1) « Si les odeurs attirent également son attention, elles se conserveront dans sa mémoire suivant l'ordre où elles se seront succédé et elles
s'y lieront par ce moyen » (*Traité des sensat.*, 1re part., ch. II, p. 68).

(2) « Toutes ces chaînes ne se forment que par des comparaisons qui
ont été faites de chaque anneau avec celui qui le précède et avec celui
qui le suit et par les jugements qui ont été portés de leurs rapports »
(*Traité des sensat.*, 1re part., ch. II, p. 82).

(3) « Ce lien devient plus fort à proportion que l'exercice des facultés
fortifie les habitudes de se souvenir et d'imaginer ; et c'est de là qu'on tire
l'avantage surprenant de reconnaître les sensations qu'on a déjà eues »
(*Ibid.*, p. 82).

(4) « Nous conservons le souvenir de nos sensations, nous nous les
rappelons après avoir été longtemps sans y penser : il suffit pour cela
qu'elles aient fait sur nous une vive impression ou que nous les ayons
éprouvées à plusieurs reprises » (*Ibid.*, p. 85).

(5) *Traité des sensat.*, 3e part., ch. III, p. 207.

(6) *Ibid.*, p. 303.

(7) *Ibid.*, p. 309.

sations de même ordre, mais encore à des sensations
d'ordre différent : Stuart Mill a-t-il dit autre chose (1)?
N'a-t-il pas reproduit les mêmes exemples? « Que de
personnes, » dit-il, « qui, pour avoir été épouvantées
dans leur enfance, ne peuvent jamais se trouver seules
sans éprouver d'invincibles terreurs! Que de personnes
qui ne peuvent revoir un certain endroit ou penser à
un certain événement sans qu'il se réveille en elles de
vifs sentiments de douleur ou des souvenirs de souffrance (2)! » Condillac n'avait-il pas largement développé cette idée? Si la statue a échappé, avec quelques
blessures peu dangereuses, aux attaques d'un animal,
« l'idée de cet animal reste présente à sa mémoire :
elle se lie à toutes les circonstances où elle en a été
assaillie. Est-ce dans un bois? la vue d'un arbre, le
bruit des feuilles mettra sous ses yeux l'image du danger... tout devient pour elle un objet de terreur, parce
que l'idée du péril est si fort liée à tout ce qu'elle rencontre, qu'elle ne sait plus discerner ce qu'elle doit
craindre (3). »

C'est par l'ordre de succession expérimentale que

---

(1) « Quand l'association a acquis cette sorte d'inséparabilité... quand
la chaîne qui unit les deux idées a été ainsi fermement rivée, non seulement l'idée évoquée par l'association devient, dans la conscience, inséparable de l'idée qui la suggère, mais les faits ou phénomènes qui
répondent à ces idées finissent par sembler inséparables dans la réalité;
les choses que nous sommes incapables de concevoir séparées nous
semblent incapables d'exister séparées; et notre croyance à leur coexistence, bien qu'elle soit un produit de notre expérience, nous paraît
intuitive. On pourrait donner d'innombrables exemples de cette loi. Un
des plus familiers comme des plus frappants est celui des perceptions
que nous acquérons par la vue » (Stuart Mill, *Philosophie de Hamilton*,
p. 212. Voir aussi H. Spencer, *Princ. de psych.*, t. I, p. 496).

(2) Stuart Mill, *Philosophie de Hamilton*, p. 314. Il parle ailleurs de
la « vivacité de nos souvenirs pour les plus petites circonstances, d'un
objet ou d'un événement qui nous a profondément intéressé, pour les
lieux ou les temps où nous avons été très heureux ou très malheureux;
de l'horreur que nous cause la vue de l'instrument accidentel d'un événement qui nous a péniblement affectés, de l'endroit où il a eu lieu »
(*Logique*, t. I, p. 543).

(3) *Traité des sensat.*, 4e part., ch. II, p. 368.

Stuart Mill explique la croyance au futur (1). La statue aussi « juge que le soleil paraîtra et disparaîtra encore, parce qu'elle a remarqué qu'il a paru et disparu plusieurs fois, et elle porte ce jugement avec d'autant plus de confiance, qu'il a toujours été confirmé par l'expérience (2). »

Quand il fait dépendre les inégalités de la mémoire et de l'imagination de l'attention ou du degré de force avec lequel se fait l'association, Condillac est-il bien loin de la troisième loi de Mill (3)? Ne tient-il pas compte de l'organisme (4) et de l'habitude quand il dit que l'impuissance à lier nos idées « vient de la différente conformation des organes... ainsi les raisons qu'on en pourrait donner sont toutes physiques et n'appartiennent pas à cet ouvrage. Je remarquerai seulement que les organes ne sont quelquefois peu propres à la liaison des idées que pour n'avoir pas été assez exercés (5). »

Dans son premier ouvrage — on ne peut trop le répéter — il considère si bien le principe d'association comme fondamental, qu'il suffit à ses yeux pour rendre compte de ce qu'on voit dans les bêtes et « se faire une idée nette de ce qu'on appelle instinct (6). » Là aussi se trouvent des observations qui n'auront besoin que d'être ramenées à des formules plus serrées pour devenir les deux premières lois de Stuart Mill. « Au moment, » dit

---

(1) « Nous croyons que le feu brûlera demain, parce qu'il a brûlé aujourd'hui et hier » (Stuart Mill, *Logique*, t. I, p. 347. Voir J. Lachelier, *Le fondement de l'induction*).

(2) « La succession des jours et des nuits devient donc à son égard une chose toute naturelle. Ainsi, dans l'ignorance où elle est, ses idées de possibilité n'ont pour fondement que des jugements d'habitude » (*Sensat.*, 3ᵉ part., ch. VII, p. 331).

(3) *Essai sur l'orig.*, 1ʳᵉ part., sect. II, ch. III, p. 72. « Une intensité plus grande de l'une des impressions ou de toutes les deux équivaut, pour les rendre aptes à s'exciter l'une l'autre, à une plus grande fréquence de conjonction » (Stuart Mill, *Logique*, l. VI, ch. IV, t. II, p. 437).

(4) M. L. Ferri semble ne l'avoir pas assez remarqué. *Psych. de l'association*, p. 352.

(5) *Essai sur l'orig.*, 1ʳᵉ part., sect. II, ch. III, p. 72.

(6) *Ibid.*, ch. IV, p. 83.

Condillac, « qu'un homme se propose de faire un raisonnement, l'attention qu'il donne à la proposition qu'il veut prouver lui fait apercevoir successivement les propositions principales qui sont le résultat des différentes parties du raisonnement qu'il va faire. Si elles sont fortement liées, il les parcourt si rapidement qu'il peut s'imaginer les voir toutes ensemble... par la liaison qui est entre elles, il les parcourt avec assez de rapidité pour devancer toujours la parole (1)... »

Aussi est-il difficile de comprendre que Stuart Mill accuse les philosophes français d'ignorer la loi d'association inséparable, à moins qu'il ne fasse allusion qu'à ses contemporains. Il est vrai qu'il a surtout en vue les *penseurs de l'école intuitive*, et qu'on ne peut ranger Condillac dans cette école (2).

Ouvrons maintenant le *Traité des animaux*, complément du *Traité des sensations*. C'est par l'association habituelle que sont expliquées les actions des bêtes. Le besoin fait naître dans l'animal des idées et des mouvements, d'abord lents et hésitants, mais peu à peu, à

(1) *Esssai sur l'orig.*, ch. VIII, p. 114. — « Lois de Stuart Mill : 1° les idées semblables tendent à s'éveiller l'une l'autre; 2° lorsque deux impressions ont été fréquemment éprouvées (ou seulement rappelées à la pensée) simultanément ou en succession immédiate, toutes les fois que l'une de ces impressions ou de ces idées réapparaît, elle tend à éveiller l'idée de l'autre » (Stuart Mill, *Logique*, liv. VI, ch. IV, t. II, p. 437).

(2) « Les philosophes qui ont fait un sérieux usage de la méthode de métaphysique que j'appelle psychologique par opposition à la méthode introspective, ont trouvé, dans la loi d'association inséparable, la meilleure clef pour pénétrer les mystères les plus profonds de la science de l'esprit... Les penseurs de l'école intuitive eussent dû, semble-t-il, porter une attention sur cette loi, fondement de la théorie rivale, qu'ils ont à combattre partout... Ils l'ont rejetée, il est vrai, mais sans la connaître. Reid et Stewart ne l'ont trouvée que dans Hartley et n'ont pas cru devoir se donner la peine de la comprendre. Les philosophes français et allemands les plus au courant n'en connaissent tout ou plus que l'existence » (Stuart Mill, *Philosophie de Hamilton*, p. 301) (a).

(a) On lit en note : « Ce n'est qu'en 1864 qu'a été publié le premier ouvrage français qui, à ma connaissance, admette la psychologie de l'association dans ses développements les plus modernes: C'est l'excellent et intéressant ouvrage : *Etude sur l'association des idées*, par P.-M. Mervoyer. »

force d'exercice et grâce à la connaissance qu'il acquiert
de ses organes, plus faciles et plus rapides. L'expérience l'instruit à éviter la chute des objets même les
plus légers ; s'il a été frappé, « l'idée de la douleur se
lie aussitôt à celle de tout corps prêt à tomber sur lui ;
l'une ne se réveille plus sans l'autre (1). » Condillac a
si bien devancé l'associationisme contemporain, qu'il
dit, dans le même Traité : « L'animal se fait une si
grande habitude de parcourir ses idées, qu'il s'en retrace
une longue suite toutes les fois qu'il éprouve un besoin
qu'il a déjà ressenti. Il doit donc uniquement la facilité
de parcourir ses idées à la grande liaison qui est entre
elles (2). »

Sans doute, à côté de ses avantages pour notre développement, l'association peut présenter des inconvénients ; mais sans elle, il nous serait impossible d'acquérir l'usage de nos facultés : « Nous ne saurions
seulement pas nous servir de nos sens (3). » D'ailleurs,
il nous est possible d'en corriger les abus, de changer
nos habitudes (4). Quoi qu'il en soit, c'est, affirme Condillac, un principe dont « ni Locke ni personne n'avait
connu toute l'étendue (5). »

Ses fonctions de précepteur lui donnèrent l'occasion
d'appliquer sa théorie. Dans tous ses ouvrages d'éducation, il en appelle à « ces liaisons d'idées qui sont à la
fois le principe de nos égarements et de notre intelligence (6). » « Nous ne pensons, » dit-il dans la Gram-

---

(1) *Traité des animaux*, 2ᵉ part., ch. I, p. 525.

(2) « Tel est, en général, le système des connaissances dans les animaux. Tout y dépend d'un même principe, le besoin ; tout s'y exécute
par le même moyen, la liaison des idées » (*Anim.*, p. 530).

(3) *Traité des anim.*, 2ᵉ part., ch. IX, p. 607.

(4) « Quels que soient les effets que produit cette liaison, il fallait
qu'elle fût le ressort de tout ce qui est en nous : il suffit que nous en
puissions prévenir les abus ou y remédier. Or, notre intérêt bien entendu
nous porte à corriger nos méchantes habitudes, à entretenir ou même
fortifier les bonnes et à en acquérir de meilleures » (*Ibid.*, p. 608).

(5) *Traité des anim.*, p. 607, note.

(6) *Précis des leçons*, ch. III.

maire, « qu'autant que nous lions nos idées (1). »

Il commença par apprendre au prince de Parme les premières connaissances des peuples dans leur enfance, comme les plus simples, les plus claires et les plus faciles : en même temps il lui développait, à l'occasion, les causes de leurs erreurs, leurs tâtonnements et leurs progrès ; il avait soin de diriger toutes ses études de telle façon qu'elles s'associaient étroitement et lui offraient moins de peine.

L'art d'écrire et *l'art de penser* exigent qu'on se conforme toujours à la plus grande liaison des idées (2). Sans doute Condillac s'attache ici, comme on l'a dit (3), à l'association volontaire ; pourtant il n'oublie pas l'association produite par nos impressions différentes et soumise aux lois de la ressemblance ou de la contiguïté (4). Les liaisons même dites volontaires dépendent si bien originellement des impressions, de l'organisme, de l'habitude, du rapport du signe à la chose signifiée, qu'elles font la variété de l'esprit des individus et des peuples (5).

Quand il recommande de mettre de l'ordre dans ses idées pour se les rappeler plus facilement, il ne fait qu'énoncer un précepte puisé dans la nature de notre esprit (6). C'est en se conformant au principe de la plus

_____

(1) *Grammaire*, 1ʳᵉ part., ch. II, p. 31.

(2) *Art d'écrire*, p. 13.

(3) P. Janet, *Traité élémentaire de philosophie*, p. 74.

(4) « Si nous réfléchissons sur nous-mêmes, nous remarquons que nos idées se présentent dans un ordre qui change suivant les sentiments dont nous sommes affectés. Telle dans une occasion nous frappe vivement qui se fait à peine apercevoir dans une autre » (*Art d'écrire*, p. 13).

(5) « Elles varient comme l'esprit des grands poètes, et il y en a d'autant d'espèces qu'il y a d'hommes de génie capables de donner leur caractère à la langue qu'ils parlent » (*Ibid.*, liv. IV, ch. V, p. 400). « Elles sont différentes d'une langue à l'autre... » « Elles varient, à plus forte raison, comme l'esprit des peuples qui, ayant des usages, des mœurs et des caractères différents, ne sauraient s'accorder à associer leurs idées de la même manière... » (*Ibid.*, p. 400-402).

(6) « Ce n'est pas imposer à l'esprit de nouvelles lois, c'est lui apprendre à obéir toujours à une loi à laquelle il obéit souvent et sans se faire

grande liaison des idées qu'on donne à ses pensées de
la lumière, du coloris et de l'expression (1).

Comment a-t-on pu dire (2) que Condillac ne semblait
pas avoir assez étudié, au moins en lui-même, le principe de l'association des idées, quand on voit, dans
l'art de penser, la loi de la simultanéité si expressément
formulée? « La liaison de plusieurs idées ne peut avoir
d'autre cause que l'attention que nous leur avons donnée quand elles se sont présentées ensemble. Or, les
choses attirent notre attention par le côté par où elles
ont plus de rapport avec notre tempérament, nos passions, notre état, pour tout dire en un mot, avec nos
besoins (3)... La même attention embrasse à la fois les
idées des besoins et celles des choses qui s'y rapportent
et les lie (4)... Je suis persuadé que chacun remarquera
qu'il ne cherche à se ressouvenir d'une chose que par
le rapport qu'elle a aux circonstances où il se trouve (5)...
En général, les impressions que nous éprouvons dans
différentes circonstances nous font associer des idées
que nous ne sommes plus maîtres de séparer (6). »

Tous ces passages ne sont-ils pas décisifs et ne résu-
ment-ils pas la doctrine associationiste? Cette loi est si
essentielle qu'elle nous permet même de découvrir par
quelle suite d'idées ont passé ceux avec qui nous con-
versons, pour peu que nous réfléchissions et que nous
connaissions leur caractère (7). Il n'est pas jusqu'à ce
qu'on appelle le naturel qui n'y soit soumis : le naturel,

violence; c'est la lui faire remarquer afin qu'il se fasse une habitude de
la suivre » (*Ibid.*, ch. VI, p. 424).

(1) *Art d'écrire*, p. 424.
(2) Charpentier, édition du premier livre du *Traité des sensations*.
Hachette.
(3) *Art de penser*, 1re partie, ch. V, p. 38.
(4) *Ibid.*, p. 39.
(5) *Ibid.*, p. 42.
(6) *Ibid.*, p. 49.
(7) « Dans les cercles, avec quelque rapidité que la conversation change
de sujet, celui qui conserve son sang-froid et qui connaît un peu le caractère de ceux qui parlent, voit presque toujours par quelle liaison
d'idées on passe d'une matière à une autre » (*Ibid.*, p. 43).

en effet, consiste dans l'accord du style avec le sujet traité et le génie des nations. Si les rhéteurs et les grammairiens ont tant multiplié les règles, c'est qu'ils les ont cherchées ailleurs que dans la nature de l'esprit humain (1). « Le premier principe de nos connaissances, qu'ont souvent cherché les philosophes, est la liaison des idées (2)... » « Ce principe est l'unique cause de toutes les qualités de l'esprit (3). »

Enfin, dans sa *Logique*, le dernier ouvrage achevé qu'il ait laissé, Condillac montre comment l'association habituelle se retrouve même dans tous les organes nécessaires au langage (4).

Si donc il n'a pas ramené à des formules dogmatiques les lois de l'association, il n'en a pas moins nettement marqué l'importance au point de vue de l'évolution intellectuelle, et ses rapports avec l'impression, l'habitude, l'organisme, le milieu physique et social.

---

(1) *Art d'écrire*, liv. IV, ch. VI, p. 425.

(2) *Art de penser*, p. 245.

(3) *Hist. mod.*, t. XX, p. 247.

(4) « Pourrait-on savoir une langue, si le cerveau ne prenait pas des habitudes qui répondent à celles des oreilles pour l'entendre, à celles de la bouche pour la parler, à celles des yeux pour la lire? Le souvenir d'une langue n'est donc pas uniquement dans les habitudes du cerveau : il est encore dans les habitudes des organes de l'ouïe, de la parole et de la vue » (*Logique*, ch. XI, p. 90).

CHAPITRE II.

Conséquent avec ses principes, Condillac, associationiste et sensationiste, devait, comme la psychologie expérimentale contemporaine, rejeter la doctrine des idées innées.

Cette doctrine, qui remonte aux temps les plus reculés de la philosophie, est due au défaut d'analyse et à l'abus des métaphores. Impatients de pénétrer dans la nature des choses, les premiers philosophes négligèrent l'observation; imbus des erreurs communes, ils se hâtèrent de bâtir leurs systèmes sur des comparaisons. C'est ainsi que l'âme fut considérée comme une eau limpide ou une glace qui réfléchit la forme et la figure des objets (1). Comme la surface polie reproduit exactement l'image des choses, on en conclut que l'esprit reproduisait aussi fidèlement l'extériorité. Ces représentations, on les appela *idées, notions, archétypes*. Ne pouvant expliquer leur présence dans l'esprit et leur génération, surtout parce qu'un grand nombre d'entre elles étaient connues avant ce qu'on appelle l'âge de raison, on a imaginé que toutes les idées abstraites étaient innées; pour expliquer ensuite comment elles se conservent dans l'esprit, on eut recours à une autre comparaison : on dit qu'elles étaient gravées, imprimées, empreintes

(1) *Traité des systèmes*, ch. VI, p. 86.

dans l'âme et l'on prit au propre des expressions figurées (1).

On adopta d'abord une infinité d'idées innées, puis
on en réduisit le nombre et on les ramena aux principes
seuls et aux notions générales, qui furent regardées
comme la condition des connaissances particulières :
c'est ainsi qu'on en arriva à affirmer que c'est par l'infini que nous connaissons le fini. Si l'on n'a accordé
l'innéité qu'aux idées abstraites et générales, c'est, selon
Condillac, qu'il est trop facile de montrer l'origine des
idées particulières, la sensation (2).

Le préjugé des idées innées a été un obstacle à l'analyse de nos opérations et de nos facultés. Il faudrait
commencer par rejeter cette opinion, par se dépouiller
de ses idées acquises, comme l'avait si bien compris
Descartes, dont les erreurs ne tiennent qu'à ce qu'il
était prévenu pour l'innéité (3). Condillac, qui n'a pas le
même préjugé, a pu remonter à l'origine de nos connaissances et développer la génération de nos facultés,
en partant non seulement des idées dues aux sens, mais
des idées simples qu'ils nous transmettent (4). C'est
l'analyse qui tire de la sensation, commune à tous les
hommes comme leur organisation, les idées qu'elle renferme : elles sont donc toutes acquises, mais ne se développent que par l'usage du langage qui seul est inné
et est avant tout un instrument d'analyse (5). « Quand

(1) *Traité des systèmes*, p. 86 et suiv.
(2) *Ibid.*, p. 100.
(3) *Ibid.*, 2ᵉ part., ch. V, p. 237. Cf. *Essai sur l'orig.*, p. 494.
(4) *Ibid.* Cf. *Hist. ancienne*, t. X, ch. VII, p. 56 et 200.
(5) Condillac entend par langage inné « un langage que nous n'avons
point appris, parce qu'il est l'effet naturel et immédiat de notre conformation... Au contraire, sous quelque point de vue que l'on considère
les idées, aucune ne saurait être innée. S'il est vrai qu'elles sont toutes
dans nos sensations, il n'est pas moins vrai qu'elles n'y sont pas pour
nous encore lorsque nous n'avons pas su les observer; et voilà ce qui
fait que le savant et l'ignorant ne se ressemblent pas par les idées,
quoique ayant la même organisation; ils se ressemblent par la manière
de sentir. Ils sont nés tous deux avec les mêmes sensations comme avec
la même ignorance; mais l'un a plus analysé que l'autre. Or, si c'est

nous commençons à réfléchir, nous ne voyons pas comment les idées et les maximes que nous trouvons en nous auraient pu s'y introduire, nous ne nous rappelons pas d'en avoir été privés..., nous les prenons pour des notions évidentes par .elles-mêmes, nous leur donnons les noms de *raison*, de *lumière naturelle ou née avec nous*, de *principes gravés, imprimés dans l'âme*... Ce qui accoutume notre esprit à cette inexactitude, c'est la manière dont nous nous formons au langage. Nous n'atteignons l'âge de raison que longtemps après avoir contracté l'usage de la parole... Pour peu qu'en réfléchissant sur les enfants que nous voyons nous nous rappelions l'état par où nous avons passé, nous reconnaîtrions qu'il n'y a rien de moins exact que l'emploi que nous faisons ordinairement des mots... L'usage de joindre les signes avec les choses nous est devenu si naturel, quand nous n'étions pas encore en état d'en peser la valeur, que nous nous sommes accoutumés à rapporter les noms à la réalité même des objets, et que nous avons cru qu'ils en expliquaient parfaitement l'essence (1). » N'est-ce pas la doctrine des mots substituts développée par M. Taine dans son livre *De l'Intelligence*? N'est-ce pas aussi Condillac qui a pu inspirer à M. Taine ces intéressantes expériences sur les enfants, faites aussi par Darwin et d'autres psychologues contemporains (2)?

C'est au préjugé des idées innées et à l'abus de la méthode synthétique que Condillac attribue le peu de

---

l'analyse qui donne les idées, elles sont acquises, puisque l'analyse s'apprend elle-même. Il n'y a donc point d'idées innées » (*Logique*, 2ᵉ partie, ch. III, p. 114).

(1) *Essai sur l'origine*, 2ᵉ part., sect. II et ch. I, p. 400 et suiv.

(2) Voir Taine, *De l'intelligence*, Rev. philosoph., t. I, p. 5. — Darwin, *Esquisse biographique d'un petit enfant* (*Rev. philosoph.*, t. IV, p. 340). — Bernard Perez, *Psychologie de l'enfant*; *L'éducation dès le berceau*; *Les trois premières années de l'enfant*, etc., etc. V. Egger, *Développement de l'intelligence et du langage chez les enfants* (*Rev. phil.*, t. VIII, p. 87). « On s'est imaginé qu'il y a des idées innées, parce qu'en effet il y en a qui sont les mêmes chez tous les hommes; nous n'aurions pas manqué de juger que notre langage est inné, si nous n'avions su que les autres peuples en parlent de tout différents » (*Essai sur l'orig.*, p. 463).

progrès des sciences (1). Les philosophes n'ont pas vu que les idées qu'ils regardent comme indépendantes de la sensation n'en sont que le souvenir (2). Comme M. Bain, il croit superflu de supposer des idées innées pour expliquer certaines notions telles que celles de grandeur et de situation (3). M. Bain a dit : « Jamais, à notre avis, on n'a sérieusement réfuté les objections élevées par Locke contre les notions innées, et, depuis Locke, on les a singulièrement renforcées (4)..., » mais il aurait dû accorder, dans cette guerre au principe de l'innéité, une place importante à Condillac, qui revient continuellement sur la génération des idées, et d'après qui « Locke n'a laissé des choses imparfaites dans son ouvrage que parce qu'il n'a pas développé les premiers progrès des opérations de l'âme (5). »

(1) *Essai sur l'orig.*, p. 492.

(2) « Les philosophes, considérant l'homme lorsqu'il a déjà acquis beaucoup de connaissances, et voyant qu'alors il a des idées indépendamment des sensations actuelles, ils n'ont pas vu que ces idées n'étaient que le souvenir des sensations précédentes : ils ont conclu, au contraire, que les idées avaient toujours précédé les sensations » (*Traité des sensat.*, 2e part., ch. VIII, p. 230).

(3) « Il aurait été superflu de supposer à la statue des idées innées sur les grandeurs et les situations : c'est assez qu'elle ait des mains » (*Ibid.*, ch. IX, p. 238). Cf. A. Bain : « Toutes les difficultés inhérentes aux idées innées en général se retrouvent dans la théorie de la distance. Si l'on admet que la distance est quelque chose de plus qu'une impression purement oculaire, on est conduit à l'hypothèse improbable, combattue par des faits sans ambiguïté, que deux sens sont unis par une alliance innée » (*Sens et intell.*, 2e part., ch. V, p. 329).

(4) A. Bain, *Sens et intell.*, p. 654.

(5) *Essai sur l'orig.*, p. 492.

CHAPITRE III.

LA RAISON.

Adversaire des idées innées, Condillac ne peut, par conséquent, admettre une faculté distincte et supérieure ayant un objet propre, indépendant de l'expérience : les notions dites intuitives. La raison n'est pas pour lui cette puissance de *révélation mystérieuse, inexplicable,* reconnue par V. Cousin (1) : elle n'est que le pouvoir de bien conduire nos pensées : elle résulte de toutes les opérations de l'âme et couronne, pour ainsi dire, l'entendement (2); c'est, en un mot, le plus haut degré de l'évolution mentale.

Comme Herbert Spencer, il n'accepte pas que la raison apparaisse tout à coup dans l'esprit humain (3). Selon lui, la manière d'associer nos idées fait seule la différence de l'instinct, de la raison et de la folie, le premier n'admettant pas les opérations de l'âme, la dernière les admettant toutes, mais abandonnées à une

---

(1) Ravaisson, *Rapport*, p. 20.

(2) *Essai sur l'orig.*, 1re part., sect. II, ch. XI, p. 139.

(3) Il n'accepte pas qu'il y ait « dans la vie un moment où la raison que nous n'avions pas le moment d'auparavant nous est tout à coup infuse » (*Cours d'étud.*, Disc. prélim., p. 11). — « Les facultés de l'entendement sont les mêmes dans un enfant que dans un homme fait » (*Ibid.*, p. IX). — Cf. H. Spencer : « L'abîme qu'on place généralement entre la raison et l'instinct n'existe pas » (*Pr. de psych.*,'t. I, p. 488). « Nul ne peut dire le jour où dans une vie humaine s'est opérée la division qu'on fait entre les conclusions spéciales et les conclusions générales » (*Ibid.*, p. 497).

imagination déréglée, la raison enfin résultant de leur enchaînement régulier (1). Il distingue ce qui est « au-dessus de la raison, selon la raison, contre la raison (2). » Une idée est contre la raison quand elle contredit les données de l'expérience ; elle y est conforme, quand elle ne renferme que des données sur lesquelles l'esprit peut opérer ; elle est au-dessus, quand ses données ne proviennent ni des sens ni des sensations (3) : ce n'est autre chose que ce qu'on a appelé l'inconnaissable.

Comme les autres facultés, la raison a son germe dans la sensation ; comme elles aussi, elle a son processus ; comme pour elles enfin, le principal est de la bien diriger (4). Sur ce point encore Condillac ne devance-t-il pas les psychologues anglais contemporains qui ramènent la raison à la coordination ou à l'adaptation de l'intelligence à notre milieu (5), qui n'admettent entre elle et l'instinct d'autre différence qu'un degré plus ou moins vif de la conscience (6) ?

(1) « De toutes les opérations de l'âme bien conduite » (*Essai*, 1re part., sect. II, ch. xi, p. 141-142).

(2) *Essai*, p. 142.

(3) *Ibid*.

(4) « Étudions bien les opérations de l'âme, connaissons toute leur étendue, sans nous en cacher la faiblesse ; distinguons-les exactement, démêlons-en les ressorts, montrons-en les avantages et les abus, voyons quels secours elles se prêtent mutuellement ; enfin, ne les appliquons qu'aux objets qui sont à notre portée, et je promets que nous apprendrons l'usage que nous en devons faire. Nous reconnaîtrons qu'il nous est tombé en partage autant de raison que notre état le demandait » (*Ibid.*, p. 141).

(5) Pour M. Morell, la raison est la faculté de coordonner tous les processus intellectuels et de les adapter à notre milieu. — Ribot, *Psych. ang. cont.*, p. 393.

(6) « La raison ne diffère de l'instinct que parce qu'elle est consciente. L'instinct est une raison inconsciente, et la raison un instinct conscient » (Murphy. Voir Ribot, *Psych. ang. cont.*, p. 404).

CHAPITRE IV.

EXPLICATION DES IDÉES UNIVERSELLES.

§ 1er. — *L'absolu.*

Les idées dites universelles n'ont point d'autre origine que l'association, l'abstraction qui implique l'association et en définitive, par conséquent, la sensation ; et Condillac donne des notions d'absolu, d'infini, de substance, d'essence, etc., des explications qu'on n'a fait que développer avec plus de précision et d'ampleur.

L'absolu n'a pas une existence réelle, objective, indépendante et nécessaire : ce n'est qu'un point de vue sous lequel on considère les idées : « elles sont absolues quand on s'y arrête et qu'on en fait l'objet de sa réflexion sans les rapporter à d'autres ; mais quand on les considère comme subordonnées les unes aux autres, on les nomme relatives (1). » Hamilton dit-il autre chose, quand il soutient que l'absolu ne peut être pensé, car le penser, c'est le conditionner et partant le détruire, et qu'il n'est connu que dans sa relation avec ses effets (2)?

§ 2. — *L'infini.*

De même l'infini n'est, pour Condillac, « qu'un nom

---

(1) *Essai sur l'orig.*, 1re part., sect. III, p. 168.
(2) Voir Hamilton, *Fragments*, trad. Peisse, et Stuart Mill, *Examen de la philosophie de Hamilton.*

donné à une idée que nous n'avons pas, mais que nous jugeons différente de celles que nous avons. Il n'offre donc rien de positif (1)... Le principe que nous connaissons le fini par l'infini est une erreur qu'a produite le préjugé des idées innées. L'idée de fini est très claire et n'a pas besoin, pour être comprise, des définitions de Spinoza, qui ne font qu'obscurcir ce qu'on conçoit facilement (2). » Nous ne pouvons concevoir que l'indéfini, comme la succession des nombres, et encore sommes-nous forcés de donner des noms aux collections de plus en plus larges que nous formons (3).

Ne voit-on pas dans cette solution une analogie frappante avec la doctrine anglaise, notamment avec celle de Stuart Mill, et avec sa tendance à tirer, comme Condillac et M. Taine, ses exemples des opérations mathématiques (4)?

De l'évidence de fait, par laquelle nous connaissons les propriétés relatives, nous nous élevons aux propriétés absolues; car « ces propriétés relatives prouvent des propriétés absolues, comme l'effet prouve la cause. L'évidence de fait suppose donc ces propriétés, loin de les exclure, et si elle n'en fait pas son objet, c'est qu'il nous est impossible de les connaître (5). »

En affirmant ailleurs que l'infini « ne nous est connu

(1) *Traité des systèmes*, 2ᵉ part., ch. VIII, p. 185.

(2) *Ibid.*, p. 218.

(3) « Quelque considérables que soient les nombres que nous pouvons démêler, il reste toujours une multitude qu'il n'est pas possible de déterminer, qu'on appelle par cette raison l'infini, et qu'on eût bien mieux nommée l'indéfini. Ce seul changement de nom eût prévenu des erreurs, principalement l'erreur de croire que nous avons une idée positive de l'infini ; d'où quantité de mauvais raisonnements de la part des métaphysiciens et quelquefois même des géomètres » (*Sensat.*, 1ʳᵉ part., ch. IV, p. 100). « Si l'on fait attention que nous ne nous représentons les grands nombres que très imparfaitement... que nous ne parvenons à nous en faire une idée même vague qu'après avoir donné des noms à toutes les collections qui les précèdent, comment s'imaginera-t-on qu'il nous soit possible d'avoir une idée de l'infini? » (*Art de penser*, 1ʳᵉ part., ch. XII, p. 157 et suiv.)

(4) Voir les ouvrages de Stuart Mill et de M. Taine, *passim*.

(5) *Art de raisonner*, ch. VII, p. 76.

que par les rapports qu'il a avec. nous (1) ; » que nous
ne nous élevons à lui que par les qualités relatives à
nous que nous apercevons dans les objets et que ces
rapports prouvent invinciblement son existence (2), Condillac ne se rapproche-t-il pas de l'argumentation de
Herbert Spencer (3)?

Continuons à passer en revue avec Condillac les principales notions rationnelles et nous retrouverons dans
ses éléments essentiels la doctrine de la relativité de la
connaissance, soutenue par l'associationisme contemporain.

§ 3. — *Notions d'essence et de substance.*

Nous ne connaissons pas l'essence première ou véritable des choses : nous ne pouvons que l'inférer d'après
leurs propriétés, la décrire par l'énumération de leurs
qualités ou attributs, étroitement associés ou coexis-
tants (4). Il nous suffit, pour avoir une idée sinon abso-

---

(1) *Traité des animaux*, p. 567.

(2) *Ibid.*

(3) « Notre notion complète de l'existence est nécessairement relative ;
car c'est l'existence comme nous la concevons. Mais l'existence comme
nous la concevons n'est que le nom des diverses manières dont les
objets se présentent à notre conscience, un terme général embrassant
une variété de relations. D'autre part, l'absolu est un mot qui n'exprime pas un objet de pensée, mais seulement la négation de la relation
qui constitue la pensée... Cela n'implique pas que l'absolu ne puisse
exister, mais cela implique d'une manière très certaine que nous ne pouvons le concevoir comme existant » (H. Spencer, *Prem. princ.*, p. 83).
— « Nous avons vu comment, dans l'affirmation même que toute la connaissance proprement dite est relative, est impliquée l'affirmation qu'il
existe un non relatif... En examinant l'opération de la pensée, nous
avons vu également comment il nous est impossible de nous défaire
de la conscience d'une réalité cachée derrière les apparences et comment de cette impossibilité résulte notre indestructible croyance à cette
réalité » (H. Spencer, *Prem. princ.*, p. 102).

(4) « Pour donner la connaissance d'une chose, il ne nous reste qu'à
faire l'énumération de ses qualités : telle est, par exemple, l'idée que
nous nous formons de l'or... L'or est jaune, ductile, malléable. Mais
pourquoi un métal a-t-il des qualités qu'un autre n'a pas? Vous ne
sauriez remonter à une qualité première qui vous en rende raison »
(*Art de raisonner*, 1re part., ch. III, p. 39, 40). Cf. A. Bain : « L'or

lument ,claire, du moins distincte, d'une chose, puisque nous ne pouvons remonter à son essence première,
de connaître une des propriétés secondaires qu'on peut
regarder •comme le principe des autres (1) : tout en
ignorant ce qu'une chose est, nous savons au moins ce
qu'elle n'est pas; et nous ne saurions nous tromper,
« si nous ne jugeons que de ce que nous voyons (2). »
Aussi bien, pour satisfaire nos besoins, la connaissance des essences n'est pas nécessaire : c'est assez
pour nous de savoir les rapports que les choses ont
entre elles et avec nous, et nous les découvrirons par
l'observation (3).

L'idée d'essence n'est qu'une abstraction réalisée, et
les raisons de cette réalisation tiennent à ce que :

1° Les noms des substances jouent dans notre esprit
le rôle des sujets des qualités dans le monde extérieur;

2° « Nous pouvons connaître toutes les idées simples
qui entrent dans les notions que nous formons sans modèle, » et comme ce qui fait qu'une chose est telle ou
telle est ce qu'on appelle son essence, nous croyons
connaître des essences ;

3° Nous supposons que les mots répondent à la réalité
des choses, ce qui est souvent loin d'être vrai (4).

Ce qu'il faut donc avant tout, c'est déterminer le sens

---

associe un certain poids spécifique, un certain mode de cristallisation,
la ténacité, la fusibilité, la couleur et l'éclat : il est bon conducteur de
la chaleur, son poids atomique est 196; il a des aptitudes à se combiner.
Ce sont là les huit attributs essentiels qui coexistent dans n'importe
quel morceau d'or; et, à moins que nous trouvions les moyens de les
ramener les uns aux autres, nous devons affirmer qu'ils constituent tous
l'essence, les attributs essentiels de l'or. Il y a donc ici coexistence,
liaison de ces huit faits dans un même objet appelé or » (A. Bain, *Logique*, t. II, p. 19).

(1) *Art de raisonner*, 1ʳᵉ part., ch. III, p. 38.

(2) *Ibid.*, p. 48.

(3) *Logique*, p. 13. — « Nous n'acquérons des connaissances qu'à proportion que nous démêlons une plus grande quantité de choses et que
nous remarquons mieux les qualités qui les distinguent » (*Ibid.*, p. 9).
— « Si nous voulons juger des essences des choses, nous ne pouvons
que nous tromper » (*Art de penser*, p. 22).

(4) *Art de penser*, p. 113-115.

des mots et, pour cela, reprendre la génération de nos
connaissances : ainsi, attribuant aux termes une signification que nous aurons découverte par l'analyse, nous
aurons des expressions claires et précises et nous éviterons ces abstractions réalisées, ces *essences, substances,*
etc., dont abusent si souvent les philosophes (1).

« Pour Hartley, comme pour James Mill et son fils, »
dit M. Luigi Ferri, « l'unité de la substance n'est que l'association inséparable de certaines sensations transfor-
mées en possibilités permanentes. L'essence, objet du
concept et de la définition, s'y ramène : tout ce que
nous nous représentons au delà de ces limites est illusion et chimère (2). »

C'était aussi et avant eux, comme on va le voir de
plus en plus dans la suite de cette exposition, l'opinion
de Condillac. Qu'on n'aille pas croire avec les philosophes qu'on doive définir les substances par la différence
la plus prochaine et la plus propre à en exprimer la nature (3). C'est une tentative au-dessus de notre esprit,
et qui repose sur notre tendance à réaliser des idées
abstraites que nous prenons ensuite pour l'essence même
des choses (4). La substance ne peut être définie, à moins
qu'on n'entende par là le centre ou le lieu où viennent
aboutir et se réunir toutes les propriétés ou qualités des
choses (5). « Si par l'idée de la substance on entend
l'idée de quelques qualités réunies quelque part, nous
connaissons ce que nous appelons substance : mais si
on entend la connaissance de ce qui sert de fondement à
la réunion de ces qualités, nous l'ignorons tout à fait (6). »
C'est la conséquence naturelle du principe de la sensa-

---

(1) *Art de penser*, p. 192.
(2) Luigi Ferri, *Association*, p. 110.
(3) *Essai sur l'orig.*, 1re part. sect. V, p. 219.
(4) *Ibid.*, 1re part., sect. V, p. 219.
(5) *Traité des systèmes*, p. 221 : « Je conviens qu'il y a dans la substance une première détermination essentielle; mais c'est là un Protée
qui prend plaisir à se présenter à moi sous mille formes différentes et
qui me défie de le saisir sous aucune. »
(6) *Traité des systèmes*, p. 222.

tion : toutes nos idées venant des sens, et les sens ne pénétrant point jusqu'à la nature des choses, ils n'en saisissent que les qualités (1). Ainsi la notion de substance n'est que le résultat ou la collection des propriétés : nous ne connaissons directement, à vrai dire, que des phénomènes, des amas de qualités, des successions d'états de conscience (2).

Qu'ont dit de plus les psychologues anglais? Stuart Mill, par ses possibilités permanentes de sensations, n'a fait que traduire d'une manière plus précise les passages suivants de Condillac : « Nous n'avons aucun moyen de pénétrer dans la nature des substances. Nous ne le pouvons pas avec le secours des sens, puisqu'ils ne nous font voir que des amas de qualités qui supposent toutes quelque chose que nous ne connaissons pas; nous ne le pouvons pas avec le secours des abstractions, qui n'ont d'autre avantage que de nous faire observer l'une après l'autre les qualités que les sens nous offrent à la fois (3)... Quel est cet être où nos sensations se succèdent? Il est évident que nous ne l'apercevons pas en lui-même : il ne se connaîtrait pas s'il ne se sentait jamais : il ne se connaît que comme quelque chose qui est dessous ses sensations... Ces mêmes sensations deviennent les qualités des objets sensibles, lorsque le sentiment de soli-

---

(1) *Traité des systèmes*, p. 258.

(2) « Dès que les qualités distinguent les corps, et qu'elles en sont les manières d'être, il y a dans les corps quelque chose que ces qualités modifient, qui en est le soutien ou le sujet, que nous nous représentons dessous, et que, par cette raison, nous appelons *substance*, de *substare*, être dessous. Les sensations ne nous représentent pas ce quelque chose. Nous n'en avons donc aucune idée... » (*Précis des leçons*, p. XIX.) — « Les qualités que nous démêlons dans les objets paraissent se réunir hors de nous sur chacun d'eux, et nous ne pouvons en apercevoir quelques-unes qu'aussitôt nous ne soyons portés à imaginer quelque chose qui est dessous et qui leur sert de soutien... Quand on a voulu pénétrer plus avant dans la nature de ce qu'on appelle substance, on n'a saisi que des fantômes... » (*Gramm.*, 2ᵉ part., ch. Iᵉʳ p. 150.) — « Ce que nous appelons substance ne se montre à nous que par les manières d'être qui paraissent l'envelopper : c'est une chose qui existe comme au milieu d'elles ». (*Gramm.*, ch. XIII, p. 230).

(3) *Art de penser*, p. 21.

dité nous oblige de les rapporter au dehors et d'en former ces différentes collections auxquelles nous donnons
le nom de corps. Nous nous représentons quelque chose
pour les recevoir, quelque chose que nous imaginons
encore dessous et que, par cette raison, nous nommons
encore *substance*. Mais , dans le vrai , nos sensations
n'existent pas hors de nous, elles ne sont qu'où nous
sommes, et cette question : *qu'est-ce que la substance des
corps?* se réduit à celle-ci : *qu'est-ce qui soutient nos sensations hors de nous, qu'est-ce qui les soutient où elles ne sont
pas?* Pour faire une question plus raisonnable, il faudrait
demander : *qu'y a-t-il hors de nous quand nos sens nous
font juger qu'il y a des qualités qui n'y sont pas?* A quoi tout
le monde devrait répondre : *il y a certainement quelque
chose, mais nous n'en connaissons pas la nature* (1). »

A. Bain a résumé toute cette théorie en quelques lignes : « La notion d'une substance distincte de tous ses
attributs est une chose inconnaissable. Nous pouvons
connaître le corps par ses qualités sensibles et l'esprit
par ses sentiments, ses pensées et ses volontés; mais
nous ne pouvons rien connaître au delà (2). » Condillac
est plus concis encore : « Dans le vrai, les mots *être*,
substance ne signifient rien de plus que le mot *cela* (3). »

Si nous passons de la notion de substance en général
à celles de matière, de corps, d'esprit, nous retrouverons
encore, différentes peut-être dans l'expression, mais

---

(1) *Art de penser*, ch. XI, p. 144. — « Nous n'apercevons que les phénomènes produits par le concours de nos sensations... Quels que soient les
sens qui nous donnent ces idées (étendue et mouvement), il ne nous est
pas possible de passer de ce que nous sentons à ce qui est » (*Ibid.*, p. 145).
— « Combien sont superflus les efforts des philosophes qui prétendent
pénétrer dans la nature des choses! » (*Ext. rais.*, p. 41.) — « Je ne fais
pas un système de la nature des êtres, parce que je ne la connais pas;
j'en fais un de leurs opérations, parce que je crois les connaître » (*Traité
des animaux*, p. 549). Il écrit à l'abbé de Lignac : « Exigez-vous de moi,
» Monsieur, que je montre la différence de l'âme des bêtes en la consi-
» dérant dans son principe. Vous me demandez l'impossible » (T. III,
p. 640).
    (2) Bain, *Logique.*
    (3) *Traité des sensat.*, 4ᵉ part., ch. V, p. 393.

identiques au fond, les mêmes opinions chez Condillac
et chez les psychologues anglais.

« Tout ce que nous connaissons de l'objet, » dit Stuart
Mill, « consiste dans les sensations qu'il donne et l'ordre
dans lequel ces sensations se produisent (1). » De même,
d'après Condillac, ce n'est que par le rapport qu'elles
ont entre elles et avec nous, c'est-à-dire par le principe
de l'association, qu'on peut se rendre compte des notions
d'étendue, matière, corps, espace, temps, force, mouvement, vitesse, dont la nature nous est tout à fait cachée (2).

§ 4. — *Idées de matière et de corps.*

C'est par une série d'abstractions que, retranchant
successivement des qualités aux objets qui tombent sous
les sens, nous formons les idées de matière et de corps :
l'idée de matière, plus simple que celle des corps, est
due à la considération, indépendamment de la couleur
ou de la figure, de ce qu'il y a en eux de mobile, de
divisible, d'impénétrable, d'étendu (3).

Nous n'apercevons jamais que nos propres sensations,
ne cesse de répéter Condillac (4); les sensations ne nous

(1) Stuart Mill, *Logique*, t. I, p. 63. « On peut établir comme une vérité évidente par elle-même et admise par tous les auteurs dont il y ait
maintenant à tenir compte, que nous ne connaissons du monde extérieur et ne pouvons en connaître absolument rien, excepté les sensations que nous en recevons » (*Ibid.*, p. 66). « Dans l'état présent de la
discussion de ces questions, il est à peu près universellement admis que
l'existence de la matière ou de l'esprit, du temps et de l'espace, est absolument indémontrable et que, si l'on en sait quelque chose, ce doit
être par une intuition immédiate » (*Ibid.*, p. 8). Condillac n'aurait pas
sans doute admis cette restriction berkéléienne.

(2) « Étendue, matière, corps, espace, temps, force, mouvement, vitesse sont autant de choses dont la nature nous est tout à fait cachée.
Nous ne les connaissons que comme ayant des rapports entre elles et
avec nous » (*Art de raisonner*, l. II, ch. I, p. 88).

(3) « Si nous cessons de penser à la substance des corps comme étant
actuellement colorée et figurée, et que nous ne la considérions que
comme quelque chose de mobile, de divisible, d'impénétrable et d'une
étendue indéterminée, nous aurons l'idée de la matière, idée plus simple
que celle des corps dont elle n'est qu'une abstraction, quoiqu'il ait plu
à bien des philosophes de la réaliser » (*Art de penser*, p. 202).

(4) *Traité des sensat.*, p. 189 et *passim*.

font point connaître ce que les corps sont en eux-mêmes (1); aussi la statue ne peut-elle « soupçonner qu'il existe quelque chose qui ressemble à ce que nous appelons matière (2). » La nature des objets extérieurs nous est inconnue et impénétrable : « Tout ce que nous savons, c'est que nous les appelons corps (3); » et un corps ne peut être défini que de cette façon : ce en quoi l'on trouve réunies de la solidité, de l'étendue, de la mobilité, de la divisibilité, etc. (4).

Le disciple de Condillac, Destutt de Tracy, malgré ses tendances matérialistes, aboutit à la conclusion idéaliste de Stuart Mill (5); il est vrai qu'il s'en défend et « en accuse quelques-uns de ses prédécesseurs, Condillac entre autres, pour lequel il professe une si juste et si honorable reconnaissance (6). »

Ce n'est donc pas seulement chez Condillac lui-même, mais encore dans son école qu'on retrouve les idées soutenues par Stuart Mill (7) et A. Bain (8). « Je juge, »

(1) *Extrait raisonné*, p. 41.
(2) *Traité des sensat.*, 1re part., ch. I, p. 57.
(3) *Ibid.*, 4e part., ch. V, p. 385.
(4) « Si l'on vous demande donc ce que c'est qu'un corps, il faut répondre : *c'est cette collection de qualités que vous touchez, voyez, etc., quand l'objet est présent ; et, quand l'objet est absent, c'est le souvenir des qualités que vous avez touchées, vues, etc.* » (*Ext. rais.*, p. 43). Cf. *Sensat.*, 2e part., ch. VIII, p. 217 : « La statue n'a pas besoin de donner à ces qualités un sujet, un soutien ou, comme parlent les philosophes, un *substratum*. Il lui suffit de les sentir ensemble... Ses propres sensations deviennent les qualités des objets. »
(5) « Que nos perceptions soient toujours tout pour nous, cela ne peut faire aucun doute... L'existence de tout être ne consiste pour nous que dans les impressions qu'il est capable de nous procurer » (D. de Tracy, *Idéol.*, ch. VI, IX. — Cf. *Suppl.* à l'*Idéol.*, aph. I, corollaire. Voir aussi Rémusat, *Essais*, t. I, p. 483).
(6) De Rémusat, *Essais*, ib.
(7) « Un corps, d'après les métaphysiciens modernes, peut être défini: la cause extérieure à laquelle nous attribuons nos sensations... Ces sensations sont tout ce dont je suis directement conscient ; mais je les considère comme produites par quelque chose qui non seulement existe indépendamment de ma volonté, mais qui est extérieur à mes organes et à mon esprit. Ce quelque chose d'extérieur, je l'appelle corps » (Stuart Mill, *Logique*, t. I, p. 61. — Cf. *Examen de la phil. de Hamilton*, p. 5).
(8) « A parler rigoureusement, nous ne connaissons le monde exté-

dit Condillac, « que toutes mes manières d'être me viennent des corps, et je me fais une si grande habitude de les sentir comme si elles y étaient en effet, que j'ai peine à croire qu'elles ne leur appartiennent pas (1). »

Quels sont maintenant les éléments ultimes de la connaissance des corps? Pour Herbert Spencer (2), c'est l'impression de la résistance; pour Condillac, c'est la perception de l'étendue; mais la différence entre les deux auteurs n'est qu'apparente : outre que le philosophe français considère le tact ou toucher actif comme le redresseur des autres sens, il fait ressortir l'élément de la résistance dans la distinction des diverses parties du corps (3); quand il analyse le processus par lequel nous nous élevons à l'idée abstraite de matière, il part de la sensation de solidité (4); c'est cette dernière sensation qui rend, en définitive, compte de la croyance à l'existence des corps. « La solidité est une sensation par laquelle l'âme passe d'elle hors d'elle, et on commence à comprendre comment elle découvrira des corps (5). »

Comme H. Spencer, Condillac retrouve au fond de

rieur que comme une perception de nos sens » (A. Bain, *Log.*, t. I, p. 8).

(1) *Traité des sensat.*, ch. VIII, p. 407.

(2) « Notre perception du corps a pour derniers éléments des impressions de résistance... Nous ne connaissons l'étendue que par une combinaison de résistance; nous connaissons la résistance en elle-même, immédiatement... » (H. Spencer, *Pr. de psych.*, t. II, p. 239.)

(3) « Quand plusieurs sensations distinctes et coexistantes sont circonscrites par le toucher dans des bornes où le moi se répond à lui-même, la statue prend connaissance de son corps; quand elles sont circonscrites dans des bornes où le moi ne se répond pas, elle a l'idée d'un corps différent du sien » (*Sensat.*, p. 189).

(4) *Art de penser*, 1re partie, ch. XI, p. 148.

(5) *Sensat.*, 2e partie, ch. V, p. 186. « L'impénétrabilité est une propriété de tous les corps... Cette impénétrabilité n'est pas une sensation. Nous ne sentons pas proprement que les corps sont impénétrables; nous jugeons plutôt qu'ils le sont, et ce jugement est une conséquence des sensations qu'ils font sur nous. La solidité est surtout la sensation d'où nous tirons cette conséquence, parce que dans deux corps solides qui se pressent, nous apercevons, d'une manière plus sensible, la résistance qu'ils se font l'un à l'autre pour s'exclure mutuellement... » (Cf. *Art de penser*, p. 14, 147.)

toutes nos sensations la notion de force : « Elles ne peuvent nous donner une idée des corps que lorsqu'elles
sont enveloppées dans la sensation de solidité (1). » C'est
aussi l'opinion de Stuart Mill, d'après qui « notre conception de la matière se réduit en définitive à celles de
résistance, d'étendue et de figure, unies à divers pouvoirs d'exciter d'autres sensations. Ces trois attributs
deviennent ses constituants essentiels, et, quand on ne
les trouve pas, on hésite à appliquer le nom de matière.
De ces propriétés, qu'en conséquence on appelle qualités primaires de la matière, la plus fondamentale est la
résistance (2). »

§ 5. — L'esprit.

La notion d'esprit d'après Condillac est aussi bien
ressemblante à celle que s'en font les psychologues anglais : « De la nature de la matière ou de l'esprit, » dit
Stuart Mill, « hors des sentiments que la première excite
et que le second éprouve, nous n'en connaissons, suivant la doctrine la mieux fondée, absolument rien (3)...
les objets extérieurs et les esprits ne manifestent jamais
leur existence autrement que par des états de conscience (4)... »

Or, cette *doctrine la mieux fondée* est précisément
celle de Condillac. La faculté de sentir peut être considérée comme l'essence seconde de l'âme : quant à son
essence véritable, elle ne peut pas plus être connue que
celle du corps (5). Le moi de la statue n'est que « la
collection des sensations qu'elle éprouve et de celles
que la mémoire lui rappelle : en un mot, c'est tout à
la fois la conscience de ce qu'elle est et le souvenir

(1) *Traité des sensat.*, p. 187.
(2) *Examen de la philosophie de Hamilton*, p. 257.
(3) Stuart Mill, *Logique*, t. I, p. 68.
(4) *Id., ibid.*, p. 74.
(5) *Art de raisonner*, ch. III, p. 40.

de ce qu'elle a été (1)... L'existence de ce que j'appelle
moi où commence-t-elle, si ce n'est au moment où je
commence d'en avoir conscience (2)? » Nous ne connaissons, à vrai dire, que notre pensée et nos sensations
qui en sont l'origine; il est inutile de chercher à en pénétrer le principe : c'est une cause que nous connaissons par ses effets (3).

Cousin ne croyait peut-être pas si bien dire quand,
après avoir exposé la doctrine de Condillac sur l'âme
réduite ainsi à une collection de sensations, il ajoutait
que « sous ce rapport, le *Traité des sensations* est un
véritable monument historique (4). »

Selon Stuart Mill, les notions de moi et de non-moi
ne se produisent pas du premier coup, mais après avoir
éprouvé plusieurs sensations (5). Condillac dit-il autre
chose? La statue a besoin d'analyser, « c'est-à-dire qu'il
faut qu'elle observe successivement son moi dans toutes
les parties de son corps où il paraît se trouver (6). »
Avant A. Bain, qui affirme que « l'esprit ne se révèle
jamais à nous que dans son union avec le corps (7), »
Condillac soutient, en réfutant la théorie platonicienne
de la réminiscence, que nous ne pouvons nous faire une
idée des connaissances et de la nature d'une âme qui
n'a encore été unie à aucun corps (8). C'est, suivant
Bain, par l'association, par l'assimilation et la généralisation de chaque catégorie des qualités mentales et matérielles, que nous pouvons distinguer l'âme et le
corps (9). « La nature, » dit Condillac, « n'avait qu'un

---

(1) *Traité des sensat.*, 1re part., ch. VI, p. 117.
(2) *Traité des animaux*, p. 571. Cf. *Sensat.*, ch. XII, p. 164. — *Ibid.*,
2e part., ch. I, p. 167.
(3) *Art de penser*, 1re part., ch. I.
(4) *Introd. à l'hist. de la philos.*, in-12, 6e édit., p. 261.
(5) *Examen de la philosophie de Hamilton*, ch. XIII.
(6) *Traité des sensat.*, p. 180. Cf. *ibid.*, 4e part., ch. VIII, p. 415.
(7) A. Bain, *Logique*, t. I, p. 8.
(8) *Art de raisonner*, l. I, ch. III. « Nous ne nous sommes pas trouvés
dans ce cas ou nous ne nous souvenons pas d'y avoir été, et c'est la
même chose » (*Art de raisonner*, ch. VI, p. 65).
(9) A. Bain, *Logique*, t. II, p. 188.

moyen de faire connaître à l'enfant son corps, et ce moyen était de lui faire apercevoir ses sensations non comme des modifications de son âme, mais comme des modifications des organes, qui en sont autant de causes occasionnelles. Par là, le moi, au lieu d'être concentré dans l'âme, devait s'étendre, se répandre et se répéter en quelque sorte dans toutes les parties du corps (1). »

Quant à l'explication profonde de cette union de l'âme et du corps, Condillac ne l'a pas donnée et ne l'a même pas cherchée. Il croit seulement que « quand on connaîtra parfaitement et la nature de l'âme et le mécanisme du corps humain, il est vraisemblable qu'on expliquera facilement comment le moi, qui n'est que dans l'âme, paraît se trouver dans le corps. Quant à nous, il nous suffira d'observer ce fait et de nous en assurer (2). » A. Bain ne va guère plus loin que lui (3).

Quoi qu'en ait dit Cousin que, pour Condillac, « l'âme n'est qu'une collection de sensations plus ou moins généralisées, mais sans unité, sans substance, sans force causatrice (4), » notre philosophe affirme l'unité fondamentale du moi et réfute l'hypothèse de deux principes sentants admise par Buffon (5). Qu'on ne dise pas qu'il se met en désaccord avec lui-même : d'abord il distingue l'idée du moi, qui ne se connaît que par ses sensations, et la nature du moi, qui ne peut être connue; ensuite nous avons vu qu'il professe que

(1) *Traité des sensat.*, 2ᵉ part., ch. IV, p. 179. — Cf. ch. V, p. 186, 187.
(2) *Ibid.*, 2ᵉ part., ch. IV, p. 179, 180.
(3) *Esprit et corps* : « Nous n'avons aucune expérience directe et absolument aucune connaissance de l'esprit isolé du corps... Il ne nous a pas été donné de voir un esprit agir indépendamment de son compagnon matériel... » (p. 136. Cf. *ibid.*, p. 159.)
(4) V. Cousin, *Introd. à l'histoire de la philosophie*, p. 261.
(5) « L'unité de personne suppose nécessairement l'unité de l'être sentant; elle suppose une seule substance, simple, modifiée différemment à l'occasion des impressions qui se font dans les parties du corps. Un seul moi formé de deux principes sentants, l'un simple, l'autre étendu, est une contradiction manifeste : ce ne serait qu'une seule personne dans la supposition, c'on serait deux dans le vrai » (*Traité des anim.*, p. 459).

le moi est actif. Reconnaître, sous les modifications variables et multiples, l'activité primordiale, n'était-ce pas établir l'unité de l'être pensant ? Ce que conteste Condillac, c'est l'innéité de l'idée du moi : cette idée ne vient que de la conscience d'un être qui se sent autre qu'il n'a été précédemment (1). En comparant entre elles nos sensations, nous nous apercevons qu'elles sont éprouvées par un même être, et nous distinguons le moi de ses phénomènes. Non content de cette preuve de la conscience, Condillac en avait tiré une autre, souvent reproduite depuis, de la nature même de la comparaison qui, sans cette unité, ne pourrait avoir lieu (2).

§ 6. — *L'idée de force.*

Comment Cousin a-t-il pu dire encore que pour Condillac l'âme n'est pas une force causatrice (3)? S'il admet deux états de l'âme à l'égard des choses, l'un passif, l'autre actif, Condillac a bien soin de remarquer que la passivité n'est jamais absolue, que l'âme agit toujours : « Nous sommes toujours sensibles et le calme n'est qu'un moindre mouvement (4). » C'est au mouvement que nous devons la notion la plus vive de notre existence; c'est en nous-mêmes que nous trouvons la notion de cause ou de force (5). Mais chercher à définir ce qu'on appelle force est une entreprise vaine : contentons-nous d'en constater les effets (6). C'est ainsi que dans le monde physique on ne peut connaître la force que dans le rapport d'un mobile à un autre (7).

(1) « Aussitôt qu'il change, il juge qu'il est le même qui a été auparavant de telle manière, et il dit moi » (*Sensat.*, 1re part., ch. VI, p. 118).

(2) *Précis des leçons*, p. cx. Cf. *Art de raisonner*, p. 15.

(3) V. Cousin, *Introd. à l'histoire de la philosophie*, 6e édit., in-12, p. 261.

(4) *Art d'écrire*, p. 281. Cf. *Gramm.*, p. 85.

(5) *Traité des sensat.*, 2e part., ch. VI, p. 193.

(6) *Traité des systèmes*, p. 386.

(7) « Il ne faut pas entreprendre de déterminer ce qu'on appelle la force

A l'occasion des impressions organiques, l'âme exerce son activité, elle compare, réfléchit, juge, etc., et nous croyons si peu que c'est la matière qui agit en nous et sur nous que nous ignorons absolument ce que c'est que la matière, tandis qu'au contraire nous sentons en nous un principe d'action, une *force*, que nous ne pouvons, il est vrai, définir, mais sur le modèle de laquelle nous concevons les forces extérieures (1). En réalité, ou bien l'âme agit, c'est-à-dire fait effort sur soi et en dehors de soi, et dans ce cas elle est dite active; ou bien elle subit, sans réagir, l'action du dehors, et alors on la considère comme passive; mais, nous le répétons, cette passivité n'est jamais absolue (2).

Dans le monde extérieur, nous ne percevons que des mouvements relatifs, les situations respectives que prennent successivement les objets dans des étendues toutes déterminées les unes par les autres. Mais tout changement suppose « quelque chose qui agit et quelque chose qui résiste (3); » de là, la corrélation des idées de force et d'obstacle. Mais, ne l'oublions pas, la première idée de force nous vient de la conscience des faits du moi; toutefois « le sentiment ne vous apprend point quelle est cette cause qui produit votre mouvement : si vous y faites attention, vous reconnaîtrez que vous sentez plutôt le mouvement que la cause qui le produit (4). » A plus forte raison cette idée ne peut-elle nous être donnée par le dehors. Mais, quoiqu'il nous soit impossible d'en savoir la nature intime, aussi bien quand il s'agit de nos propres mouvements que de ceux des corps, nous pouvons donner à ce principe inconnu en lui-même le nom de force (5).

d'un corps : c'est là le nom d'une chose dont nous n'avons point d'idée. Les sens en donnent une du mouvement » (*Ibid.*).

(1) *Sensat.*, 1ʳᵉ part., ch. II, p. 63, note.

(2) *Traité des sensations, ibid.*

(3) *Art de raisonner*, p. 84.

(4) *Ibid.*

(5) « Rien ne nous est plus familier que la force que nous éprouvons en nous-mêmes. J'ai quelque sorte d'idée de ma propre force quand

Le mouvement est « le premier phénomène qui nous frappe, il est partout, il est toujours, et, tel qu'il appartient à la matière, il n'est autre chose à notre égard que le passage d'un corps d'un lieu à un autre (1). » En somme, il se ramène à un changement d'état de conscience. C'est ainsi qu'Herbert Spencer dit que « nous ne connaissons immédiatement aucune force, à l'exception de celle dont nous avons conscience dans nos efforts musculaires. Toutes les autres sont connues d'une manière médiate par les changements que nous lui rapportons (2). » Il faut reconnaître que Spencer a tiré de l'idée de force, immédiatement connue par la conscience de l'effort musculaire, des conséquences que Condillac avait à peine entrevues : il dit en effet que la force est le « principe des principes (3), » que les principes fondamentaux sont « l'indestructibilité de la matière, la continuité du mouvement et la persistance de la force; » celui-ci est un principe dernier, les autres en sont des corollaires (4). M. Bain, d'accord avec Spencer, regarde la notion de force comme la plus fondamentale de l'esprit humain (5) : telle est aussi, sinon pour la forme,

j'agis; je la connais au moins par conscience. Mais quand j'emploie ce mot pour expliquer les changements qui arrivent aux autres substances, ce n'est plus qu'un nom que je donne à la cause inconnue d'un effet connu » (*Traité des systèmes*, p. 177 et suiv. Cf. *Art de raisonner*, p. 90; *Logique*, p. 49).

(1) *Art de raisonner*, p. 82.

(2) Herbert Spencer, *Prem. princ.*, p. 198. Cf. *Princ. de psych.*, t. II, p. 242 : « Notre notion de la force est une généralisation de ces sensations musculaires que nous avons eues quand nous produisions nous-mêmes un changement dans les objets externes... Nous sommes conduits par là à attribuer la force ainsi conçu à toutes les causes extérieures de changement. »

(3) H. Spencer, *Prem. princ.*, p. 179.

(4) *Id., ibid.*, p. 578.

(5) « Dans l'ordre du développement, elle est contemporaine de l'idée de mouvement et de l'idée de l'étendue, si même elle ne lui est pas antérieure. Elle ne peut être définie qu'à la façon des notions ultimes. Le sentiment que nous éprouvons quand nous dépensons notre énergie musculaire, soit en résistant, soit en produisant nous-mêmes le mouvement, est une expérience unique et irréductible » (A. Bain, *Logique*, t. II, p. 330).

du moins pour le fond, l'opinion de Stuart Mill (1), qui cite d'ailleurs ces deux auteurs.

§ 7. — *L'idée de cause.*

Non seulement Hume, dont ils se réclament, mais encore Condillac avait précédé les psychologues anglais dans l'explication de l'idée de cause. On sait qu'ils ramènent le principe de causalité au rapport d'antécédent à conséquent (2). C'est ce qu'avait dit en termes concis Condillac : « Rien n'est si naturel que de regarder comme l'effet d'une cause ce qui vient constamment à sa suite (3). » Les premiers principes des choses, qu'aspirent à découvrir ceux qui s'occupent de la nature, nous sont inaccessibles : nous sommes dans l'impuissance « de remonter aux vraies causes qui produisent et lient en un seul système le petit nombre de phénomènes que nous connaissons (4)... » — « Les meilleurs principes qu'on puisse avoir en physique, ce sont des phénomènes qui en expliquent d'autres, mais qui dépendent eux-mêmes de causes qu'on ne connaît point (5). »

De même que Stuart Mill regarde comme insensé d'affirmer l'empire de la loi de causalité dans les parties de l'univers qui échappent à nos investigations (6), Condillac soutient que « ce qui se fait à l'occasion d'une chose peut se faire sans elle, parce qu'un effet ne dépend de sa cause occasionnelle que dans une certaine hypothèse (7)... les mêmes causes produisent des effets différents suivant la variété des circonstances (8). »

---

(1) *Examen de la phil. de Hamilton*, ch. XIII. Cf. *Logique*, t. II, p. 4.
(2) Voir Stuart Mill, *Logique*, t. I, p. 369; t. II, p. 102; t. I, p. 381.
(3) *Traité des sensat.*, 4e part., ch. I, p. 363.
(4) *Traité des systèmes*, p. 335. Cf. *ibid.*, ch. XII, p. 236, 347.
(5) *Ibid.*, ch. XIV, p. 373.
(6) Stuart Mill, *Logique*, t. II, p. 106.
(7) *Art de penser*, ch. I, p. 8.
(8) *Hist. mod.*, t. XVI, p. 105.

Comme Stuart Mill, il avait recommandé d'appliquer
cette loi avec réserve dans les sciences de la nature, où
l'on doit rechercher les causes en remontant de phénomènes en phénomènes (1) ; il avait rappelé le conseil
donné à Kepler par Tycho-Brahé de commencer par
l'étude des phénomènes au lieu de se presser de chercher les causes (2). C'est si bien à un rapport de succession constante qu'il ramène le principe de causalité que
non seulement dans l'histoire où les faits qui précèdent
expliquent ceux qui suivent (3), mais encore en physique, il faut disposer les faits dans un ordre qui forme un
système d'une suite d'observations (4).

Pour Condillac, en définitive, l'idée de cause est purement phénoménale (5) ; mais l'association de l'antécédent et du conséquent nous est si naturelle qu'un fait
ne paraît un prodige que parce qu'on n'en voit pas la
cause, ou plutôt le phénomène qu'on appelle de ce
nom (6). Dans son chapitre consacré à l'examen de la
doctrine de Hume sur les miracles (7), Stuart Mill s'ap-
puie-t-il sur un principe différent? Condillac enfin semble même avoir devancé la méthode inductive de Stuart
Mill, quand il recommande de ne juger que d'après
l'évidence de raison (8), et de distinguer les cas où un
fait ne peut être produit que d'une seule manière de
ceux où il peut l'être de plusieurs (9).

(1) *Hist. mod.*, t. XX, p. 374.
(2) *Ibid.*, p. 369.
(3) *Ibid.*, t. XIX, p. 104; t. XVIII, p. 330.
(4) *Art de raisonner*, p. 77.
(5) « Qu'est-ce donc enfin que l'attraction? C'est un phénomène qui en
explique plusieurs autres, mais qui est encore bien éloigné de les expliquer tous, et qui suppose lui-même ou paraît au moins supposer un
principe plus général » (*Art de raisonner*, p. 231).
(6) *Hist. anc.*, t. XI, p. 280.
(7) Stuart Mill, *Logique*, t. II, p. 162 et suiv.
(8) *Art de raisonner*, p. 243.
(9) *Ibid.* « C'est juger d'après l'évidence de raison que de juger d'une
cause par un effet qui ne peut être produit que d'une seule manière;
lorsque l'effet peut être produit de plusieurs, c'est en juger par analogie
que de dire : là il est produit par telle cause; donc ici il ne doit pas

§ 8. — L'idée de temps.

« Etendue, matière, corps, espace, temps, force, mouvement, vitesse sont autant de choses dont la nature nous est tout à fait cachée. Nous ne les connaissons que comme ayant des rapports entre elles et avec nous. C'est de la sorte qu'il faut les considérer, si nous voulons conserver l'évidence dans nos raisonnements (1). » On ne pouvait poser plus nettement la doctrine relativiste et ici encore Condillac, par son analyse de l'idée d'espace et de temps, devance les psychologues anglais contemporains.

Dès les premières pages de l'*Essai*, il avait réduit l'idée de temps à la durée ou à la succession et l'avait associée à celle de mouvement (2). C'est par la succession de nos sensations « transmises par l'organe ou renouvelées par la mémoire (3) » que nous jugeons de la durée. « Du discernement qui se fait en la statue des odeurs, naît une idée de succession : car elle ne peut sentir qu'elle cesse d'être ce qu'elle était, sans se représenter dans ce changement une durée de deux instants (4). » La durée n'est primitivement pour nous que la succession de nos états de conscience (5). Mais, par l'habitude, la statue pourra croire que les durées succes-

être produit par une autre. En pareil cas, il faut que de nouvelles analogies viennent à l'appui de la première. »

(1) *Art de raisonner*, liv. II, ch. 1, p. 88.

(2) *Essai sur l'origine*, p. 23, note : « Le temps n'étant qu'une succession, tout ce qui est capable de mouvement peut le mesurer. » Cf. H. Spencer : « Le temps et l'espace ne sont connaissables que par le mouvement; » mais, « d'autre part, le mouvement n'est connaissable que dans le temps et l'espace » (*Princ. de psych.*, t. II, p. 222).

(3) *Sensat.*, 1re part., ch. IV, p. 110.

(4) *Ibid.*, p. 105.

(5) « La statue n'aurait jamais connu qu'un instant si le premier corps odoriférant eût agi sur elle d'une manière uniforme ou si son action eût varié par des nuances si insensibles qu'elle n'eût pu les remarquer » (*Ibid.*, p. 110); cf. H. Spencer : « Notre notion d'une période quelconque de temps est entièrement déterminée par la longueur de la série des états de conscience qu'on se rappelle » (*Princ. de psych.*, t. II, p. 214; cf. *Sensat.*, p. 404).

sives qui constituent son existence correspondent à des
durées et à des mouvements extérieurs (1).

Mais comment nous élevons-nous des durées relatives
et particulières à l'idée générale de temps? Comme
H. Spencer, Condillac répond : par l'abstraction (2).
« L'idée de la durée peut venir à nous par tous les sens.
Or, plus il y a de sensations différentes auxquelles nous
pouvons devoir une idée, plus cette idée nous paraîtra
indépendante de chaque espèce de sensations en particulier ; et bientôt nous serons portés à croire qu'elle est
indépendante de toute sensation (3). » Un autre facteur,
qu'on ne s'étonnera pas de retrouver ici, de l'idée de
durée abstraite et indéfinie, c'est l'association habituelle,
qui établit des rapports entre les différents états de conscience et permet la conception non seulement du passé,
mais encore de l'avenir. « Lorsque la statue s'est fait
une longue habitude des changements auxquels elle est
destinée, le souvenir d'une succession d'idées est un
modèle d'après lequel elle imagine une durée antérieure
et une durée postérieure ; de sorte que ne trouvant point
d'instant dans le passé ni dans l'avenir au delà duquel
elle ne puisse pas en imaginer d'autres, il lui semble
que sa pensée embrasse toute l'éternité (4). »

(1) « En imaginant le passé par un espace qu'elle a parcouru, et l'avenir par un espace qu'elle a à parcourir, le temps sera à son égard comme
une ligne suivant laquelle elle se meut. Cette manière d'en juger lui
paraîtra même si naturelle qu'elle pourra bien tomber dans l'erreur de
croire qu'elle ne connaît la durée qu'autant qu'elle réfléchit sur le mouvement d'un corps » (Sensat., p. 222).

(2) « L'idée de la durée n'est qu'une abstraction : c'est d'après la succession de nos idées que nous nous représentons la durée des choses
qui sont hors de nous » Art de penser, p. 112. Cf. H. Spencer : « Un
temps particulier est un rapport de position entre deux états dans la
série des états de conscience, et le temps in abstracto est un rapport de
position entre des états de conscience » (Princ. de Psych., t. II, p. 216).

(3) Art de penser, p. 147.

(4) Sensat., p. 225. « Elle continue de se représenter le présent, le
passé et l'avenir : le présent, par l'état où elle se trouve; le passé, par
le souvenir de ce qu'elle a été; l'avenir, parce qu'elle juge qu'ayant eu
à plusieurs reprises les mêmes sensations, elle peut les avoir encore »
(Ibid., p. 107).

La notion de la durée, ayant pour origine la suite de nos sensations, peut-elle être autre que relative? « Si je mesure l'espace, le temps, le mouvement et la force qui le produit, c'est que les résultats de mes mesures ne sont que des rapports; car chercher des rapports ou mesurer, c'est la même chose (1). » Herbert Spencer, qui connaissait certainement cette théorie (2), insiste sur les variations quantitatives de la mesure du temps suivant la structure de l'organisme, l'âge, l'état constitutionnel, le nombre et la vivacité des impressions, leur position relative dans la conscience (3). Condillac avait montré comment les jours ou les années nous paraissent longs ou courts suivant que nous avons été plus ou moins occupés (4). « La vitesse étonnante avec laquelle le temps paraît quelquefois s'être écoulé » s'explique par l'oubli d'une grande partie de nos perceptions successives (5). C'est que réellement notre appréciation de la durée est absolument subjective et dépend du rapport de nos idées avec les changements extérieurs (6). « Vraisemblablement, il n'y a pas deux hommes qui, dans un temps donné, comptent un égal nombre d'instants (7). »

(1) *Logique*, p. 50.

(2) H. Spencer, *Princ. de psych.*, t. II, p. 215. « La doctrine que le temps ne nous est connaissable que par la succession de nos états mentaux est si ancienne et si bien établie, qu'il est inutile de l'exposer longuement. »

(3) H. Spencer, *ibid.*, t. I, p. 221, 223. Cf. Romanes (*Mind*, july 1878). *Rev. philos.*, octobre 1878.

(4) « Dans le désœuvrement, nous nous plaignons de la lenteur des jours et de la rapidité des années. L'occupation, au contraire, fait paraître tous les jours courts et les années longues : les jours courts, parce que nous ne faisons pas attention au temps dont les révolutions solaires sont la mesure ; les années longues, parce que nous nous les rappelons par une suite de choses qui supposent une durée considérable » (*Sens.*, p. 334).

(5) *Essai*, p. 48. Cf. A. Bain, *Esprit et corps*, p. 273-275.

(6) « Lorsque nous disons que le temps coule rapidement ou lentement, cela ne signifie autre chose, sinon que les révolutions qui servent à le mesurer se font avec plus de rapidité ou plus de lenteur que nos idées ne se succèdent... » (*Sensat.*, p. 110).

(7) *Sensat.*, p. 112.

Notre mesure de la durée dépend uniquement, pour employer le langage de Spencer, de l'association des relations internes et des relations externes : c'est ainsi que nous arrivons à prendre comme terme de comparaison les faits qui nous frappent le plus, notamment les révolutions solaires (1). Cette association nous permettra de mettre de l'ordre, d'établir des rapports plus déterminés entre les faits, d'en acquérir une idée plus nette, plus distincte : tel est l'avantage, dans l'histoire, de la division en siècles, années, mois (2).

Condillac se résume ainsi : « Trois choses concourent donc aux jugements que nous portons de la durée : premièrement la succession de nos idées; en second lieu, la connaissance des révolutions solaires; enfin, la liaison des événements à ces révolutions... Que la statue soit quelque temps dans un état dont l'uniformité l'ennuie, elle en remarquera davantage le temps que le soleil sera sur l'horizon, et chaque jour lui paraîtra d'une longueur insupportable. Si elle passe de la sorte une année, elle voit que tous les jours ont été semblables, et sa mémoire n'en marquant pas la suite par une multitude d'événements, ils lui semblent s'être écoulés avec une rapidité étonnante. Si ses jours au contraire, passés dans un état où elle se plaît, pouvaient être chacun l'époque d'un événement singulier, elle remarquerait à peine le temps que le soleil est sur l'horizon, et elle les trouverait d'une brièveté surprenante. Mais une année lui paraîtrait longue, parce qu'elle se la retrace-

(1) « Les révolutions du soleil attirent de plus en plus l'attention de la statue. Elle l'observe lorsqu'il se lève, lorsqu'il se couche; elle le suit dans son cours et elle juge à la succession de ses idées qu'il y a un intervalle entre le lever de cet astre et son coucher, et un autre intervalle entre son coucher et son lever... Jugeant de sa propre durée par l'espace que le soleil a parcouru, elle lui paraît plus lente ou plus rapide. Ainsi, après avoir jugé des révolutions solaires par sa propre durée, elle juge de sa durée par les révolutions solaires, et ce jugement lui devient si naturel, qu'elle ne soupçonne plus que sa durée lui soit connue par la succession de ses idées » (Sensat., p. 331).

(2) Sensat., p. 332.

rait comme la succession d'une multitude de jours distingués par une suite d'événements (1). »

§ 9. — Idée d'espace.

D'après les psychologues anglais, la notion de temps précède en nous celle d'espace, ou plutôt ces deux notions sont tellement inséparables qu'elles n'en font qu'une seule. « L'idée d'espace, » dit Stuart Mill, « est au fond une idée de temps et la notion d'étendue ou de distance est celle d'un mouvement des muscles continué pendant une durée plus ou moins longue (2). » Il cite à l'appui de sa thèse l'aveugle de Platner, pour qui « l'idée des degrés d'étendue n'était que l'idée d'un plus grand ou d'un plus petit nombre de sensations éprouvées successivement pour aller d'une sensation à une autre... le sens du toucher et celui des muscles n'étant pas aidé par la vue, l'aveugle continuait à ne concevoir les sensations que comme successives ; sa représentation mentale des sensations restait une conception d'une série et non d'un groupe coexistant (3). » C'est aussi l'opinion de W. Hamilton (4), que Stuart Mill ne fait d'ailleurs que reprendre et examiner.

A. Bain donne une explication analogue, mais il insiste sur l'association de la résistance et de la coexistence (5). Herbert Spencer accorde une plus grande

(1) *Sensat.*, p. 333.
(2) *Examen de la philosophie de Hamilton*, p. 269.
(3) *Ibid.*, p. 271.
(4) « En fait, » dit Hamilton, « pour les aveugles-nés, le temps tient lieu d'espace. Le voisinage et la distance ne signifient pour eux rien de plus qu'un temps plus court ou plus long, un nombre plus petit ou plus grand de sensations qui leur sont nécessaires pour passer d'une sensation à une autre » (*Ibid.*, p. 270 et suiv.).
(5) « Tandis que tous nos sens et tous nos sentiments nous donnent la notion de temps, c'est notre expérience du mouvement et de la résistance, — le côté énergique ou actif de notre nature seulement, — qui nous donne celle d'espace... L'espace comprend quelque chose de plus que la simple opposition du résistant et du non résistant ; il comprend ce que nous nommons le coexistant ou le contemporain » (*Esprit et corps*, p. 275). « La coalition des sensations de la vue et du tact avec le senti-

place encore, dans cette conception, à la notion de force. « Les expériences d'où l'intuition d'espace prend naissance, » dit il (1), « sont des expériences de force. Une certaine corrélation des forces musculaires que nous exerçons nous-mêmes est l'indice de chacune des positions que nous découvrons et la résistance qui nous fait connaître que quelque chose existe dans cette position est un équivalent de la pression que nous exerçons avec conscience. Ainsi les expériences de forces sous des relations variées sont les matériaux d'où l'abstraction tire l'intuition d'espace. »

D'après James Mill, l'espace est un mot compréhensif, renfermant toutes les positions ou la totalité de l'ordre synchronique; le temps, un mot compréhensif, renfermant toutes les successions ou la totalité de l'ordre successif (2).

Répondant à une critique du Dr M. Cosh, qui l'accuse d'avoir puisé dans les écrits de Comte une grande partie de ses idées, Stuart Mill fait cet aveu, bon à noter ici : « Quant à la doctrine d'après laquelle nous ne connaissons que les coexistences, les successions ou les similitudes des phénomènes, je la connaissais dès mon enfance par les enseignements de mon père, qui l'avait apprise à la même école que M. Comte, par l'étude des méthodes des sciences physiques et des écrits des penseurs leurs prédécesseurs communs (3). »

---

ment d'un emploi de forces motrices explique tout ce qui appartient à la notion de grandeur étendue ou d'espace » (Sens. et intell., p. 331).

(1) H. Spencer, Prem. princ., p. 174. — Cf. Princ. de psych., p. 205 : « L'espace ne peut être connu que comme présentant des rapports de coexistence... » — Prem. princ., p. 173 : « La conception abstraite de toutes les séquences est le temps ; la conception abstraite de toutes les coexistences est l'espace,... » — Princ. de psych., t. II, p. 214 : « Le temps, comme l'espace, ne peut être conçu que par l'établissement d'un rapport entre deux éléments de conscience au moins ; toute la différence, c'est que, dans le cas de l'espace, ces deux éléments semblent être présents à la fois, et que, dans le cas du temps, ils ne sont pas présents à la fois,... »

(2) Voir Ribot, Psych. ang. cont., p. 70.

(3) Examen de la phil. de Hamilton, p. 260.

Il ajoute que « depuis Hume, cette théorie a été la propriété du monde philosophique : depuis Brown, elle est entrée dans le domaine public (1). »

Mais Stuart Mill oublie de citer Condillac, et pourtant Condillac avait exprimé, presque dans les mêmes termes, les mêmes idées que les psychologues anglais. « Comme la statue connaît, » dit-il, « la durée par la succession de ses idées, elle connaît l'espace par la coexistence de ses idées (2)... elle ne trouve cette idée que dans la coexistence de plusieurs sensations (3)... comme elle n'aurait aucune idée de durée, si elle ne se souvenait pas d'avoir eu successivement plusieurs sensations, elle n'aurait aucune idée d'étendue ni d'espace, si elle n'avait jamais eu plusieurs sensations à la fois (4)... Elle s'accoutume à lier différentes idées de distance, de grandeur et de mouvement aux différentes impressions de lumière (5)... Le tact ayant une fois lié différents jugements à différentes impressions de lumière, ces impressions ne peuvent plus se reproduire que les jugements ne se répètent et se confondent avec elles (6)... tout prouve que la mémoire des idées qui viennent par le tact doit être plus forte et durer beaucoup plus que

(1) *Examen de la phil. de Hamilton*, p. 260.

(2) *Sensat.*, 2ᵉ part., ch. VIII, p. 223 : « Si le toucher ne lui transmettait pas à la fois plusieurs sensations qu'il distingue, qu'il rassemble, qu'il circonscrit dans certaines limites et dont, en un mot, il fait un corps, elle n'aurait l'idée d'aucune grandeur. »

(3) *Ibid.* : « Dès qu'elle connaît une grandeur, elle a de quoi mesurer l'intervalle qui les sépare, celui qu'elles occupent; en un mot, elle a l'idée d'espace. »

(4) *Ibid.* : « Partout où elle ne trouve point de résistance, elle juge qu'il n'y a rien, et elle se fait l'idée d'un espace vide. Cependant ce n'est pas une preuve pour qu'il existe un espace sans matière : elle n'a qu'à se mouvoir avec quelque vivacité pour sentir au moins un fluide qui lui résiste. »

(5) *Ibid.*, 3ᵉ part., ch. III, p. 293.

(6) *Ibid.*, p. 298 : « Tant qu'elle est éveillée, elle ne peut pas, avec le tact, comme avec les autres sens, être entièrement privée de toute espèce de sensations. Il lui en reste toujours une à laquelle toutes les autres sont liées, et que je regarde, par cette raison, comme la base de toutes les idées dont elle conserve le souvenir. »

celle des idées qui viennent par les autres sens... la
sensation de l'étendue est telle que notre statue ne la
peut perdre que dans un sommeil profond (1). » Cet
appel fait à la mémoire et à l'association des idées montre
suffisamment que Condillac explique aussi la notion
d'espace par la notion antérieure de temps, et par le
sentiment de la résistance (2). C'est encore par l'association habituelle et devenue inséparable que la statue
s'élève de l'étendue limitée à la conception de l'espace
illimité. « Je conjecture que la statue sera longtemps
avant d'imaginer quelque chose au delà des corps que
sa main rencontre... ce ne sera qu'après avoir passé
d'un lieu dans un autre et avoir manié bien des objets
qu'elle pourra soupçonner qu'il y a des corps au delà
de ceux qu'elle saisit (3). » Des étendues relatives,
données par le tact et la vue (4), nous passons donc à
l'étendue indéfinie, à l'idée d'espace : mais cette notion,
comme celle du temps, est purement subjective : elle
implique, ainsi que dans les théories anglaises, outre la
résistance, la coexistence de plusieurs sensations. Si
nous n'avions qu'un sentiment uniforme, de même que
nous ne pourrions concevoir la durée, nous n'aurions
pas plus la notion de notre étendue que celle des autres
corps : tant qu'elle sera réduite au sentiment fondamen-

(1) *Sensat.*, p. 244.
(2) « Lorsque la statue n'avait que le sens de la vue, nous avons
observé que son œil apercevait des couleurs, sans pouvoir remarquer
l'ensemble d'aucune figure, sans avoir, par conséquent, une idée distincte d'étendue. La main a, au contraire, cet avantage, qu'elle ne peut
manier un objet qu'elle ne remarque l'étendue et l'ensemble des parties
qui le composent : elle le circonscrit. Il suffit, pour cet effet, qu'elle en
sente la solidité » (*Sensat.*, 2ᵉ part., ch. VIII, p. 209).
(3) *Ibid.*, ch. IV, p. 190.
(4) « Les différentes couleurs se terminent mutuellement et dessinent
des figures » (*Ibid.*, p. 156). — « Si c'est au tact à nous faire remarquer
dans les couleurs des grandeurs circonscrites ou des figures, c'est encore
à lui à nous faire remarquer, dans les couleurs, des situations et des
mouvements. N'ayant qu'une idée confuse et indéterminée d'étendue,
privée de toute idée de figure, de lieu, de situation et de mouvement,
la statue sent seulement qu'elle existe de bien des manières » (*Ibid.*,
p. 161).

tal, la statue, « frappée tout à la fois à la tête et aux pieds, ne sentira pas que ces modifications sont distantes (1). » Mais si nous avons éprouvé des sensations différentes, que la mémoire nous rappelle au moment où nous les retrouvons coexistantes, quoique distinctes, si nous nous mouvons, si nous faisons effort, nous avons la notion de contiguïté, de continuité, en un mot, d'étendue (2). En rapportant ainsi la genèse de l'idée d'espace au mouvement, Condillac ne la ramène-t-il pas au changement d'état de conscience? ne présuppose-t-il pas par conséquent la notion de durée?

Ainsi, durée, résistance, association (3), tels sont les éléments de la notion d'espace : si nous sommes portés à croire à l'existence d'un espace *indépendant* ou absolu, c'est que « le phénomène de l'étendue se conserve quoique nos sensations varient. Le toucher le fait naître, la vue le reproduit, et la mémoire le retrace, parce qu'elle nous rappelle les sensations du toucher et de la vue (4). » Mais il ne faut pas croire que nous voyions l'étendue en elle-même : « L'idée que nous en avons n'est, que la coexistence de plusieurs sensations que nous rapportons hors de nous (5). »

L'espace pur n'est, comme le temps, qu'une abstraction (6). C'est en enlevant successivement aux corps qui constituent le monde extérieur leurs différentes qualités que nous nous formons cette idée d'une étendue indéterminée (7). Ce n'est que le résultat d'une suite plus

---

(1) *Sensal.*, p. 168.
(2) *Ibid.*, 2ᵉ part., ch. III et IV.
(3) *Traité des animaux*, p. 483, 484. — Cf. *Art de penser*, p. 15 : « L'ordre de nos sensations nous met continuellement dans la nécessité de sortir hors de nous; il démontre que nous existons au milieu d'une multitude infinie d'êtres différents; mais cet ordre ne fait pas connaître la nature de ces êtres; il n'offre que les phénomènes qui résultent de nos sensations, phénomènes qui correspondent au système des êtres réels dont cet univers est formé. »
(4) *Art de penser*, p. 147.
(5) *Ibid.*, p. 148.
(6) *Ibid.*, p. 111.
(7) *Essai sur l'orig.*, p. 481. Cf. p. 32 : « La notion de l'étendue n'est

ou moins longue d'expériences. « La statue n'imagine d'abord rien au delà de l'espace qu'elle découvre autour d'elle, et, en conséquence, elle ne croit pas qu'il y en ait d'autres. Dans la suite, l'expérience lui apprend peu à peu qu'il s'étend plus loin. Alors, l'idée de celui qu'elle parcourt lui devient un modèle d'après lequel elle imagine celui qu'elle n'a point encore parcouru; et lorsqu'elle a une fois imaginé un espace où elle ne s'est point transportée, elle en imagine plusieurs les uns hors des autres. Enfin, ne concevant point de bornes au delà desquelles elle puisse cesser d'en imaginer, elle est comme forcée d'en imaginer encore, et elle croit apercevoir l'immensité même (1). » N'est-ce pas encore la même explication que nous retrouvons de nos jours dans la psychologie anglaise? N'est-ce pas comme elle qu'il conclut, quand il dit : « De ce que nous nous formons l'idée de l'espace, ce n'est pas une preuve qu'il existe; car rien ne peut nous assurer que les choses soient hors de nous telles que nous les imaginons par abstraction (2)? »

§ 10. — *L'idée de Dieu.*

C'est aussi à une inférence reposant sur l'association inséparable qu'est due l'idée de Dieu. Toujours d'accord avec lui-même, Condillac, qui ne sait raisonner que d'après l'expérience (3), pour qui la liaison des idées est « la première expérience qui doit suffire à expliquer toutes les autres (4), » qui réfute et rejette les systèmes abs-

que l'idée de plusieurs êtres qui nous paraissent les uns hors des autres; » et p. 58 : elle implique « une perception qui nous représente les choses comme distantes et limitées,.. Or cette idée, nous pouvons la généraliser, en la considérant d'une manière indéterminée. Nous pouvons ensuite la modifier et en tirer, par exemple, l'idée d'une ligne droite ou courbe. »

(1) *Traité des sensat.*, p. 225.

(2) *Art de raisonner*, p. 86.

(3) *Essai sur l'orig.*, p. 25. « D'après des faits que personne ne puisse révoquer en doute » (*Ibid.*).

(4) *Essai*, p. 53.

traits (1), ne peut considérer l'idée de Dieu comme une intuition pure de la raison. « L'idée de Dieu, » dit-il, « est le grand argument des philosophes qui croient aux idées innées. C'est dans la nature même de cet être qu'ils voient son existence : car l'essence de toutes choses se dévoile à leurs yeux (2). » Mais nous ne pouvons pas plus connaître la nature de Dieu que celle de l'esprit et du corps (3) : « La notion la plus parfaite que nous puissions avoir de la divinité n'est pas infinie. Elle ne renferme, comme toute idée complexe, qu'un certain nombre d'idées partielles (4). » Condillac soumet cette idée à la même analyse que celles du monde physique : « Comme nous avons jugé, » dit-il, « que le mouvement a une cause parce qu'il est un effet, nous jugeons que l'univers a également une cause parce qu'il est un effet lui-même (5) ; » en remontant ainsi de cause en cause, nous nous arrêtons à une cause première (6). N'oublions pas d'ailleurs que les relations causales ne sont que le résultat de liaisons expérimentales rendues inséparables par l'habitude (7), que le principe de causalité se ramène au rapport d'antécédent à conséquent, que les causes et les effets ne sont que des phénomènes dont les uns précèdent et les autres suivent. Comparant l'univers à une montre dont les mouvements supposent un horloger (8), Condillac conclut de l'enchaînement et

(1) Voir le *Traité des systèmes.*

(2) *Traité des animaux*, p. 565.

(3) *Ibid.*, p. 566 : « La connaissance que nous avons de la divinité ne s'étend pas jusqu'à sa nature. »

(4) *Ibid.*, p. 568.

(5) *Logique*, p. 51 : « Et cette cause nous la nommons Dieu. »

(6) « Admettrai-je une progression d'effets à l'infini sans une première cause ? Il y aurait donc proprement une infinité d'effets sans cause : évidente contradiction! » (*Traité des anim.*, p. 570.)

(7) *Logique*, p. 51 : « Si nous observons bien, nous découvrons des phénomènes; nous les voyons, comme une suite de causes et d'effets, former des systèmes, et nous nous faisons des idées exactes de quelques parties du grand tout... » « Je remarque que les phénomènes naissent les uns des autres, comme une suite d'effets et de causes... » (*Ibid.*, p. 52.)

(8) « Depuis le mouvement du premier ressort jusqu'à celui de l'ai-

de la subordination des faits physiques à une première
cause qui a produit le monde (1). Mais il a bien soin
d'ajouter que nous n'avons de cette cause qu'une idée
imparfaite : comme toutes les autres idées, « elle ne
vient et ne peut venir que des sens (2). »

De même, d'après Herbert Spencer, « la puissance dont
l'univers est la manifestation pour nous est complètement inconcevable (3). » Mais il ajoute que la science et
la religion doivent aboutir, en avouant que la réalité
ultime est inconnaissable, à l'affirmation de son existence (4). L'association inséparable du relatif et de
l'absolu est la condition nécessaire de toute théorie des
phénomènes externes (5); l'absolu, le principe des principes, est la persistance de la force (6). « Affirmer la
persistance de la force, ce n'est qu'une manière d'affirmer une réalité inconditionnée, sans commencement ni
fin (7). » Herbert Spencer ne se sépare pas trop ici de
Condillac, puisqu'il substitue simplement le mot force
au mot cause et que ces deux concepts ont la même
origine, la perception du mouvement. Mais il s'en éloigne absolument sur la question des attributs.

---

guille, il y a une suite de mouvements qui sont tout à la fois effets et
causes sous différents rapports... S'il n'y avait point d'horloger, il n'y
aurait point de montre... » (*Précis des leçons*, p. xcv et suiv.)

(1) « Lorsqu'il y a une subordination de causes et d'effets, il y a nécessairement une première cause » (*Précis des leçons*, p. cxvii).

(2) *Logique*, p. 53.

(3) *Prem. princ.*, ch. II, p. 48.

(4) « Non seulement l'une et l'autre aboutissent à la proposition négative
que le non-relatif ne peut être connu, mais elles aboutissent à la proposition positive que le non-relatif a une existence actuelle. Toutes deux
sont obligées, par l'impossibilité démontrée de leurs prétendues connaissances, de confesser que la réalité ultime est inconnaissable, et pourtant
toutes deux sont obligées d'en affirmer l'existence » (*Ibid.*, p. 203).

(5) *Ibid.* : « Nous ne pouvons édifier une théorie des phénomènes
internes sans supposer l'Être absolu; et, à moins de supposer l'Être
absolu, l'Être qui persiste, nous ne pouvons construire une théorie des
phénomènes externes... »

(6) « Par la persistance de la force, nous entendons la persistance d'un
pouvoir qui dépasse notre connaissance et notre conception » (*Ibid.*,
p. 202).

(7) *Ibid.*, p. 202.

Non seulement Condillac tirait de l'idée de cause première celle de cause indépendante et nécessaire — qui ne sont que des expressions différentes d'une même idée, — mais encore de cause intelligente, libre, juste, bonne, miséricordieuse; et, comme il s'appuyait sur les données expérimentales, il n'était pas exempt, au moins en apparence, d'un certain anthropomorphisme (1). Herbert Spencer réagit énergiquement contre cette tendance; car assigner à l'absolu des attributs, quels qu'ils soient, comme ces attributs sont tirés de notre nature, ce n'est pas le relever, mais le ravaler (2). Il critique ceux qui, n'admettant pas que le pouvoir créateur soit anthropomorphe sous tous les rapports, se croient pourtant tenus de le considérer comme tel sous certains rapports (3), et oublient que nos esprits sont impuissants à se former même une conception de ce qui se cache derrière les phénomènes (4). Ces critiques, il faut le reconnaître, ne peuvent s'adresser expressément à Condillac qui, dans tous ses ouvrages, y compris le *Cours d'Études*, a toujours été très réservé sur ce point. Néanmoins, il a cherché à déterminer les attributs moraux de la cause première et n'a pas vu, comme Herbert Spencer, combien les résultats auxquels on aboutit ainsi sont illusoires (5) : « La doctrine qui retrouve la cause inconnue

---

(1) *Logique*, p. 53.

(2) H. Spencer, *Prem. princ.*, p. 116 : « Ne peut-il pas y avoir un mode d'existence aussi supérieur à l'intelligence et à la volonté que ces modes sont supérieurs au mouvement mécanique? Nous sommes, il est vrai, incapables de concevoir ce mode supérieur d'existence, mais ce n'est pas une raison de le révoquer en doute : c'est bien plutôt le contraire. »

(3) *Ibid.*, p. 117 : « Toutes les voies nous conduisent à croire avec certitude qu'il ne nous est pas donné de connaître, bien plus qu'il ne nous est pas donné de concevoir la réalité cachée derrière le voile de l'apparence, et l'on vient nous dire que notre devoir est de croire (et même de concevoir) que cette réalité existe d'une manière définie. Est-ce un hommage, est-ce une impertinence? »

(4) *Ibid.*, p. 116.

(5) H. Spencer s'appuie sur M. Mansel, heureux de se servir de son ouvrage « non seulement parce qu'on ne peut pas faire mieux que M. Mansel, mais aussi parce que les raisonnements d'un auteur qui *se*

dans tous les ordres de phénomènes peut seule donner une base à une religion conséquente ou à une philosophie conséquente (1). »

Il n'est pas inutile de remarquer que Condillac n'avait pas en vue la réconciliation de la science et de la religion : tout en s'occupant, comme nous le verrons plus loin, de l'évolution du sentiment religieux, il ne songeait pas à montrer comment « le mystère que toutes les religions reconnaissent est plus transcendant qu'aucune d'elles ne le soupçonne : ce n'est point un mystère relatif, mais un mystère absolu (2). » C'était assez pour lui de prouver que l'idée de Dieu n'est pas innée, que nous ne connaissons pas la nature de Dieu, que nous n'en avons, comme dit à son tour Stuart Mill, que le même genre de connaissance que nous avons des autres choses (3).

C'est aussi au principe de causalité, entendu dans le sens de Condillac, que recourt A. Bain, quand il dit que « la question de l'existence de la divinité ne doit pas être discutée sous la forme pure de l'existence. Elle revient à se demander s'il y a une première cause de l'univers et si cette cause se manifeste sans cesse par des actes providentiels (4). »

Le raisonnement qui conclut de l'effet à la cause est un raisonnement par analogie ; une autre forme de ce raisonnement est celui des causes finales : il n'a pas autant de force que le premier, car il peut se faire que la fin de l'ensemble ne soit pas celle des parties, et réciproquement ; aussi Condillac attaque-t-il cette prétention que l'univers a été fait pour notre globe, « pour un atome qui paraît se perdre dans l'immensité des cieux (5). »

consacre à la défense de la théologie orthodoxe pourront être mieux reçus de la majorité des lecteurs » (*Ibid.*, p. 40).

(1) *Ibid.*, p. 597.

(2) H. Spencer, *Prem. princ.*, p. 48.

(3) Stuart Mill, *Examen de la philosophie de Hamilton*, p. 125 : « Nous sommes condamnés à une ignorance absolue de sa nature morale. »

(4) A. Bain, *Logiq.*, t. II, p. 157.

(5) « Ce serait attribuer des vues bien petites à la nature que de pen-

Il emploie néanmoins cet argument pour prouver l'intelligence divine : « La statue, persuadée qu'elle ne fait rien sans avoir intention de le faire, croit voir un dessein partout où elle découvre quelque action. En effet, elle n'en peut juger que d'après ce qu'elle remarque en elle-même, et il lui faudrait bien des observations pour parvenir à mieux régler ses jugements (1). » Stuart Mill constate de même, dans l'intelligence humaine, « une tendance spontanée à s'expliquer tous les cas de causation, en les assimilant aux actes intentionnels d'agents volontaires semblables à l'homme (2). »

Condillac n'admet pas plus la méthode *à priori* quand il s'agit de la puissance divine que des autres problèmes; il ne suffit pas, pense-t-il, de conclure, comme font certains philosophes, que si Dieu a pu préférer certaines lois, il l'a dû : c'est le raisonnement d'un esprit « qui mesure la sagesse divine à la sienne (3). » S'attachant en particulier à la doctrine de l'automatisme des bêtes, il dit : « Je veux que Dieu ait pu réduire les bêtes au pur mécanisme; mais l'a-t-il fait? Observons et jugeons : c'est à quoi nous devons nous borner (4). »

Tout en développant, dans une grande partie de ses livres, la doctrine, au moins élémentaire, de l'évolution, Condillac ne semble pas avoir pris nettement parti dans la question de la création. Il se contente de dire : « Le

---

ser qu'elle n'a placé tant de points lumineux au-dessus de nos têtes que pour faire un spectacle digne de nos regards » (*Art de raisonner*, p. 248).

(1) *Traité des sensat.*, 4ᵉ part., ch. IV, p. 379.

(2) Stuart Mill, *Log.*, t. I, p. 398 : « C'est là la philosophie instinctive de l'esprit humain dans sa première phase, avant qu'il se soit familiarisé avec quelque succession invariable autre que celle qui existe entre ses volitions et ses actes voulus. » — Stuart Mill conseille aux métaphysiciens qui veulent solliciter en leur faveur « les préventions religieuses de ne jamais renoncer à l'argument de la finalité : d'abord, c'est le meilleur, puis c'est de beaucoup le plus saisissant » (*Examen de la philosophie de Hamilton*, p. 539). Ce n'est pas absolument l'opinion de Condillac.

(3) *Traité des animaux*, p. 452 : « Avec ces raisonnements vagues on prouve tout ce qu'on veut, et, par conséquent, on ne prouve rien. »

(4) *Traité des animaux*, *ibid.*

principe qui arrange toutes choses est le même que celui
qui donne l'existence. Voilà la création. Elle n'est à
notre égard que l'action d'un premier principe, par laquelle les êtres de non-existants deviennent existants.
Nous ne saurions nous en faire une idée plus parfaite (1)... Considérons les êtres que la première cause
a arrangés. Je dis arrangés, car il n'est pas nécessaire,
pour prouver son intelligence, de supposer qu'elle ait
créé (2). » Et revenant à l'argument des causes finales
auquel il semble, malgré tout, accorder quelque valeur,
il conclut de l'ordre des parties de l'univers à l'intelligence du principe de toutes choses (3).

Il faut reconnaître que, sur ce point, la pensée de
Condillac est flottante et qu'elle a été bien dépassée par
la vaste synthèse scientifique de Herbert Spencer.

(1) *Traité des animaux*, p. 573.
(2) *Ibid.*, p. 576.
(3) « Peut-on voir l'ordre des parties de l'univers, la subordination qui
est entre elles, et comment tant de choses différentes forment un tout
si durable, et rester convaincu que l'univers a pour cause un principe
qui n'a aucune connaissance de ce qu'il produit, qui, sans dessein, sans
vue, rapporte cependant chaque être à des fins particulières subordonnées à une fin générale? » (*Ibid.*, p. 577.)

SECTION IV.

L'ASSOCIATION ET L'ÉVOLUTION DANS LES OPÉRA-TIONS LOGIQUES.

CHAPITRE PREMIER.

LE JUGEMENT ET LE RAISONNEMENT.

§ 1er. — *Le Jugement.*

C'est encore l'association des idées, la ressemblance et la différence avec la rétentivité, qui sont pour Condillac, comme pour A. Bain, la base du jugement et du raisonnement. « Quand nous comparons nos idées, la conscience que nous en avons nous les fait connaître comme étant les mêmes par les endroits que nous les considérons, ce que nous manifestons en les liant par le mot *est*, ce qui s'appelle *affirmer*; ou bien elle nous les fait connaître comme n'étant pas les mêmes, ce que nous manifestons en les séparant par ces mots *n'est pas*, ce qui s'appelle *nier*. Cette double opération est ce qu'on nomme *juger*. Il est évident qu'elle est une suite des autres (1). » « Dès qu'il y a comparaison, il y a juge-ment (2). » Mais cette comparaison peut être spontanée ou réfléchie : Condillac admet donc, quoiqu'on en ait dit (3), des jugements intuitifs; il reconnaît qu'il entre des jugements dans nos sensations, il va même jusqu'à

---

(1) *Essai*, 1re part., sect. II, ch. VIII, p. 113.
(2) *Traité des sensat.*, 1re partie, ch. I, p. 65. Cf. *Gramm.*, 1re partie, ch. IV, p. 45.
(3) Voir Cousin, *Philosophie sensualiste*, p. 65 et *passim.*

dire que « la perception et l'affirmation ne sont, de la part de l'esprit, qu'une même opération sous deux vues différentes (1). » Du reste, nous avons vu qu'il ne reconnaît pas de sensations inconscientes, que pour lui, par conséquent, tout état de conscience implique affirmation ou jugement.

De ce que nous ne possédons pas, à l'origine, la faculté du langage, il ne faut pas croire que nous ne puissions pas porter de jugements : l'enfant a jugé avant de parler (2). Le jugement, soit spontané, soit réfléchi, n'est que le rapport aperçu entre des idées qui s'offrent en même temps à l'esprit (3) : ce rapport peut être de ressemblance ou de différence, d'égalité ou d'inégalité (4). Mais il faut bien distinguer le fait mental de son expression verbale, la proposition (5).

§ 2. — *Le raisonnement.*

« De l'opération de juger naît celle de raisonner. Le raisonnement n'est qu'un enchaînement de jugements qui dépendent les uns des autres (6). » Condillac ne croit pas nécessaire de s'étendre longuement sur cette opération : tout ce que les logiciens en ont dit dans bien des volumes lui semble superflu et stérile (7). Le point auquel il s'attache principalement est la liaison des idées qui permet, si elles sont étroitement enchaînées, de parcourir rapidement les différentes parties du raisonnement (8).

---

(1) *Gramm.*, p. 46.

(2) « Croira-t-on qu'un enfant ne commence à juger que lorsqu'il commence à parler? Certainement il ne sentirait pas le besoin d'apprendre une langue s'il ne sentait pas celui de prononcer des jugements. Il en a donc déjà porté quand il commence à parler » (*Sensat.*, IVe part., p. 351).

(3) *Art d'écrire*, liv. I, ch. I, p. 5.

(4) *Précis des leçons*, p. xc.

(5) *Gramm.*, p. 49.

(6) *Essai sur l'orig.*, 1re part., sect. II, ch. VIII, p. 113.

(7) *Ibid.*

(8) *Ibid.*

Le raisonnement n'est pas une faculté distincte et indépendante : il a son origine dans la perception ou sensation, la condition de son processus dans l'association. S'il nous devient plus facile à mesure que les associations nous sont plus familières et plus habituelles, il n'en est pas moins à la portée des enfants (1). Poursuivant toujours l'évolution de la pensée depuis le fait mental primitif de la sensation, où elle est tout entière en germe, jusqu'à ses manifestations les plus hautes et les plus complexes, Condillac prétend qu'on ne saurait trop combattre ce préjugé enraciné que les enfants ne sont pas capables de raisonner (2). On sait les expériences faites depuis lui et les résultats qu'elles ont produits au point de vue psychologique et pédagogique. « La faculté de raisonner, » dit Condillac, à peu près comme Herbert Spencer, « commence aussitôt que nos sens commencent à se développer : nous n'avons de bonne heure l'usage de nos sens que parce que nous avons raisonné de bonne heure (3). » Le raisonnement accompagne tous nos actes, dans la vie physique aussi bien que dans la vie mentale : « La nature a mis dans notre organisation les premiers éléments de cet art (4). » Ce qui nous trompe, c'est que nous confondons le raisonnement avec son développement verbal. « Cependant le raisonnement est tout fait dans l'esprit avant qu'il soit énoncé. L'expression ne le fait pas, elle le suppose, et on ne l'exprimerait pas si on ne l'avait déjà fait. Il y a donc eu un raisonnement dans l'esprit de l'enfant, toutes les fois que nous y remarquons une idée qu'il n'a pu acquérir qu'en raisonnant (5). »

(1) *Motif des leçons*, p. LII.
(2) *Ibid.*
(3) *Ibid.*, p. LII. Cf. H. Spencer, *Princ. de psych.*, t. II, p. 253 : « A l'une de ses extrémités, la perception devient raisonnement, par l'autre, elle confine à la sensation. »
(4) *Motif des leçons, ibid.*
(5) « Nous nous aveuglons au point de ne pas apercevoir un raisonnement parce qu'il n'est pas développé avec tous les termes dont nous nous servons à cet effet » (*Ibid.*, p. LVI).

Sans doute, il est des raisonnements qui ne sont pas à la portée des enfants, parce que les objets ne leur en sont pas accessibles, mais ce n'est pas une raison pour conclure qu'ils ne peuvent raisonner sur rien : il suffit, pour se convaincre du contraire, d'attirer leur attention sur les idées qui leur sont familières, de les conduire « d'observation en observation, de jugement en jugement, de conséquence en conséquence (1), » en un mot, de favoriser et développer leur pouvoir d'association. C'est ainsi qu'il a procédé avec le prince de Parme, et il se vante des succès de sa méthode. Il n'entre pas dans notre sujet d'apprécier les théories pédagogiques de Condillac (2); contentons-nous de reconnaître qu'il a ouvert la voie à ceux qui se sont occupés de la psychologie de l'enfant et qu'il a nettement marqué la distinction de la faculté de raisonner de la faculté d'exprimer le raisonnement (3).

Ce que nous tenons surtout à dégager ici, ce sont les rapports des théories de Condillac avec les doctrines anglaises contemporaines. Nous ferons donc remarquer d'abord que pour lui le premier degré du raisonnement est ce qu'il appelle raisonnement par analogie, ou l'inférence du particulier au particulier. « Lorsque chacun, » dit-il, « remarque que son semblable a des yeux, des oreilles, il juge qu'il reçoit les mêmes impressions par les mêmes organes ; il juge que les yeux lui sont donnés pour voir, les oreilles pour entendre, etc. (4). » Cette opération, non seulement les enfants, mais les animaux même en sont capables (5); ce qui guide ici l'esprit, c'est

---

(1) « Mais parce que nous ne savons pas nous mettre à leur portée, nous les accusons d'être incapables de raison, et cependant notre ignorance fait seule toute leur incapacité » (*Motif des leçons*, p. LIX).

(2) Voir G. Compayré, *Histoire critique des doctrines de l'éducation en France*.

(3) *Motif des leçons*, p. LVI.

(4) *Art de raisonner*, p. 252.

(5) Cf. Bain, *Logique*, t. I, p. 11 : « Le raisonnement, sous sa forme la plus générale, consiste à inférer d'un fait particulier un autre fait particulier de la même espèce. C'est la ressemblance qui suggère l'*inférence*

la ressemblance. C'est elle encore qui, d'après Bain,
nous dirige dans le passage de quelques cas particuliers
à une affirmation universelle, à une proposition inductive (1). N'est-ce pas le raisonnement que Condillac attribue aux physiciens et qu'il appelle l'analogie fondée
sur les rapports de causes à effets (2)?

Le principe de l'induction est étroitement lié à celui
que les mêmes effets ont les mêmes causes (3). Mais il
faut multiplier les observations, renouveler et varier les
expériences (4) : c'est ainsi qu'on peut s'élever jusqu'à
l'évidence (5). Défions-nous des ressemblances partielles,
des comparaisons superficielles, des métaphores (6) : tâ-
chons de découvrir la suite des changements par où a
passé un mot, afin de ne pas prendre le sens figuré pour
le sens propre (7); appuyons-nous toujours sur les propriétés essentielles, sur les rapports constants, procédons
du même au même (8). Alors l'induction, que recommande Condillac, sans en employer jamais le nom, sera
légitime : « Parce qu'on a vu qu'on raisonne mal lorsque, d'un cas particulier, on tire une conclusion générale qui renferme des cas tout différents, on s'est hâté
de rejeter toutes les démonstrations où l'on conclut du
particulier au général : et on n'a pas remarqué qu'il n'y
a point de défaut dans une démonstration lorsque, dans
une conclusion générale, on ne comprend que des cas

et qui vous autorise à généraliser les qualités... La ressemblance des
cas est ce qui détermine l'esprit à faire ce pas en avant. Cette forme de
raisonnement est d'un usage général et nous est commune avec les
animaux. »

(1) « C'est en vertu de la ressemblance que nous associons dans l'esprit tous les faits analogues qui ne sont jamais venus à notre connaissance; nous sommes alors capables de comparer les traits communs, les
rapports, en vue d'établir une proposition générale ou, en d'autres termes, une proposition inductive » (A. Bain, *Logique*, t. I, p. 12).

(2) *Logique*, p. 183.

(3) *Ibid.*, p. 184.

(4) *Ibid.*

(5) *Ibid.*

(6) *Hist. anc.*, t. X, p. 32. — *Syst.*, 2e part., ch. VIII, p. 183.

(7) *Art d'écrire*, l. II, ch. VIII, p. 229. — Cf. Bain, *Logique*, t. II, p. 211.

(8) *Systèmes*, 2e part., ch. VIII, p. 182.

parfaitement semblables à celui qui a été énoncé dans une proposition particulière... nous sommes forcés de conclure du particulier au général, puisque les vérités générales ne sont pas les premières qui viennent à notre connaissance (1) : » elles ne sont que le résultat de l'observation et de l'expérimentation (2).

Ennemi, comme l'école expérimentale anglaise contemporaine, de la méthode à priori, c'est aux recherches inductives seules qu'il attribue le progrès de l'esprit humain, notamment dans les sciences de la nature (3), et avant A. Bain, avec autant d'insistance et de précision, il montre les avantages de l'expérience : c'est sur elle que doit reposer tout système ; nous ne devons pas imaginer (4).

De même que, pour Herbert Spencer, raisonner c'est classer, c'est-à-dire saisir des rapports, c'est à-dire saisir des égalités (5), pour Condillac, « calculer c'est raisonner, et raisonner c'est calculer : si ce sont là deux noms, ce ne sont pas deux opérations (6). » Le raisonnement se ramène à une suite d'identités.

Beaucoup de logiciens ou de savants, notamment en France, ont critiqué cette théorie, par exemple Ampère (7), Destutt de Tracy (8), Duhamel (9), MM. Robert (10) et Liard (11) ; d'autres au contraire, comme

(1) *Langue des calculs*, t. I, ch. x, p. 113. Cf. Bain, *Logique*, t. I, p. 151 : « L'induction est, à proprement parler, le fondement de toutes nos connaissances... » — *Ibid.*, t. II, p. 211 : « Une inférence inductive est donc une inférence fondée sur la ressemblance de certaines particularités, l'induction montrant que ces particularités sont toujours présentes lorsque quelque conséquence est présente aussi. C'est donc une inférence par identité, une induction parfaite. »

(2) *Art de raisonner*, p. 79.

(3) *Hist. anc.*, t. X, ch. III, p. 33. *Hist. mod.*, t. XX, p. 326.

(4) *Hist. mod.*, t. XX, p. 350. Cf. Bain, *Logique*, t. II, p. 65, 66.

(5) H. Spencer, *Princ. de psych.*, t. II, p. 116, 117.

(6) « Raisonner, comme calculer, c'est toujours conduire son esprit d'après des méthodes données » (*Langue des calculs*, p. 227).

(7) Voir : *Philosophie des deux Ampère*, p. 298.

(8) Destutt de Tracy. — *Logique*, p. 245.

(9) Duhamel, *Des méthodes dans les sciences de raisonnement*.

(10) L. Robert, *Les théories logiques de Condillac*.

(11) L. Liard : « Les théorèmes de géométrie ne sont pas des proposi-

MM. Ravaisson, Renouvier (1), Ribot (2) l'ont, sinon
adoptée expressément, du moins expliquée : M. Ravaisson est, entre tous, celui qui nous semble avoir tranché
le nœud de la difficulté (3). Car tout le différend, en
somme, repose sur une question de mots. Qu'on explique l'opération ou le procédé logique du raisonnement
par des substitutions, comme une école de logiciens anglais contemporains (4), ou, comme disait Leibniz, par
la substitution des équivalents, il n'en est pas moins
vrai qu'au fond le fait psychologique se résout en une
identité.

« Entre Condillac d'un côté, et de l'autre de Tracy,
Ampère et Duhamel le dissentiment, » dit M. Ravaisson,
« n'est peut-être pas très considérable. Condillac, quoique son langage ait pu avoir d'absolu, n'a pas prétendu
sans doute que, dans les propositions successives qu'entraîne la déduction, et même dans une suite d'équations,
il n'y ait de différence d'aucune sorte, il a voulu seulement signaler l'identité radicale que couvrent les différences... la démonstration n'est absolue ou catégorique,
sans rien d'hypothétique, que si elle descend, comme de
son premier principe, d'une proposition qui se justifie
par elle seule : et il n'y a de telles propositions que les
identiques, qui appartiennent spécialement à la philoso-

tions identiques, comme l'a voulu Condillac : autrement la géométrie
tout entière ne serait qu'une immense tautologie » (*Défin. géométriq.*,
p. 121. Cf. *Logique*, du même, p. 64).

(1) M. Renouvier montre que, lorsqu'on substitue à des grandeurs ou
à des rapports des grandeurs égales ou des rapports égaux, « on semble
répéter toujours la même chose, et cependant on avance. » Voir
E. Charles, *Cours de philos.*, t. II, p. 136.

(2) « Résoudre un problème, n'est-ce pas traduire une proposition qui
renferme implicitement une vérité en une autre qui la laisse entrevoir,
et celle-ci en une autre qui la montre à découvert ? » (*Hérédité*, p. 358.)
— G. Lewes dit aussi : « Une proposition est absolument vraie quand
ses termes sont équivalents, et alors seulement. Cela se fonde sur l'impossibilité de nier la proposition. Les degrés variables de probabilité
dépendent de la possibilité d'admettre une négative. » Voir Ribot, *Psych.
angl.*, p. 307.

(3) Ravaisson, *Rapport*, p. 217.
(4) Stanley Jevons, Boole, etc. Voir Liard, *Les logiciens anglais*.

phie et qui sont comme les expressions immédiates de la raison elle-même (1). »

C'est bien ce qu'avait compris Condillac : « Une proposition évidente par elle-même est celle dont l'identité est immédiatement aperçue dans les termes qui l'énoncent (2). » Quand une proposition est la conséquence d'une autre, on s'assure de son évidence par son identité avec la première. Ainsi « une démonstration est une suite de propositions où les mêmes idées, passant de l'une à l'autre, ne diffèrent que parce qu'elles sont énoncées différemment et l'évidence d'un raisonnement consiste uniquement dans l'identité (3). »

Il ne s'agit pas ici de l'identité extérieure et verbale qui ne serait vraiment qu'une stérile tautologie, mais d'une identité réelle et fondamentale, principe fécond de démonstrations et de découvertes. Pour s'en assurer, il n'y a qu'à rapprocher les exemples donnés par Condillac lui-même dans ses différents ouvrages (4); partout nous devons, par une suite de propositions, parvenir à découvrir une identité qui n'apparaît pas à la seule inspection des termes (5). C'est par là qu'il s'élève des propriétés de la balance à celles des machines plus compliquées et de celles-ci au système du monde (6).

Aussi ne faut-il pas croire que la rigueur des démonstrations soit le propre des mathématiques. On peut raisonner « autrement qu'avec des x, des a et des b »; il y a partout des propositions identiques (7). « Chaque science pourrait se réduire à une première vérité qui, en se transformant de proposition identique en proposition identique, nous offrirait, dans une suite de transformations, toutes les découvertes qu'on a faites et toutes

(1) Ravaisson, *Rapport, ibid.*
(2) *Art de raisonner*, p. 11.
(3) *Ibid.*, p. 12.
(4) Voir *Art de raisonner, Logique, Langue des calculs, Art de penser*, etc.
(5) *Art de raisonner*, p. 13.
(6) *Ibid.*, p. 33.
(7) *Langue des calculs*, p. 160.

celles qui restent à faire (1). » La méthode qui a donné une fois de bons résultats peut en donner dans d'autres circonstances : il suffirait de savoir bien l'appliquer. Il n'y a, à vrai dire, qu'une seule méthode, la même dans toutes les sciences « parce que dans toutes elle conduit du connu à l'inconnu par le raisonnement, c'est-à-dire par une suite de jugements qui sont renfermés les uns dans les autres (2). » Quand, dans un problème d'algèbre, on substitue un système d'équations à un autre, on ne fait que simplifier les données, d'après le principe d'identité, et si ce principe s'y montre plus clairement que dans d'autres raisonnements, c'est à cause de la simplicité du langage : mais que cette identité apparaisse, facilement ou non, c'en est assez pour montrer l'exactitude d'un raisonnement. Cette exactitude se trouverait également dans toutes les sciences, si la langue en était aussi bien faite que l'algèbre. « Dans l'art de raisonner, comme dans l'art de calculer, tout se réduit à des compositions et à des décompositions, et il ne faut pas croire que ce soit là deux arts différents (3). » Il n'y a qu'une manière de raisonner, qui consiste à dégager les inconnues de données connues qui les contiennent : dans le cas contraire, le problème est insoluble. Dans toute question, il y a l'énoncé des données « qui est proprement ce qu'on entend par l'état de la question » et le dégagement des inconnues, ou le raisonnement qui la résout (4). C'est partout le même procédé : car *équations, propositions, jugements* sont au fond la même chose (5).

Aussi bien que dans les mathématiques, en effet, toutes les données sont contenues, implicitement au moins, dans toute question métaphysique ou morale : c'est ainsi que, comme de deux équations algébriques pas-

(1) *Langue des calculs*, p. 163.
(2) *Logique*, p. 157.
(3) *Ibid.*, p. 169.
(4) *Ibid.*, p. 172.
(5) *Ibid.*, p. 173.

sant par différentes transformations, l'analyse peut dégager de toutes nos opérations ou facultés le principe de la sensation, origine des idées, l'inconnue cherchée (1).

Condillac avait répondu par avance aux objections. Si on lui reproche de se répéter, c'est que dans toutes les sciences, comme dans la science des calculs, quand on exprime des vérités, on ne fait que des propositions identiques. Lui-même avait reconnu deux sortes d'identités : l'une qui est dans les termes et dans les idées et qui partant est frivole ; l'autre qui ne réside que dans les idées et qui est par conséquent utile (2). C'est pour n'avoir pas fait cette distinction importante qu'on a rejeté absolument le principe de l'identité (3). On a tort de croire que les propositions identiques n'apprennent rien : tout en étant un signe de faiblesse, puisqu'elles prouvent que nous sommes obligés de décomposer, que nous ne voyons pas la vérité dans son ensemble, elles ont de la valeur. « Ce n'est point en elle-même qu'il faut considérer une proposition pour déterminer si elle est identique ou instructive ; mais c'est par rapport à l'esprit qui en juge (4). »

Une proposition identique est instructive pour deux raisons : « la première, c'est que nous n'acquérons que

(1) *Logique*, p. 170. « L'artifice du raisonnement est donc le même dans toutes les sciences. Comme, en mathématiques, on établit la question en la traduisant en algèbre, dans les autres sciences on l'établit en la traduisant dans l'expression la plus simple ; et, quand la question est établie, le raisonnement qui la résout n'est encore lui-même qu'une suite de traductions où une proposition qui traduit celle qui la précède est traduite par celle qui la suit. C'est ainsi que l'évidence passe avec l'identité depuis l'énoncé de la question jusqu'à la conclusion du raisonnement. »

(2) « *Six est six* est une proposition tout à la fois identique et frivole... Il n'en est pas de même de cette autre proposition : *trois et trois font six*. Elle est la somme d'une addition. On peut donc avoir besoin de la faire, et elle n'est pas frivole, parce que l'identité est uniquement dans les idées » (*Langue des calculs*, p. 61).

(3) *Ibid.*, p. 62. « Toute proposition identique dans les mots est frivole, en effet, et on n'a pas soupçonné qu'une proposition ne saurait être frivole lorsque l'identité n'est que dans les idées. »

(4) *Art de penser*, p. 137.

l'une après l'autre les idées partielles qui doivent entrer dans une notion complexe (1); » la seconde, c'est qu'en les formant nous rapprenons ce que l'expérience nous avait fait découvrir (2). Tout système vrai peut être ramené à une identité : tel est celui de la sensation (3). « Si, » dit Condillac, « nous pouvions dans toutes les sciences suivre également la génération des idées et saisir partout le vrai système des choses, nous verrions d'une vérité naitre toutes les autres, et nous trouverions l'expression abrégée de ce que nous saurions dans cette proposition identique : *le même est le même* (4). »

Ce n'est pas dans la forme que réside l'identité : cela est si vrai que beaucoup d'expressions identiques ne peuvent être employées indifféremment; telles sont, par exemple, celles de *nombres égaux*, *nombres qui se contiennent*, *qui sont la mesure exacte l'un de l'autre*; tels encore les termes : *excès*, *reste*, *différence* : tout dépend du point de vue de l'esprit (5).

Est-ce là la *ridicule identité* dont parlait Ampère (6)? Est-ce cette frivole et ridicule identité que nous trouvons dans la résolution du problème des jetons, où le raisonnement se fait d'abord avec des mots, puis avec des signes algébriques ? « La suite des jugements, » avait dit expressément Condillac, « est la même et il n'y a que l'expression qui change. Il faut seulement remarquer

(1) *Art de penser*, p. 138.

(2) *Ibid.*, p. 139.

(3) « Tout un système peut n'être qu'une seule et même idée. Tel est celui dans lequel la sensation devient successivement attention, mémoire, comparaison, jugement, réflexion, etc.; idée simple, complexe, intellectuelle, etc. Il renferme une suite de propositions instructives par rapport à nous, mais toutes identiques en elles-mêmes » (*Art de penser*, p. 139).

(4) *Ibid.*, p. 140.

(5) « *Excès*, *différence*, *reste* sont des mots qui signifient précisément la même chose; mais dans l'usage qu'on en fait, les vues ne sont pas les mêmes... : l'un suppose qu'on a mesuré, l'autre qu'on a comparé, et le dernier qu'on a soustrait » (*Langue des calculs*, p. 57).

(6) *Philosophie des deux Ampère*, p. 298.

que l'identité s'aperçoit plus facilement lorsqu'on s'énonce avec des signes algébriques (1). »

Si, comme le prétend Spencer, le critérium de toute vérité, le postulat universel, est l'*inconcevabilité* de la négation (2), où trouvera-t-on cette condition mieux réalisée que dans l'identité? Répondant aux objections de Stuart Mill, Herbert Spencer soutient qu'une proposition est inconcevable ou impensable quand le sujet et le prédicat ne peuvent être réunis dans la même intuition (3). Y a-t-il bien loin entre cet accord du sujet et du prédicat et l'identité de Condillac, qui constitue l'évidence d'une proposition parce qu'elle est aperçue immédiatement dans les termes qui l'énoncent (4)? Personne, d'ailleurs, ne semble avoir mieux compris et développé la théorie de Condillac qu'Herbert Spencer : « Pour arriver, » dit-il, « à la conviction la plus forte possible touchant un fait complexe, ou bien par l'analyse nous descendons de ce fait par des pas successifs, dont nous avons vérifié chacun par l'inconçevabilité de sa négation, jusqu'à ce que nous soyons arrivés à quelques vérités qui ont été vérifiées d'une manière analogue; ou bien, en procédant synthétiquement, nous partons de ces vérités en faisant les mêmes pas (5). » L'inconcevabilité de la négative n'est-elle pas, sous un autre nom, l'identité?

---

(1) *Logique*, p. 165.

(2) H. Spencer, *Princ. de psych.*, t. II, ch. xı.

(3) « Une proposition inconcevable est celle dont les termes ne peuvent être, par aucun effort, mis devant la conscience dans ce rapport que la proposition affirme exister entre eux, — celle dont le sujet et le prédicat offrent une résistance insurmontable à leur union dans la pensée... La longueur réunie des deux côtés ne peut pas être représentée à la conscience comme égale à celle de la troisième, sans que la représentation du triangle soit détruite, et le concept d'un triangle ne peut se former sans que s'évanouisse en même temps le concept dans lequel ces grandeurs sont données comme égales... » (H. Spencer, *Pr. de psych.*, t. II, p. 420).

(4) *Art de raisonner*, p. 11. — Cf. H. Spencer, *Princ. de psych.*, t. II, p. 425.

(5) H. Spencer, *ibid.*, p. 447.

Georges Lewes était, si c'est possible, plus rapproché, même dans les termes, de Condillac, quand il disait : « Le critérium subjectif de la vérité est l'impensabilité (*unthinkableness*) de sa négative, en d'autres termes la réduction à A = A... La conscience n'est infaillible que quand elle est réduite aux propositions identiques. . Là, et là seulement, il n'y a point de faillibilité (1). »

C'est sur le même principe que Bain fait reposer les vérités nécessaires, qu'il ramène à des affirmations identiques au fond quoique diverses par l'expression (2). On peut donc, sur la question qui nous occupe ici, dire qu'il n'y a entre les théories anglaises et la doctrine de Condillac qu'une différence de forme.

§ 3. — *La déduction.*

L'accord est le même au sujet de la déduction en particulier, que du raisonnement en général. « Lorsque l'esprit, » dit A. Bain, « s'est emparé d'un principe général, c'est par la ressemblance qu'il est conduit à découvrir les cas particuliers qu'il convient de rattacher à ce principe, et c'est ainsi que nous étendons notre connaissance par le procédé déductif (3). » Condillac avait mieux dit encore : il avait montré que ces principes généraux ne sont que le résumé de tous les faits particuliers observés, reliés, classés ou ordonnés.

---

(1) *Proleg. de l'hist. de la philosop.* Voir Ribot, *Psych. angl. cont.*

(2) Bain, *Log.*, t. I, p. 21. « Ces affirmations identiques au fond, quoique diverses par l'expression, sont ce qu'on appelle des vérités nécessaires. *Toute matière est pesante, donc telle manière est pesante,* voilà une inférence nécessaire. On exprimerait encore mieux sa pensée en disant que ce sont des assertions *identiques, impliquées l'une dans l'autre, équivalentes.* » Cf. *Log.*, t. I, p. 324 : « Aussitôt que nous avons complètement compris l'idée du tout et l'idée de la partie, nous percevons l'évidence de cette proposition : le tout est plus grand que la partie... Pour de semblables propositions, il n'est besoin ni de facultés innées ni de perceptions intuitives. Nos facultés intellectuelles ordinaires suffisent à nous faire affirmer qu'un objet sous différentes formes est ce que nous avons constaté qu'il était » (Cf. Spencer, *Princ. de psychol.*, t. II, p. 420).

(3) Bain, *Logique*, t. I, p. 13.

« Il suffit de considérer qu'une proposition générale n'est que le résultat de nos connaissances particulières pour s'apercevoir qu'elle ne peut nous faire descendre qu'aux connaissances qui nous ont élevés jusqu'à elle ou qu'à celles qui auraient également pu nous en frayer le chemin. Par conséquent, bien loin d'en être le principe, elle suppose qu'elles sont toutes connues par d'autres moyens, ou que du moins elles peuvent l'être (1). » Une fois les rapports généraux établis par l'observation et l'expérience, nous pouvons en conclure un fait particulier; car tout le procédé consiste à aller du même au même (2). C'est ce que A. Bain a ramené aux deux formules suivantes : « 1° Tout ce qui est vrai d'une classe entière d'objets est vrai de tout objet appartenant à cette classe ; 2° des choses qui coexistent avec la même chose coexistent entre elles (3). »

Quant au syllogisme, forme du raisonnement déductif, il n'obtient pas plus de faveur auprès de Condillac qu'auprès des philosophes anglais contemporains (4). Il reconnaît toutefois que dans les raisonnements fort composés le développement ou la décomposition des idées ou des termes, des jugements ou des propositions, qui constituent la forme syllogistique, est nécessaire, parce que l'esprit ne pourrait saisir les rapports d'un seul coup d'œil (5). Mais ce n'est jamais qu'une

(1) *Essai sur l'orig.*, 1ʳᵉ part., sect. II, ch. VII, p. 105. Cf. *Art de penser*, 1ʳᵉ part., ch. IX, p. 124.

(2) « Si l'on doit avoir des principes, ce n'est pas qu'il faille commencer par là pour descendre ensuite à des connaissances moins générales, mais c'est qu'il faut avoir bien vérifié les vérités particulières et s'être élevé, d'abstraction en abstraction, jusqu'aux propositions universelles. Ces sortes de principes sont naturellement déterminés par les connaissances particulières qui y ont conduit » (*Essai sur l'orig.*, p. 112).

(3) A. Bain. *Logiq.*, t. I, p. 26.

(4) Condillac ne croyait pas devoir montrer à son élève « comment on arrange des mots et des propositions pour faire ce qu'on appelle un syllogisme..., car un syllogisme n'est pas un raisonnement, ce n'est qu'une certaine forme qu'on fait prendre à un raisonnement qu'on a déjà fait » (*Motif des études*, p. CXXXIX. Cf. *Art de penser*, p. 84).

(5) *Art de penser*, p. 84. Cf. Bain, *Logiq.*, t. I, p. 309.

11

même opération (1). Pourtant il faut bien distinguer le raisonnement lui-même et sa forme : c'est cette confusion qui a rendu la logique un art si frivole (2).

Comment Condillac, qui rejette la méthode de synthèse, n'aurait-il pas été sévère pour le syllogisme qui en est l'instrument (3)? Il reproche à ceux qui s'en sont servis d'avoir suivi, pour exposer les connaissances, un ordre contraire à celui d'acquisition. « On n'avait pas commencé par des principes généraux : on avait commencé par des observations (4). » Le syllogisme n'est, en définitive, que l'expression explicite d'inférences antérieures ; c'est un cas d'association habituelle et inséparable (5). Tel est aussi le sentiment de Stuart Mill, pour qui les propositions générales ne sont que des résumés de cas particuliers (6), de simples registres d'inférences (7), de simples formules pour en faire d'autres (8), des moyens de vérification (9) et de progrès dans l'art de raisonner (10).

---

(1) « Soit qu'on saisisse plusieurs rapports à la première vue ou qu'on les découvre successivement, on porte, dans l'un et l'autre cas, des jugements dont l'un est la conséquence des autres... » (Ibid.)

(2) Art de penser, p. 86.

(3) Ibid., p. 130.

(4) Les principes généraux ne sont que « des résultats qui peuvent tout au plus servir à marquer les principaux endroits par où l'on a passé » (Art de penser, p. 128, 129. Cf. Grammaire, p. 111).

(5) Art de penser, p. 85. « La démonstration devient si familière au géomètre qu'il ne tient qu'à lui de s'en représenter toutes les parties à la fois. »

(6) « Dès les premières lueurs de notre intelligence, nous tirons des conclusions et des années se passent avant que nous apprenions l'usage des termes généraux... Les hommes pourvus d'une instruction scientifique et possédant, sous forme de propositions générales, l'ensemble systématique des résultats de l'expérience universelle, n'ont pas eux-mêmes toujours besoin, pour appliquer cette expérience aux cas nouveaux, de recourir à ces généralités » (Stuart Mill, Logique, t. I, p. 210, 214).

(7) Stuart Mill, Logique, p. 217.

(8) Id., ibid.

(9) « C'est là précisément ce que font les formes syllogistiques. On n'en a pas besoin pour raisonner, mais pour s'assurer si l'on raisonne correctement » (Ibid., p. 232).

(10) « Bien que les propositions générales ne soient pas nécessaires

Quoiqu'il diffère de Stuart Mill sur quelques points qui ne sont pas ici en question, Herbert Spencer regarde aussi le syllogisme comme un instrument de vérification et reconnaît comme « universellement admis que, dans l'évolution du raisonnement, l'induction doit précéder la déduction, que nous ne pouvons descendre du général au particulier qu'après avoir monté du particulier au général (1). » Il insiste également sur les défauts de la théorie qui identifie le syllogisme et le raisonnement (2). Pour lui, comme pour Stuart Mill et Condillac, l'espèce primitive de raisonnement est celle qui conclut du particulier au particulier : c'est la commune racine de l'induction et de la déduction (3). Il établit la distinction de la logique et de la doctrine syllogistique, et ne reconnaît à cette dernière en elle-même aucune valeur (4) : ainsi Condillac avait dit que la dialectique péripatéticienne est « tout à la fois la méthode la plus ingénieuse, la plus inutile et la plus vicieuse, » parce qu'elle « s'arrête au mécanisme des propositions et qu'elle n'apprend que l'art d'abuser du raisonnement (5). »

C'est dans le rapport des choses et non dans ceux de la pensée que consiste le vrai raisonnement (6). C'est parce qu'ils négligeaient ce que les choses sont en elles-mêmes, que les dialecticiens du moyen âge, abusant du syllogisme, ne faisaient que réaliser des abstractions : « toute la scolastique n'était, dans le vrai, qu'une dia-

---

pour raisonner, elles sont nécessaires pour faire considérablement avancer et progresser le raisonnement » (Stuart Mill, ibid., p. 225).

(1) H. Spencer, Princ. de psych., t. II, p. 103.

(2) Id., ibid., p. 122.

(3) Id., ibid., p. 86.

(4) Id., ibid., p. 87-93.

(5) Hist. mod., t. XVIII, p. 8. — « Dans l'impuissance de chercher l'art de raisonner dans les idées mêmes, en considérant comment elles se déterminent, comment elles naissent les unes des autres et comment elles se combinent de mille manières pour en produire de nouvelles, ils s'arrêtèrent au seul mécanisme du raisonnement » (Ibid., p. 88).

(6) Il compare les disputes des scholastiques sur des choses qu'on n'entendait pas à ces tournois où « les chevaliers combattaient souvent pour des beautés qu'ils n'avaient jamais vues » (Ibid., p. 45).

lectique qui s'était fait un jargon pour disputer toujours
sans jamais rien dire (1). »

Comme Herbert Spencer donc, Condillac s'attache plus
à la matière qu'à la forme du raisonnement. On fut longtemps, dit-il, à soupçonner qu'il y eût des lois de la
pensée : on pensa et on raisonna naturellement, comme
on avait été mécanicien sans y songer (2). Quand on
entreprit de se rendre compte du talent ou du génie des
écrivains et des effets qu'ils produisaient, on leur sup-
posa des moyens extraordinaires, ne se doutant pas que
les meilleurs sont les plus simples. On alla chercher
« les lois de la pensée où elles n'étaient pas (3). » Mais
nous devons au moins à nos devanciers de pouvoir éviter leurs erreurs ; observons mieux et nous pourrons
espérer trouver ces lois. Où les trouverons-nous ? Dans
la correspondance, comme dit Herbert Spencer, des relations internes et des relations externes, dans la corrélation entre des existences considérées comme objectives
d'une part et, d'autre part, dans la corrélation entre les
idées correspondant à ces existences (4) ; ce qui semble
revenir à dire qu'il faut rattacher l'étude des principes
de la logique à la psychologie : n'est-ce pas ce que pensait Condillac ? S'il revendique pour sa logique les caractères de simplicité, de clarté et d'originalité, c'est
qu'il ne veut pas que la logique soit purement théorique ou formelle, mais qu'elle ait avant tout une utilité
pratique, et il soutient que tout l'art de raisonner se
ramène à ce qui suit : « Observer des rapports, confirmer ses jugements par de nouvelles observations ou les
corriger en observant de nouveau (5). » Au lieu de poser
des principes, des axiomes, des définitions, il faut avant
tout étudier les facultés de l'âme, suivre les leçons de

---

(1) *Hist. mod.*, t. XVIII, p. 92.
(2) *Logique*, p. 2. Cf. H. Spencer, *Princ. de psych.*, t. II, p. 4.
(3) *Logique*, p. 2.
(4) H. Spencer, *Princ. de psych.*, t. II, p. 88.
(5) *Logique*, 2ᵉ part., ch. Iᵉʳ, p. 100.

la nature qui commence tout en nous (1). Mais on a préféré imaginer : de là des suppositions fausses, des erreurs, des préjugés qui nous ont éloignés de la vérité, de mauvaises habitudes et l'abus des mots qui nous ont empêchés d'y revenir ; de là un art de raisonner « arbitraire, frivole, ridicule, absurde, qui a eu tous les vices des imaginations déréglées (2). » C'est ainsi que nous croyons acquérir des connaissances « en apprenant des mots qui ne sont que des mots (3). »

Dans notre enfance nous avons pensé d'après les autres, et plus tard, quand nous nous imaginons penser par nous-mêmes, c'est encore d'après eux que nous continuons de penser, parce que nous conservons leurs préjugés ; ainsi, de génération en génération, les erreurs s'accumulent et le seul remède à un pareil égarement serait d'oublier tout ce que nous avons appris, de « refaire, » comme dit Bacon, « l'entendement humain, » de ramener l'éducation de l'esprit à son principe et à son vrai guide, la nature ; c'est elle qui nous apprend l'observation et l'analyse ; c'est en suivant la logique de la nature, la logique vraie, celle des enfants, que les sciences ont fait des progrès (4). Voilà la méthode qu'a pratiquée Condillac ; aussi croit-il que sa logique est un ouvrage « plus neuf, plus simple et plus court » que celles de ses devanciers (5). Il l'a divisée en deux parties : dans la première, il montre que l'analyse nous est enseignée par la nature même et il explique d'après cette méthode « l'origine et la génération soit des idées, soit des facultés de l'âme, » et dans la seconde il considère l'analyse « dans ses moyens et ses effets, et l'art de raisonner est réduit à une langue bien faite (6). » Con-

(1) *Logique*, 2ᵉ part., ch. Iᵉʳ, p. 3, 4.
(2) *Ibid.*, p. 101.
(3) *Ibid.*, p. 106.
(4) *Ibid.*, p. 108.
(5) *Ibid.*, p. 185.
(6) *Ibid.*, p. 4.

dillac veut donc, comme Stuart Mill et Herbert Spencer, que la logique soit pratique ou objective (1).

(1) A. Bain, qui accorde une place assez importante au syllogisme, et qui observe l'ordre suivi par les logiciens de l'école d'Aristote, n'oublie pas de faire remarquer cependant les rapports de la logique avec l'étude des facultés de l'âme et dit qu'il lui semble « que la méthode la plus satisfaisante soit d'exposer, d'expliquer une fois pour toutes, au début de son livre, toutes les parties de la psychologie qui sont, en quelque façon, impliquées dans les règles de la logique » (Bain, *Logique*, t. I, p. 2). — Mais pour lui « l'observation ne fait pas partie du domaine de la logique, qui ne comprend que ces trois sujets d'étude : la définition, l'induction, la déduction » (Bain, *Logique*, t. I, p. 59).

CHAPITRE II.

LA DÉFINITION.

« Ce n'est pas sans raison, » dit Stuart Mill, « que Condillac et d'autres écrivains ont prétendu que la défi-nition était une *analyse*. En effet analyser signifie résou-dre un tout complexe dans les éléments qui le compo-sent : et c'est ce qu'on fait quand on remplace un mot qui connote un agrégat d'attributs collectivement par deux mots ou plus qui connotent ces mêmes attributs individuellement ou en groupes plus petits (1). » Condil-lac soutient en effet que la définition par le genre et l'espèce, imaginée par les philosophes, est stérile et ne peut nous faire connaître l'essence des choses (2). Il re-proche aux géomètres eux-mêmes d'avoir abusé de cette espèce de définition (3), d'avoir cherché à définir ce qui est simple (4). C'est un préjugé de croire que les défini-tions nous dévoilent la nature des choses (5) : ce n'est que par l'analyse qu'on peut les faire connaître (6). Mais de ce que certaines définitions sont bonnes et que le vice des langues tient surtout à l'indétermination des mots, on a conclu qu'il fallait tout définir, et « les défi-

---

(1) Stuart Mill, *Logique*, t. I, p. 151.
(2) *Essai sur l'orig.*, 1re part., sect. V, p. 219. — *Ibid.*, sect. III, p. 163.
(3) *Ibid.*, p. 165.
(4) *Art de penser*, 1re part., ch. XII.
(5) *Art d'écrire*, p. 356.
(6) « Les meilleures définitions ne sont que des analyses » (*Logique*, 2e part., ch. VI, p. 145.

nitions ont été regardées comme la base de l'art de raisonner (1). » La première condition pour obtenir de
bonnes définitions est l'analyse des idées que l'on a
soi-même formées avec ordre (2). Au lieu de commencer
par définir l'âme *une substance qui sent* et en donner
ainsi une notion bien imparfaite à ceux qui n'auront pas
analysé, c'est par là qu'il faut finir : on doit auparavant
montrer par l'analyse que toutes nos opérations et nos
facultés se ramènent à la sensation (3).

Condillac reconnait trois espèces de définitions :
1° celle des mathématiques, qui explique la nature de la
chose ; 2° une autre, qui ne remonte pas à la nature de
la chose, mais à une proposition d'où toutes les autres
découlent, par exemple : L'âme est un être capable de
sensations ; 3° la troisième, qui fait l'énumération des
propriétés, la description de la chose (4). Mais « il ne
faut pas se faire une loi de tout définir. Il y a des choses qui sont claires par elles-mêmes, parce que ce sont
des impressions qui sont connues par sentiment ; il y
en a au contraire qui sont obscures, qui se confondent
entre elles et où il est impossible de découvrir des qualités par où elles puissent se distinguer. Il ne faut définir ni les unes ni les autres (5)... » Dans tous les
cas l'analyse est l'unique condition de la définition (6).

Il n'y a pas, comme on le croit, de définitions de mots
et de définitions de choses : « Toute définition de mot
est en soi une définition de chose (7)... » Stuart Mill

(1) *Logique*, p. 141.
(2) *Essai sur l'orig.*, 2ᵉ part., sect. II, p. 492.
(3) *Logique*, 2ᵉ part., ch. VI.
(4) *Art de penser*, 1ʳᵉ part., ch. X.
(5) *Art d'écrire*, liv. IV, ch. II, p. 355.
(6) « Lorsqu'un sentiment est composé de plusieurs affections, il peut
se définir, c'est-à-dire qu'on peut faire l'analyse des différentes affections
dont il est formé : c'est pourquoi les opérations de l'esprit et les passions de l'âme sont susceptibles de définition » (*Art d'écrire, ibid.*).
(7) « Les analyses, par exemple, que j'ai faites des opérations de l'âme
sont des définitions de chose pour celui qui ne se connait pas encore,
et pour celui qui, se connaissant, ne peut pas saisir d'un même coup
d'œil la génération de toutes nos facultés... Mais des esprits d'un ordre

n'admet pas non plus cette distinction : mais il s'exprime autrement que Condillac : « Toutes les définitions sont des définitions de noms et uniquement de noms. Seulement, tandis que certaines définitions ne sont expressément que l'explication du sens d'un mot, certaines autres, outre l'explication du mot, impliquent qu'il existe une chose correspondant à ce mot (1)... La définition est une simple proposition identique qui n'apprend rien autre que l'usage de la langue, et de laquelle on ne peut tirer aucune conclusion relative à des faits. Le postulat qui l'accompagne, au contraire, affirme un fait qui peut conduire à des conséquences plus ou moins importantes ; il affirme l'existence actuelle ou possible de choses qui possèdent la combinaison d'attributs déclarée par la définition, et ce fait, s'il est réel, peut être le fondement de tout un édifice de vérités scientifiques (2). »

Stuart Mill et Condillac ne diffèrent donc que par l'expression et sont d'accord pour le fond : voyons si nous trouverons la même ressemblance au sujet de la méthode.

---

supérieur ne les regarderaient que comme des définitions de mots propres à leur faire connaître l'usage des différents noms que nous donnons à la sensation » (*Art de penser*, 1re part., ch. X, p. 141).

(1) Stuart Mill, *Westminster Review*, janvier 1828, cité par lui-même dans la *Logique*.

(2) *Logique*, t. I, p. 162. — Cf. *ibid.*, p. 161, 149, 151.

CHAPITRE III.

LA MÉTHODE.

Nous n'avons pas à exposer et examiner ici toutes les théories logiques de Condillac, qui ont donné lieu à un ouvrage substantiel (1), mais à en comparer les points principaux avec les doctrines anglaises contemporaines dont il nous semble avoir été l'un des précurseurs, aussi bien dans cette partie de la philosophie qu'en psychologie.

La vraie méthode, suivant Condillac, tant pour découvrir la vérité que pour la faire connaître, est d'aller « d'observations en observations, » « du plus connu au moins connu (2). » C'est celle qu'il faut appliquer dans l'éducation de l'enfant (3); c'est celle que nous indique la nature (4). Les philosophes qui la suivirent le mieux raisonnèrent de la manière la plus parfaite : c'est ainsi que de nos dix doigts ils durent tirer la numération décuple, et, une fois la numération trouvée, on chercha à simplifier les méthodes en s'appuyant sur l'analogie. L'analyse et l'algèbre sont des procédés bien vieux, quoi qu'en pensent les géomètres, qui en confondent les

(1) *Les théories logiques de Condillac*, par L. Robert.

(2) *Cours d'études, Disc. prélim.*, p. x-xi.

(3) « Il suffira de lui faire faire des observations lorsqu'il sera à portée d'en faire, et lorsqu'il ne pourra pas observer par lui-même, il suffira de lui donner l'histoire des observations qui ont été faites » (*Disc. prélim.*, p. x-xi).

(4) *Langue des calculs*, p. 216.

inventeurs avec ceux qui en ont fait les premiers traités (1).   •

Il n'y a pas une méthode pour s'instruire soi-même et
une méthode pour instruire les autres, pour les sciences
exactes et pour les autres sciences : « ce n'est pas la
faute des sciences si elles ne démontrent pas rigoureusement : c'est la faute des savants qui parlent mal (2). »

Il faut commencer par l'étude des phénomènes ou des
effets, c'est-à-dire par le concret, renoncer aux principes
vagues, aux comparaisons et aux métaphores, d'où sont
sortis tant de systèmes faux (3). C'est à la simplicité des
méthodes que sont dus surtout les progrès des sciences : on le voit par les découvertes de Kepler et de
Newton ; c'est l'ordre et l'enchaînement des idées qui
permet de les ramener à l'unité et d'en faire un tout
dont on puisse saisir toutes les parties (4). « Les questions bien établies, » dit Condillac, « sont des questions
résolues : la difficulté est donc de les bien établir, et
souvent elle est grande, surtout en métaphysique. La
langue de cette science n'a pas naturellement la simplicité de l'algèbre et nous avons bien de la peine à la rendre simple, parce que notre esprit a bien de la peine à
l'être lui-même. Cependant nous n'établirons bien les
questions que nous agitons qu'autant que nous parlerons
avec la plus grande simplicité (5)... »

Herbert Spencer critique, comme Condillac, les mauvaises méthodes pédagogiques et voudrait partout, même
dans les mathématiques, la méthode expérimentale (6).

(1) « Il serait tout aussi raisonnable de penser que les premiers grammairiens ont été les inventeurs des langues » (*Ibid.*, p. 216).

(2) *Logique*, 2ᵉ part., ch. VII, p. 156.

(3) *Hist. mod.*, t. XX, p. 374.

(4) *Art d'écrire*, liv. IV, ch. Iᵉʳ, p. 347.

(5) *Extrait raisonné*, p. 29.

(6) H. Spencer, *Princ. de sociologie*, t. I, p. 144, 145. Cf. *Princ. de
psych.*, t. II, p. 93. M. Ribot fait de Spencer cet éloge qui pourrait, il
nous semble, s'appliquer aussi bien à Condillac : « Il fait mieux que
disserter sur la méthode, il la pratique. Il sait, ce qui est plus rare qu'on
ne pense, distinguer le certain du probable, et, comme il le dit, le con-

Stuart Mill aussi rejette l'hypothèse d'un établissement
à priori des méthodes. « Les lois de notre faculté rationnelle, comme celles de tout autre agent naturel, » dit-il,
« ne s'apprennent qu'en voyant l'agent à l'œuvre. Les
premiers pas de la science ont été faits sans conscience
d'une méthode scientifique, et nous n'aurions jamais su
par quel procédé la vérité doit être constatée, si nous
n'avions préalablement constaté d'autres vérités (1)... »

On sait que Stuart Mill ramène à quatre les procédés
de la méthode expérimentale : méthode de concordance,
de différence, de variations concomitantes et des résidus (2). Mais ce ne sont en définitive que des applications de la loi d'association et tous ces procédés supposent ce que Condillac appelle l'analyse.

naissable de l'inconnaissable. Il a besoin, en tout, de voir clair, de ne
point se payer de solutions chimériques, et de ne point confondre les
raisons avec les métaphores » (*Psych. angl.*, p. 146).

(1) Stuart Mill, *Logique*, t. II, p. 414. — « Nous apprenons à faire une
chose dans des circonstances difficiles en réfléchissant à la manière
dont nous avons fait spontanément la même chose dans des cas plus
faciles » (*Id.*, *ibid.*).

(2) Voir Stuart Mill, *Logique*, liv. III, ch. VIII, IX, et A. Bain, *Logique*,
liv. III, ch. VI, VII, VIII, où la méthode des résidus est considérée comme
supplémentaire et en partie déductive.

CHAPITRE IV.

L'ANALYSE ET LA SYNTHÈSE.

Les philosophes et les savants ont donné aux mots analyse et synthèse des sens si opposés et les ont si souvent employés l'un pour l'autre qu'on ne semble pas avoir toujours compris le fond de la pensée de Condillac. C'est ainsi que Rémusat (1), Cousin (2), Ampère (3) soutiennent que Condillac, qui recommande l'analyse, ne l'a que très infidèlement pratiquée : d'autres, comme MM. Vacherot (4) et Mallet (5), sont d'un avis contraire.

Il nous semble qu'il y a dans toute cette discussion un malentendu non seulement sur le mot analyse, mais encore sur le mot principe, que l'on prend tantôt dans

(1) « Quand on lit avec attention les ouvrages de Condillac, si lucides d'ailleurs, et d'une si précise élégance, on est sans cesse arrêté par une singulière contradiction : leur philosophie, qui recommande l'analyse, pratique habituellement la synthèse » (*Essais*, t. II, p. 362).

(2) « L'auteur du *Traité des sensations* a très infidèlement pratiqué l'analyse, mais il en parle sans cesse » (Cousin, *Disc. d'ouvert.*, 4 décembre 1817).

(3) « Condillac, qui parlait beaucoup d'analyse, s'était dispensé d'analyser l'intelligence humaine, trouvant plus commode de ramener tout l'homme pensant à un seul principe qui seul ne pouvait donner la pensée » (*Philosophie des Ampère*, p. 32).

(4) « La métaphysique contemporaine, qui a trop délaissé la méthode d'analyse pour la méthode historique, fera bien de la reprendre, si elle veut en finir avec les abstractions réalisées » (*Métaphysique*, t. II, p. 99).

(5) « Condillac, qui regarde l'analyse comme la méthode par excellence ou plutôt comme la seule méthode légitime, commence, sur les traces de Locke, par réprouver le syllogisme, qui est le grand instrument de la synthèse » (*Nouv. biograph. générale*. Didot).

le sens d'origine ou de commencement, de fait simple
et irréductible, tantôt dans celui de proposition générale : c'est ainsi qu'on dit que le principe du syllogisme
est une proposition générale. Mais qu'est en somme
cette proposition ? Rien autre chose que le résumé d'observations et d'expériences, ce qui fait dire à Stuart Mill
que le syllogisme implique une « pétition de principe (1). » Or toutes les connaissances particulières con-
densées dans ce tout qu'on appelle la majeure n'ont pu
être acquises que par l'analyse de chacun de leurs objets et de leurs rapports, autrement dit par la décomposition. Mais cette décomposition n'est pas sa fin à elle-
même : c'est un moyen, une méthode pour arriver à la
vérité, à la connaissance entière de l'objet : nous pouvons et devons ensuite rapprocher les différentes parties
pour reconstituer le tout (2). Car il nous est impossible
d'embrasser d'une seule vue, dans leur ensemble et toutes leurs parties, la multitude et la complexité des choses (3). Si un voyageur, par exemple, dont les fenêtres
ne s'ouvrent que pour un moment, ne peut avoir une
idée claire du paysage qu'il a vu, mais qu'il n'a pas, à
vrai dire, regardé, il peut plus tard, en appliquant successivement son attention à chacune des parties principales d'abord, aux accessoires ensuite, en un mot en
décomposant ou en analysant, en avoir une connaissance entière (4). Tel est le procédé que nous indique la
nature elle-même : c'est à nous de l'appliquer partout,
de « prendre l'habitude de regarder (5). » L'analyse est
la même, qu'il s'agisse des objets extérieurs ou des faits
de l'esprit (6). Condillac, préoccupé de l'idée de remonter à un fait irréductible, a peut-être eu le tort de donner non pas trop d'importance à l'analyse, mais trop

(1) Stuart Mill, *Logique.*
(2) *Logique*, 1re part., ch. III, p. 27.
(3) *Ibid.*, ch. II.
(4) *Ibid.*, p. 16.
(5) *Ibid.*
(6) *Ibid.*, 1re part., ch. II.

d'extension au mot qui désigne cette opération, en lui faisant comprendre l'acte de la composition. L'analyse et la synthèse ne sont pas deux méthodes distinctes, mais deux moments d'une seule et même méthode (1). « Il est certain qu'on ne fait de progrès dans la recherche de la vérité qu'autant que l'art de composer et celui de décomposer se réunissent dans une même méthode. Il faut les connaître tous deux également et faire continuellement usage de l'un et de l'autre (2). » Qu'est-ce qu'analyser un corps? « C'est le décomposer pour en observer séparément les qualités et le recomposer pour saisir l'ensemble des qualités réunies (3). » De même que la vue a besoin de décomposer les spectacles qui se développent sous nos yeux, l'esprit doit analyser ses idées, tant pour s'en rendre compte, que pour les suivre dans leur ordre naturel (4). « Rendre successives les idées et les opérations qui sont simultanées, » voilà en quoi consiste l'art de décomposer la pensée (5).

Tout le secret de l'analyse réside dans la liaison des idées : c'est le retour au principe associationiste : « Si j'envisage un objet par un endroit qui n'a pas de liaison sensible avec les idées que je cherche, je ne trouverai rien. Si la liaison est légère, je découvrirai peu de chose... Mais que je considère un objet par le côté qui a le plus de liaison avec les idées que je cherche, je découvrirai tout : l'analyse se fera presque sans effort de ma part et, à mesure que j'avancerai dans la connaissance de la vérité, je pourrai observer jusqu'aux ressorts les plus subtils de mon esprit et par là apprendre l'art de faire de nouvelles analyses (6). » Nos idées ne

(1) *Art de penser*, 1re part., ch. IX.
(2) *Ibid.*, 1re part., ch. IX, p. 130.
(3) *Précis des leçons*, p. XXIII.
(4) *Gramm.*, 2e part., ch. Ier, p. 148.
(5) *Ibid.*, p. 43. Cf. *Essai*, 1re part., sect. II, p. 109 : L'analyse « ne consiste qu'à composer et décomposer nos idées pour en faire différentes comparaisons et pour découvrir, par ce moyen, les rapports qu'elles ont entre elles et les nouvelles idées qu'elles peuvent produire. »
(6) *Essai*, 2e part., sect. II, ch. III, p. 501.

différent que par l'application différente de l'analyse ou
par la liaison qui est entre elles. C'est par cette faculté
« qu'on démêle tous les objets dont on a saisi la forme
et la situation et qu'on les embrasse d'un seul regard.
L'ordre qui est entre eux dans notre esprit n'est donc
plus successif : il est simultané. C'est celui-là même
dans lequel ils existent et nous les voyons tous à la fois
d'une manière distincte (1). » Ainsi s'établit cette correspondance entre les relations internes et les relations
externes dont parle Herbert Spencer ; c'est du reste la
méthode de Condillac que recommande le philosophe
anglais. « La décomposition successive des phénomènes
d'intelligence les plus complexes en phénomènes plus
simples, » dit-il, « et de ceux-ci en plus simples encore,
nous a peu à peu conduits au plus simple de tous, qui
se trouve n'être rien autre chose qu'un changement
dans l'état de la conscience. C'est là l'élément dernier
qui sert seul à bâtir les connaissances les plus compliquées. Quelque difficile en fait que cela paraisse à admettre, cependant l'analyse ne nous permet aucune alternative autre que d'accepter que la perception d'un vaste
paysage se compose d'une multitude de changements
coordonnés et que la conception la plus abstraite du
philosophe se compose aussi de changements coordonnés (2). »

Cet élément dernier de Spencer est-il autre chose que
le fait irréductible de la sensation de Condillac ?

Herbert Spencer reconnaît toutefois, d'une manière
plus expresse dans les termes, la corrélation de l'ana-

(1) *Logique*, ch. II, p. 19.
(2) H. Spencer, *Princ. de psych.*, t. II, p. 302. — Cf. : « Une analyse
conduite d'une manière systématique doit commencer par les phénomènes les plus complexes de la série à analyser : elle doit chercher à
les résoudre dans les phénomènes les plus voisins dans l'ordre de la
complexité ; elle doit procéder de la même manière à l'égard des phénomènes moins complexes ainsi découverts ; et ainsi, par des décompositions successives, elle doit descendre pas à pas jusqu'aux phénomènes
les plus simples et les plus généraux, pour atteindre finalement le plus
simple et le plus général... » (*Princ. de psych.*, t. II, p. 2.)

lyse et de la synthèse et les regarde comme propres à
se contrôler l'une l'autre. « Pour arriver à la conviction
la plus forte possible touchant un fait complexe, ou
bien, par l'analyse, nous descendons de ce fait par des
pas successifs à quelques vérités ; ou bien nous partons
de ces vérités en faisant les mêmes pas (1). » M. Bain,
tout en faisant aussi ressortir la corrélation de ces deux
procédés, donne pourtant la priorité à l'analyse et il
constate que ce qui contribue à la confusion, ce sont les
sens différents donnés aux deux mots : « Il est difficile, » dit-il, « d'exprimer exactement l'idée contenue
dans les deux termes corrélatifs, analyse et synthèse,
en raison des significations si diverses de ces deux
mots. L'analyse chimique, l'analyse mathématique,
l'analyse logique, et les diverses formes correspondantes de synthèse, se ressemblent sur certains points, en
même temps qu'elles diffèrent sur d'autres. L'idée générale de l'analyse, c'est la division, la décomposition.
L'idée générale de la synthèse, c'est la recomposition,
la combinaison... La synthèse, considérée dans ses rapports avec l'analyse, consiste à combiner sans doute,
mais après avoir analysé ; elle emploie les résultats de
l'analyse afin d'arriver à une reconstruction nouvelle...
Identifier, classer, abstraire, c'est la même chose que
séparer ou analyser... Les plus hautes généralisations
de l'esprit sont obtenues en passant par les analyses les
plus profondes (2)... » Il nous semble impossible de ne
pas voir une incontestable ressemblance entre les pensées de Bain et celles de Condillac. Comme Condillac,
Bain considère tellement l'analyse comme fondamentale
qu'il dit : « Le talent analytique est une aptitude plus
ou moins développée, un don naturel qui est personnel
à l'observateur et qui indique un esprit scientifique (3)... »

_____

(1) H. Spencer, *Princ. de psych.*, t. II, p. 447.
(2) A. Bain, *Logique*, t. II, p. 590, 593.
(3) A. Bain, *Logique*, t. II, p. 65. — Cf. p. 418 : « Dans toutes les
sciences nous recherchons une analyse consciencieuse et complète des

C'est aussi, comme nous l'avons déjà vu, l'analyse que Stuart Mill pose comme condition de la défini-tion (1) : c'est en un mot la méthode analytique recom-mandée et pratiquée, quoi qu'on en ait dit, par Condil-lac, que suivent les psychologues anglais : c'était une conséquence naturelle de la tendance expérimentale, exprimée par le titre de l'ouvrage de James Mill : *Ana-lyse de l'esprit humain.* — Mais, Condillac l'a parfaite-ment compris, s'il est nécessaire d'analyser, « il y a un terme où il faut s'arrêter. Les analyses inutiles n'éclai-rent pas et elles embarrassent (2). »

phénomènes. C'est seulement une analyse élémentaire qui peut servir de fondement aux lois générales... » p. 621 : « Dans toutes les parties de la logique, la division analytique est d'une valeur inappréciable pour aider les facultés de l'esprit au milieu de la complication des phéno-mènes de la nature... » P. 64 : « Comme notre but est de discerner les éléments nécessaires des circonstances accidentelles, nous commençons par une énumération analytique de toutes les circonstances, en ayant soin de réduire chacune à ses éléments les plus simples... »

(1) Voy. supra, p. 170.
(2) Gramm., 2ᵉ part., ch. X, p. 214.

CHAPITRE V.

L'HYPOTHÈSE.

Si l'analyse est la vraie méthode de découverte, elle doit mettre fin au règne des hypothèses ou des suppositions vagues et arbitraires, auxquelles ont eu recours trop de philosophes, pour qui « dans l'impuissance où nous sommes d'observer nos premières pensées et nos premiers mouvements, il fallait deviner et, par conséquent, faire différentes suppositions (1). »

Il ne faut pas croire toutefois que Condillac rejette absolument l'hypothèse : il ne veut qu'en régler l'usage (2). Si l'on reproche à son système de porter sur des suppositions, il a la prétention que « toutes les conséquences qu'on en tire sont attestées par notre expérience (3). »

Il y a deux opinions extrêmes sur les hypothèses : tantôt on les considère comme de vrais principes, tantôt on voudrait les bannir des sciences (4). Selon Condillac, les hypothèses, à l'encontre des principes abstraits, ne sont pas seulement propres à nous conduire à la découverte (5), mais, quand elles ont été confirmées

(1) *Ext. rais.*, p. 10.
(2) « Il importe peu de faire des conjectures, lorsqu'il n'en peut résulter aucune instruction utile » (*Hist. anc.*, t. IX, ch. II, p. 15.
(3) *Ext. rais.*, p. 12.
(4) *Traité des systèmes*, ch. XII, p. 327.
(5) « Les hypothèses ou suppositions... sont, dans la recherche de la vérité, non seulement des moyens ou des soupçons, elles peuvent être

par l'expérience, elles peuvent être considérées comme de vrais principes qui expliquent d'autres vérités (1).

Non seulement l'usage des hypothèses est légitime, il peut même être nécessaire. On en a la preuve dans les mathématiques pures (2), et elles ont dans l'astronomie une place importante. Leur usage n'y laisse rien à désirer, car elles ont pour base les observations faites sur la direction et le mouvement des corps célestes ; mais il ne faut pas transporter au mouvement absolu ce que nous croyons pouvoir affirmer du mouvement apparent. A mesure que les observations se sont multipliées, les hypothèses ont acquis dans cette science plus de solidité et ont été confirmées par l'expérience. C'est en appliquant sagement cette méthode que les astronomes pourront arriver « à rendre raison d'un plus grand nombre de phénomènes (3). » La prédiction de Condillac s'est réalisée : on a vu depuis se vérifier les hypothèses de Herschell et de Leverrier.

Dans la physique, l'hypothèse offre plus de difficultés. Nous ne pouvons remonter à la première cause de toutes choses : les ressorts secrets du mécanisme de la nature, le rapport nécessaire de toutes les parties de l'univers échapperont toujours à notre intelligence. Le chimiste ne peut non plus affirmer que la nature agit d'après les lois qu'il imagine et prétendre saisir les éléments par l'analyse (4).

C'est parce que le principe du mouvement, soit dans le monde, soit dans le corps humain, échappe au physicien, qu'on ne comprend pas la prétention de Descartes à expliquer par des cubes en mouvement « la formation du monde, la génération des corps et tous les phéno-

---

encore des principes, c'est-à-dire des vérités premières qui en expliquent d'autres » (Systèmes, p. 328).

(1) Systèmes, p. 328.

(2) « On se sert de suppositions sans craindre l'erreur ou du moins avec certitude de la reconnaître » (Ibid., p. 330).

(3) Systèmes, p. 334.

(4) Ibid., p. 337.

mènes (1). » Les mêmes inconvénients se rencontrent en médecine où, sans tenir compte du temperament du malade et des circonstances, on n'agit souvent que d'après des principes généraux.

Il ne faut pas aspirer à découvrir les premiers principes des choses : ils nous sont inaccessibles. Nous ne pouvons, dans la nature, connaître que des phénomènes et pour cette fin il n'y a qu'une méthode sûre, l'observation. Les hypothèses arbitraires ou mal appliquées ne peuvent être qu'une source d'erreurs, contraires au développement des sciences (2) ; néanmoins, si l'on en fait un choix judicieux, en se défiant surtout des plus ingénieuses (3), elles sont utiles en ce sens qu'elles nous portent à faire des expériences, à rechercher en quoi elles sont défectueuses et par là nous conduisent à des explications plus satisfaisantes (4).

Il est surtout un genre d'hypothèses auxquelles il ne faut recourir qu'avec une extrême réserve : ce sont celles qui reposent sur les comparaisons, dont les cartésiens et notamment Malebranche ont abusé ; surtout on ne doit pas trop les développer (5).

Condillac reconnaît qu'il a lui-même, dans sa *Logique*, avancé certaines suppositions pour expliquer « la sensibilité, la mémoire et toutes les habitudes de l'esprit, » mais il a la conviction qu'elles sont simples et reposent sur l'analogie ; toutefois, elles n'entraînent pas la certitude des faits découverts par l'expérience (6).

Pour être valable, l'hypothèse doit pouvoir être véri-

(1) *Systèmes*, p. 338.
(2) *Ibid.*
(3) « Ce qui n'est qu'ingénieux n'est pas simple, et certainement la vérité est simple » (*Ibid.*, p. 344).
(4) Condillac oppose au système de Descartes celui de Newton, « que l'analogie, l'observation et le calcul achèveront » (*Ibid.*, p. 347).
(5) « Elles ne demandent de détails que ce qu'il en faut pour rendre sensible une vérité » (*Ibid.*, p. 354).
(6) « Si l'analogie peut ne pas permettre de douter d'une supposition, l'expérience peut seule la rendre évidente... Il ne faut pas regarder comme vérités évidentes ce dont on ne doute pas » (*Ibid.*, p. 355).

fiée par l'observation ; si elle rend compte de tous les phénomènes, si elle n'est pas contredite par l'expérience, elle est vraiment utile et féconde : telles sont, selon Condillac, celles qui sont relatives à l'électricité (1).

La règle principale, c'est de les donner « pour ce qu'elles sont (2), » des conjectures, des explications provisoires et non certaines et définitives. « Si Descartes n'avait donné ses idées que pour des conjectures, il n'en aurait pas moins fourni l'occasion de faire des observations ; mais en les donnant pour le vrai système du monde, il a engagé dans l'erreur tous ceux qui ont adopté ses principes et il a mis des obstacles aux progrès de la vérité (3). » Son tort a été de vouloir trop généraliser : c'est ainsi que l'esprit de système aveugle la plupart des philosophes et leur fait prendre en dédain ceux qui, plus sages, au lieu de se laisser entraîner par les fictions de leur imagination, s'appliquent avant tout à l'examen attentif et à l'analyse des faits (4).

Il y a, en effet, cette différence entre les hypothèses et les faits, que celles-là deviennent de plus en plus incertaines à mesure que le nombre des phénomènes qu'elles ne peuvent expliquer augmente, tandis que les faits sont toujours certains et peuvent toujours être pris comme principes (5).

En résumé, l'hypothèse correspond pour Condillac à ce que Claude Bernard a appelé l'*idée directrice* de l'expérience (6) ; elle ne peut suffire à faire la science et à donner l'explication définitive, mais elle met sur la voie des découvertes ; les contradictions même qu'elle soulève quelquefois suscitent les observations et sont propres à nous éloigner de l'erreur (7).

---

(1) *Systèmes*, p. 355, 356.
(2) *Ibid.*, p. 357.
(3) *Ibid.*
(4) *Traité des animaux*, 1re part., ch. Ier.
(5) *Systèmes*, p. 392.
(6) Claude Bernard, *Introduction à l'étude de la médecine*. Voir aussi E. Caro, *Le matérialisme et la science.*
(7) *Art de raisonner*, p. 231.

Condillac enfin ramène l'évolution des sciences à trois moments : « Telle est en général la méthode que suit l'esprit humain... Il recueille des observations, il fait les hypothèses que ces observations indiquent et il finit par les expériences qui confirment ou qui corrigent ces hypothèses (1). » N'est-ce pas la théorie de Claude Bernard ? N'est-ce pas aussi ce que pense M. Naville, quand il réduit tous les procédés de la science expérimentale à « observer, supposer, vérifier (2) ? » C'est certainement l'opinion de Stuart Mill (3), de Bain (4), et Herbert Spencer (5).

(1) *Hist. anc.*, t. X, ch. III, p. 27.

(2) E. Naville, *Logique de l'hypothèse.*

(3) « Une hypothèse est une supposition qu'on fait pour essayer d'en déduire des conclusions concordantes avec les faits réels, dans l'idée que si les conclusions auxquelles l'hypothèse conduit sont des vérités connues, l'hypothèse elle-même doit être vraie ou, du moins, vraisemblable » (Stuart Mill, *Logique*, t. II, p. 7. Cf. A. Bain, *Logique*, t. II, p. 191).

(4) « Lorsqu'il s'agit de rechercher la cause d'un effet donné, l'expérimentation est impuissante... Nous devons commencer par conjecturer la cause : une fois cette cause possible ou probable connue, nous instituerons des expériences sur ces effets; si ces effets s'accordent avec l'effet donné, nous aurons réussi dans notre recherche » (Bain, *Logique*, t. II, p. 67).

(5) « Non seulement l'hypothèse doit précéder l'induction, mais, de plus, toute hypothèse est une induction à l'état naissant, en état de se développer, si elle a pour elle des faits semblables, destinée à périr, s'il n'y en a pas » (H. Spencer, *Princ. de psych.*, p. 85).

CHAPITRE VI.

LA MÉTHODE HISTORIQUE.

Une science surtout où l'hypothèse ne doit être admise qu'avec réserve, c'est l'histoire, qui repose avant tout sur les monuments. Mais à leur défaut « nous pouvons quelquefois, » dit Condillac, « nous permettre des conjectures ; mais si elles peuvent éclairer l'histoire, elles peuvent aussi l'obscurcir... L'art de conjecturer a ses règles ; lorsque nous les connaîtrons, nous suppléerons quelquefois au silence des historiens et nous éviterons souvent des erreurs où ils nous auraient fait tomber (1). » Condillac donne quelques-unes des règles qu'ont développées, comme le comportent les progrès de la critique moderne, Stuart Mill (2), Bain (3) et Spencer (4), au sujet de l'histoire en général et de la science sociale dont elle est un des instruments.

Toute la difficulté, d'après eux, est de dégager de la statistique des faits et de la suite des antécédents et conséquents la vraie cause, c'est-à-dire l'ensemble des conditions physiques ou morales qui ont pu amener ou changer les événements. Condillac avait dit qu'il faut étudier le peuple lui-même dont on fait l'histoire, ses besoins, ses mœurs, ses usages, le lieu et le temps où il a vécu, toutes choses dont il est — nous ne dirons

(1) *Hist. anc.*, t. IX, p. 20.
(2) Stuart Mill, *Logique*, t. II, liv. VI, ch. x, xi.
(3) A. Bain, *Logique*, t. II, p. 626 et suiv.
(4) H. Spencer, *Princ. de sociologie.*

pas avec lui facile — mais possible de s'assurer (1), et, avant tout, distinguer les faits hors de doute de ceux qui sont contestables (2).

Comme A. Bain, il exige de l'historien une grande étendue de connaissances : « religion, législation, gouvernement, droit public, politique, usages, mœurs, arts, sciences, commerce (3). »

Nous verrons plus loin que Condillac ne s'en est pas tenu à des vues théoriques et que lui aussi a cherché à montrer le progrès des peuples au point de vue moral, politique, social, qu'il a entrevu la science qui, sous le nom de sociologie, a pris de nos jours un si grand développement : l'évolution mentale de l'individu devait le mener naturellement à l'étude de l'évolution de l'espèce.

---

(1) « Il en reste des traces jusque dans les traditions les plus confuses; elles se conservent dans les poètes mêmes qui se permettent de tout altérer » (*Hist. anc.*, t. IX, p. 24. — Cf. *ibid.*, p. 20).

(2) « Quelquefois il ne faudra observer qu'un fait pour détruire bien des erreurs, et vous le pourrez trouver dans l'historien même qui se trompe ou qui veut vous tromper » (*Hist. anc.*, t. IX, p. 25).

(3) *Art d'écrire*, liv. IV, ch. III, p. 364. Cf. Bain, *Sens et intell.*, p. 463 : « Il faut à un historien critique, qui veut porter la lumière sur les points obscurs d'un passé dont il ne reste que des souvenirs informes, une science d'une grande étendue, et une intelligence douée d'une puissante faculté d'identification... »

SECTION V.

ÉVOLUTION DE L'ACTIVITÉ MOTRICE ET DE LA VO-LONTÉ.

CHAPITRE PREMIER.

§ 1ᵉʳ. — *L'action réflexe.*

On sait le rôle que, d'après Condillac, joue dans l'intelligence l'emploi des signes ou le langage : mais le langage dépendant sinon absolument de la volonté, du moins de l'activité motrice et mentale, il nous semble bon de traiter ici de l'évolution de l'activité.

Au plus bas degré se trouvent les actions réflexes, dit A. Bain (1), qui entre dans des détails physiologiques très abondants qu'on retrouve chez Herbert Spencer (2) et G. Lewes (3). Si Condillac n'avait pas à sa disposition les expériences sur le système nerveux dont a profité la psychologie contemporaine, il n'en avait pas moins remarqué ce phénomène et il l'expliquait par la constitution même de l'organisme.

La nature — et il n'entend pas par là une entité mystérieuse, mais l'ensemble de nos dispositions naturelles

---

(1) « Elles ont pour signes l'absence du caractère propre des actions volontaires, c'est-à-dire du stimulus d'un sentiment directeur. Un grand nombre de ces actions sont essentielles à la vie animale. Elles ont pour condition une disposition des nerfs consistant en fibres afférentes et en fibres efférentes unies par un centre de substance gr.e » (Bain, *Sens et intel.* p. 210).

(2) H. Spencer, *Princ. de psych.*

(3) G. Lewes, *Physiology of common life, Problems of life.* Voir aussi Ribot, *Psycholog. angl.*

— commence tout en nous : ce n'est qu'après avoir agi sans dessein que nous agissons en vue d'une fin déterminée. N'est-ce pas l'action réflexe que ces mouvements de l'enfant qui se porte vers le sein de sa nourrice (1)? N'est-ce pas l'action réflexe que tout ce qui se fait par une suite de notre conformation (2)? C'est elle que nous trouvons signalée dans les lignes suivantes : « Son imagination — il s'agit de la statue — faisant effort pour lui représenter vivement l'objet de son désir, ne peut manquer d'agir sur ses yeux. Elle y produit donc à leur insu un mouvement qui leur fait parcourir plusieurs couleurs jusqu'à ce qu'ils aient rencontré celle qu'ils cherchent (3). » C'est à elle que se ramène le langage des sons articulés et à plus forte raison le langage d'action qui l'a précédé (4). La spontanéité, qui dérive de la conformation des organes, a précédé la réflexion et l'habitude (5).

(1) « L'inquiétude passe de l'estomac aux joues, à la bouche, fait mouvoir ses lèvres de toutes sortes de manières, jusqu'à ce qu'elles aient trouvé le moyen d'exprimer le lait destiné à le nourrir » (*Sensat.*, 3e part., ch. X, p. 349).

(2) « Parmi les actions, les unes sont naturelles, parce qu'elles se font par une suite de notre conformation, sans être dirigées par notre volonté. Tels sont les mouvements qui sont les principes de la vie » (*Précis des leç.*, p. 61).

(3) *Sensat.*, liv. Ier, ch. XI, p. 153. Cf. 3e part., ch. IX, p. 347. Lorsque la statue désire une fleur, « le mouvement passe de l'organe de l'odorat dans toutes les parties du corps, et son désir devient l'action de toutes les facultés dont elle est capable. Il faut remarquer la même chose à l'occasion des autres sens... »

(4) « Le langage d'action est une suite de la conformation de nos organes, nous n'en avons pas choisi les premiers signes. C'est la nature qui nous les a donnés... Les cris sont les accents de la nature : ils varient suivant les sentiments dont nous sommes affectés, et on les nomme inarticulés parce qu'ils se forment dans la bouche, sans être frappés ni avec la langue ni avec les lèvres... » (*Gramm.*, 1re part., ch. Ier, p. 8-10. Cf. *ibid.*, 1re part., ch. II, p. 21.)

(5) « C'est la nature qui commence à nous faire démêler quelque chose dans les impressions que les organes font passer jusqu'à l'âme. Si elle ne commençait pas, nous ne pourrions pas commencer nous-mêmes... » (*Gramm.*, 1re part., ch. V, p. 55.)

§ 2. — *L'instinct.*

Le second mode de l'activité est l'instinct que Spencer regarde comme un action réflexe composée (1) et A. Bain comme « une habitude non apprise à faire des actions de toute sorte et plus spécialement celles qui sont nécessaires ou utiles à l'animal (2). » Condillac le définit « une imagination qui, à l'occasion d'un objet, réveille les perceptions qui y sont immédiatement liées et, par ce moyen, dirige, sans le secours de la réflexion, toutes sortes d'animaux (3), » ou encore « une imagination dont l'exercice n'est point du tout à nos ordres, mais qui, par sa vivacité, concourt parfaitement à la conservation de notre être : il exclut la mémoire, la réflexion et les autres opérations de l'âme (4). » De même que Spencer, en reconnaissant aux divers modes de l'intelligence une commune nature, établit entre eux des distinctions spécifiques (5), Condillac admet en définitive une communauté de nature entre l'instinct et le talent. « L'instinct et le talent, » dit-il, « ne peuvent être, dans le principe, que l'organisation même : l'instinct est l'organisation qui donne à tous les mêmes facultés ; le talent est l'organisation qui donne aux uns ce qu'elle refuse aux autres (6). » Dans sa critique de Buffon, il dit que « instinct, à consulter l'étymologie, est la même chose qu'impulsion (7)... on dit communément que les

---

(1) H. Spencer, *Princ. de psych.*, t. I, p. 462-466.

(2) A. Bain, *Sens et intell.*, p. 208 : « Avec l'instinct un animal possède, au moment de sa naissance, des facultés pour agir de même nature que celles qu'il tiendra plus tard de l'expérience et de l'éducation. »

(3) *Essai sur l'orig.*, 1re part., sect. II, p. 83.

(4) *Ibid.*, p. 141.

(5) H. Spencer, *Princ. de psych.*, t. I, p. 413 : « Les divers modes d'intelligence connus sous les noms d'instinct, raison, mémoire, volonté, etc., ont, en dépit de leur commune nature, des distinctions spécifiques. »

(6) *Traité des systèmes*, p. 398.

(7) *Traité des animaux*, p. 471. — Cf. *Sensat.*, p. 350.

animaux sont bornés à l'instinct et que la raison est le partage de l'homme. Ces deux mots, instinct et raison, qu'on n'explique point, contentent tout le monde et tiennent lieu d'un système raisonné. L'instinct n'est rien ou c'est un commencement de connaissance (1)... » Devançant Darwin, il n'accepte pas, comme quelques physiologistes (2), que l'instinct soit uniforme, invariable (3), infaillible (4) : il en est de lui comme de nos habitudes (5).

(1) *Traité des animaux*, p. 551 : « Mais quel est le degré de connaissance qui constitue l'instinct? C'est une chose qui doit varier suivant l'organisation des animaux. »

(2) Notamment G. Cuvier et Flourens. Voir Flourens, *De l'instinct et de l'intelligence des animaux. — Psychologie comparée*, etc.

(3) « Il y a du plus ou du moins d'un individu à l'autre dans une même espèce. Il ne faut donc pas se contenter de regarder l'instinct comme un principe qui dirige l'animal d'une manière tout à fait cachée; il ne faut pas se contenter de comparer toutes les actions des bêtes à ces mouvements que nous faisons, dit-on, machinalement, comme si ce mot *machinalement* expliquait tout » (*Traité des animaux*, p. 552).

(4) *Traité des animaux*, p. 557.

(5) Sur l'instinct, voir A. Lemoine, *L'habitude et l'instinct. —* H. Joly, *L'instinct, ses rapports avec la vie et avec l'intelligence. — Id., L'homme et l'animal...,* etc.

CHAPITRE II.

L'HABITUDE.

C'est à l'habitude d'ailleurs que, comme Darwin, Condillac ramène l'instinct : « L'instinct n'est que l'habitude privée de réflexion (1). » Il n'est pas le privilège des animaux : « Nous mêmes avons un instinct, puisque nous avons des habitudes, et il est le plus étendu de tous (2). » La raison ne semble pas à Condillac autre chose que le degré supérieur de l'instinct (3). La facilité avec laquelle nous accomplissons certains actes qui, au début pourtant, ont demandé bien des tâtonnements, nous les fait appeler mouvements naturels, actions mécaniques, instinct (4) et nous supposons faussement qu'il est né avec nous (5). « L'expérience fait en nous des progrès si prompts qu'il n'est pas étonnant qu'elle se donne quelquefois pour la nature même (6). »

(1) *Traité des animaux*, p. 555.
(2) *Ibid.*, p. 558.
(3) *Ibid.*, p. 558 : « L'instinct des bêtes n'a pour objet que des connaissances pratiques, il ne se porte point à la théorie... Le nôtre embrasse la pratique et la théorie : c'est l'effet d'une méthode devenue familière... Nous contractons une si grande habitude de saisir les rapports des choses, que nous pressentons quelquefois la vérité avant que d'en avoir saisi la démonstration. Nous la discernons par instinct. Cet instinct caractérise surtout les esprits vifs, pénétrants et étendus... »
(4) *Logique*, p. 80.
(5) *Id., ibid.* : « On évitera ce préjugé si l'on juge de ces habitudes par d'autres qui nous sont devenues tout aussi naturelles, quoique nous nous souvenions de les avoir acquises. »
(6) *Art de penser*, p. 82.

Condillac reproche à Buffon d'avoir « supposé tout d'un coup dans l'homme qu'il imagine des habitudes qu'il aurait dû lui faire acquérir (1). » L'habitude n'est que l'activité acquise : elle a pour premier principe le besoin ou l'inquiétude qui en naît (2). Elle n'est en effet que la « facilité de répéter ce qu'on a fait, et cette facilité s'acquiert par la réitération des actes (3). »

On n'a pas assez remarqué le rôle de l'habitude dans la vie physique et mentale. Locke lui-même n'a pas soupçonné que toutes nos connaissances pourraient n'être que des habitudes acquises (4). C'est, selon Condillac, l'habitude seule qui nous fait prendre comme naturels les mouvements du corps et les faits de l'esprit (5) : elle agit sur tous nos organes (6), sur le cerveau (7), sur la faculté de comparer, de juger (8), sur le goût (9). Condillac pose la loi suivante : « Pour contracter une habitude, il suffit de faire et de refaire à plusieurs reprises, et pour la perdre il suffit de ne plus faire (10), » et il fait ressortir l'influence de l'association (11).

(1) *Extrait raisonné*, p. 7.

(2) *Ibid.*, p. 10. Cf. *Sensat.*, p. 51 : « La nature nous donne des organes pour nous avertir, par le plaisir, de ce que nous avons à rechercher, et, par la douleur, de ce que nous avons à fuir. Mais elle s'arrête là, et laisse à l'expérience le soin de nous faire contracter des habitudes et d'achever l'ouvrage qu'elle a commencé. »

(3) *Traité des sensat.*, p. 64.

(4) « Il paraît les avoir regardées comme quelque chose d'inné , et il dit seulement qu'elles se perfectionnent par l'exercice » (*Ibid.*, p. 14).

(5) *Logique*, p. 80.

(6) *Ibid.*, p. 82 : « Les organes des sens ayant contracté certaines habitudes se meuvent d'eux-mêmes. »

(7) *Ibid.*, p. 82.

(8) « Le discernement n'est pas inné. Notre expérience nous apprend qu'il se perfectionne. Or, s'il se perfectionne, il a commencé » (*Extrait rais.*, p. 25). — « A mesure que les comparaisons et les jugements se répètent, notre statue les fait avec plus de facilité » (*ibid.*, p. 66. Cf. *Sensat.*, p. 159-209-222).

(9) « Il dépend surtout des premières impressions qu'on a reçues, et change d'un homme à l'autre, suivant que les circonstances font contracter des habitudes différentes » (*Traité des animaux*, p. 561).

(10) *Logique*, p. 55. Cf. *Sensat.*, p. 86.

(11) *Cours d'études*, Disc. prél., p. XXI. Cf. *Sensat.*, p. 311; *ibid.*, p. 338.

Il ne semble pas avoir bien réfléchi sur le rôle de l'hérédité : cependant il dit, en parlant de l'instinct d'imitation : « Chacun apprend des autres, chacun ajoute à ce qu'il tient de sa propre expérience, et il ne diffère de manière d'agir que parce qu'il a commencé par copier. Ainsi, de génération en génération, l'homme accumule connaissances sur connaissances (1). » Mais il a parfaitement remarqué l'action de l'éducation et du milieu (2). Toute la différence d'esprit ne tient qu'à l'habitude d'associer différemment les idées (3). Aussi, comme précepteur, Condillac se proposa-t-il pour objet « de faire prendre de bonnes habitudes à l'esprit du prince, de lui donner par conséquent des idées de bien des espèces, de l'accoutumer à les lier et de le garantir des fausses liaisons (4). »

Puisqu'elles dépendent de la répétition de nos actes, il suit que nous pouvons augmenter ou diminuer le nombre de nos habitudes (5), en acquérir de bonnes et nous corriger des mauvaises. Condillac définit comme Aristote, le vice et la vertu l'habitude des bonnes ou des mauvaises actions (6), et il affirme que ce qu'on entend par le naturel dans les œuvres littéraires n'est que « l'art tourné en habitude (7). »

Depuis Maine de Biran (8), qui avait d'abord appartenu à l'école condillacienne, de nombreux travaux ont

---

(1) *Traité des animaux*, p. 629.

(2) « Livrés dès l'enfance à mille préjugés, élevés dans toutes sortes d'usages et, par conséquent, dans bien des erreurs, le caprice préside, plus que la raison, aux jugements dont les hommes se font une habitude... Aussi les faux pressentiments règnent-ils sur tous les peuples ; l'imitation les consacre d'une génération à l'autre, et l'histoire même de la philosophie n'est bien souvent que le tissu des erreurs où ils ont jeté les philosophes » (*Traité des animaux*, p. 560, 569).

(3) *Cours d'études*, Disc. prél., p. XXII.

(4) *Ibid.*, p. XXIII.

(5) *Précis des leçons*, p. OV.

(6) *Logique*, 1re part., ch. VI, p. 56.

(7) *Art d'écrire*, p. 389.

(8) Maine de Biran, *Influence de l'habitude sur la faculté de penser*, et rapport de M. Destutt-Tracy. — *Œuvres*, édit. Cousin, t. I.

été publiés en France sur l'habitude. On peut citer notamment ceux de MM. Ravaisson (1), Lemoine (2), Léon
Dumont (3) : conformes ou contraires au principe fondamental de Condillac, ces études n'en reproduisent pas
moins, en totalité ou en partie, ses observations.

Il en est de même de l'école anglaise contemporaine.
Herbert Spencer, par exemple, est-il bien éloigné de
Condillac? « En comparant, » dit-il, « nos expériences
domestiques aux expériences moins communes, nous
éprouvons combien la répétition des sensations même
faibles produit une grande revivabilité (4)... Les actes
que nous appelons rationnels deviennent automatiques
ou instinctifs par une répétition longtemps continuée...
par une pratique journalière les impressions et les mouvements se sont si bien coordonnés que maintenant
nous les produisons en étant tout préoccupés d'autres
choses ; ils ont plus ou moins passé de l'état rationnel
à l'état automatique (5)... » Condillac, notant cette simultanéité des actes dits volontaires et des actes habituels, allait jusqu'à distinguer « en quelque sorte deux
moi dans chaque homme : le moi d'habitude et le moi
de réflexion (6)... Lorsqu'un géomètre, par exemple, est
fort occupé de la solution d'un problème, les objets continuent encore d'agir sur ses sens. Le moi d'habitude
obéit donc à leurs impressions : c'est lui qui traverse
Paris, qui évite les embarras, tandis que le moi de réflexion est tout entier à la solution qu'il cherche (7). »
M. Bagehot dit qu'on « pourrait définir l'homme un animal coutumier » et que cette définition serait plus exacte
qu'une foule d'autres aussi courtes (8) : et il ne fait que

_____

(1) Félix Ravaisson, *De l'habitude*. Cf. *Rapport sur la philosophie*.
(2) A. Lemoine, *L'habitude et l'instinct*.
(3) Léon Dumont, *De l'habitude*, t. I, p. 321 de la *Revue philosophique*.
(4) H. Spencer, *Princ. de psych.*, t. I, p. 238.
(5) *Id.; ibid.*, t. I, p. 493.
(6) *Traité des animaux*, p. 553.
(7) *Ibid.*, p. 554.
(8) « De quelque manière qu'un homme ait fait une chose pour la première fois, il a une grande tendance à la refaire de telle façon, et, qui

développer ce qui était en germe dans Condillac (1).

A. Bain semble aussi s'inspirer de Condillac quand il insiste sur la ressemblance de l'instinct et de l'habitude et résume pour ainsi dire la question dans ses points principaux (2).

M. Murphy rattache l'association à l'habitude ou, du moins, les ramène à une même loi (3) : il définit l'habitude : « la loi en vertu de laquelle les actions et caractères des êtres vivants tendent à se répéter et à se perpétuer non seulement dans l'individu, mais ses descendants (4). » Mais si sa formule est plus courte et plus compréhensive que celle de Condillac, à l'exception peut-être de la seconde partie, elle ne s'en distingue pas absolument.

La doctrine anglaise se trouve donc encore ici, sur le fond du moins, d'accord avec celle de Condillac. Néanmoins, M. Bagehot met la volonté à l'origine de toutes les habitudes (5), tandis que Condillac, tout en

plus est, il a une grande tendance à la faire faire même par les autres. Il transmet à ses enfants, par ses exemples et par ses leçons, les coutumes qu'il s'est faites. Cela est vrai actuellement de la race humaine, et sera, sans doute, toujours vrai » (Bagehot, *Lois scientif. du développement des nations*, p. 153).

(1) « Ce qu'il y a de particulier dans les sociétés primitives, c'est que la plupart de ces coutumes reçoivent, tôt ou tard, une sanction surnaturelle. La communauté tout entière est dominée par cette idée que, si les usages antiques de la tribu sont violés, des malheurs incalculables fondront sur elle d'une manière qu'on ne peut prévoir, et sans qu'on puisse s'imaginer d'où ils viennent » (*Id., ibid.*).

(2) A. Bain, *Émotions et volonté*, p. 48 : « La dispute sur l'origine instinctive ou acquise de certaines aptitudes semble montrer qu'on peut les considérer sous les deux points de vue. L'imitation, la perception de la distance, la connaissance de l'espace, de la cause et de l'effet, le sentiment moral sont regardés par les uns comme instinctifs, par les autres comme acquis : un troisième parti serait d'admettre qu'ils sont l'un et l'autre. »

(3) « La loi de l'association des idées, qu'on regarde justement comme une loi fondamentale de l'esprit, n'est qu'un cas de la loi d'habitude » (Murphy, *Hab. et int.*, préf., p. VI).

(4) *Ibid.* Cf. Ribot, *Psychol. angl.*

(5) « C'est l'action de la volonté qui produit les habitudes inconscientes; c'est l'effort continuel du commencement qui produit l'accumulation de l'énergie de la fin. C'est le travail silencieux de la première génération

reconnaissant que le premier acte demande un plus grand effort que ceux qui suivent, se contentait de faire naitre les actions instinctives de la réflexion, ce qui, d'ailleurs, suppose un degré plus ou moins élevé de volonté (1).

qui devient l'aptitude transmise de la seconde. Ce ne sont point ici les causes physiques qui engendrent les causes morales, mais bien les causes morales qui créent les causes physiques : ici l'énergie de l'ordre le plus élevé se trouve au commencement, celle de l'ordre inférieur ne préside qu'à la conservation et à la propagation » (Bagehot, *Lois scientifiques*, p. 12).

(1) *Traité des animaux*, p. 555.

CHAPITRE III.

LA VOLONTÉ.

La sensation est le principe du désir : or, quand l'homme a pu plusieurs fois satisfaire un désir et qu'il a intérêt à le satisfaire encore, il fait un plus grand effort d'activité, il veut ; « car on entend par volonté un désir absolu et tel que nous pensons qu'une chose désirée est en notre pouvoir (1). » Mais il ne faut pas confondre la volonté avec l'espérance qui suppose la privation d'un objet, le jugement qu'il nous est nécessaire et que nous l'obtiendrons (2) et non pas la conscience de notre pouvoir. La volonté, au contraire, implique ce jugement : « Je ne dois point trouver d'obstacle, rien ne peut me résister (3), » autrement dit, la croyance en notre activité personnelle : car, il ne faut pas l'oublier, pour Condillac un être est actif ou passif suivant que « la cause de l'effet produit est en lui ou hors de lui (4). » Sans doute, c'est le besoin qui pousse l'homme à agir : mais quand l'expérience l'a instruit, quand il se rappelle les méprises où l'ont jeté sa précipitation et sa légèreté, quand il apprécie les plaisirs à leur juste valeur et « qu'il sent qu'il dépend de lui » d'obtenir les jouissances solides et vraies et d'y sacrifier les fugitives et fausses, alors il apprend à diriger et à vaincre ses pas-

---

(1) *Traité des sensat.*, 1re part., ch. III, p. 97.
(2) *Précis des leçons*, p. xcvii.
(3) *Ibid.*, p. xcviii.
(4) *Traité des sensat.*, 4e part., ch. 1er, p. 359.

sions par la force de la volonté et « il devient libre (1). »

Sa liberté est donc le résultat d'une évolution et Condillac ne confond pas absolument, comme l'a dit Cousin (2), le désir et la volonté. Condillac, il est vrai, dit souvent que le plaisir ou la douleur, le besoin ou le désir déterminent l'action de nos facultés (3), mais il reconnaît le pouvoir de la volonté et même la liberté (4). Mais on ne doit pas s'attendre à voir, dans une théorie associationiste et évolutionniste, la liberté considérée comme un fait surnaturel qui vient tout à coup, par une sorte de création spontanée, s'ajouter tout d'une pièce aux autres facultés : elle s'accroît avec l'intelligence et peut être influencée. La doctrine de Condillac est un déterminisme tempéré (5) : la liberté ne consiste pas dans l'indifférence, « dans des déterminations indépendantes de l'action des objets et de toute influence des connaissances que nous avons acquises... elle consiste dans des déterminations qui, en supposant que nous dépendons toujours par quelque endroit de l'action des objets, sont une suite des délibérations que nous avons faites ou que nous avons eu le pouvoir de faire (6). »

(1) *Traité des sensat.*, 4ᵉ part., ch. Iᵉʳ, p. 359.
(2) « Etrange confusion de la volonté et du désir, où se rencontrent les écoles les plus opposées, Spinoza, Malebranche et Condillac, la philosophie du dix-septième siècle et celle du dix-huitième » (Cousin, *Du vrai, du beau, du bien*, p. 286).
(3) *Traité des sensat.*, p. 73, 82, 90, 343, 355.
(4) « Instruite par l'expérience, dit sa statue, j'examine, je délibère avant d'agir. Je n'obéis plus aveuglément à mes passions, je leur résiste, je me conduis d'après mes lumières, je suis libre et je fais un meilleur usage de ma liberté à proportion que j'ai acquis plus de connaissances » (*Traité des sensat.*, 4ᵉ part., ch. VIII, p. 413).
(5) « Si, de ce que l'homme est libre, on juge qu'il y a souvent de l'arbitraire dans ce qu'il fait, la conséquence sera juste; mais si l'on juge qu'il n'y a jamais que de l'arbitraire, on se trompera. Comme il ne dépend pas de nous de ne pas avoir les besoins qui sont une suite de notre conformation, il ne dépend pas de nous de n'être pas portés à faire ce à quoi nous sommes déterminés par ces besoins, et si nous ne le faisons pas nous en sommes punis » (*Logique*, ch. VI, p. 57. Cf. *Traité des animaux*, p. 626).
(6) *Œuvres*, t. III, *Diss. sur la liberté*, p. 432.

Condillac analyse la liberté et en résume ainsi les éléments : 1ᵉ quelque connaissance de ce que nous devons ou ne devons pas faire; 2° la détermination de la volonté, mais une détermination qui soit à nous et qui ne soit pas l'effet d'une cause plus puissante; 3° le pouvoir de faire ce que nous voulons (1). Ce pouvoir de vouloir, c'est par la conscience que nous le connaissons : c'est un fait sur lequel personne n'a peut-être plus insisté que Condillac (2). C'est sa propre expérience qui confirme à la statue « dans mille occasions qu'elle peut résister à ses désirs et que, lorsqu'elle a fait un choix, il était en son pouvoir de ne pas le faire (3). » N'est-ce pas, avant Cousin, distinguer nettement la volonté du désir qu'elle peut combattre et vaincre (4)? D'ailleurs, il ne s'agit pas d'une question transcendante ou métaphysique, mais de l'existence d'un pouvoir réel, actuel. « Il ne faut pas demander en général si on a le pouvoir de vouloir ou de ne pas vouloir; mais il faut demander si, quand on veut, on a celui de ne pas vouloir, et si, quand on ne veut pas, on a celui de vouloir (5). » Il est incontestable que l'intérêt bien entendu de la statue l'accoutume à résister à ses désirs et la porte souvent à préférer ce qu'elle désirait le moins (6). Elle ne naît pas libre, elle le devient : elle ne veut une chose qu'après l'avoir faite sans le vouloir (7). Le déterminisme absolu compare volontiers la

---

(1) *Traité des animaux*, p. 578.

(2) « Quand la statue est en repos, elle est organisée comme quand elle marchait : il ne lui manque rien de ce qui est nécessaire pour marcher. De même, quand elle est en mouvement, il ne lui manque rien de ce qu'il faut pour rester en repos. Voilà le pouvoir; il emporte deux idées : l'une qu'on ne fait pas une chose, l'autre qu'il ne manque rien pour la faire. Dès que notre statue se connaît un pareil pouvoir, elle se connaît libre : car la liberté n'est que le pouvoir de faire ce qu'on ne fait pas, ou de ne pas faire ce qu'on fait » (*Dissert. sur la liberté*, p. 428).

(3) *Ibid.*

(4) *Du vrai, du beau, du bien*, p. 283.

(5) *Dissert. sur la liberté*, p. 429.

(6) *Ibid.*, p. 426.

(7) *Ibid.*, p. 425.

liberté à une balance qui penche toujours du côté du plateau le plus fort : tel n'est pas tout à fait l'avis de Condillac : il reconnaît que certains motifs, le repentir notamment, peuvent agir sur nos délibérations, mais « la réflexion tient la balance (1) » et nous permet de faire un choix entre les plaisirs.

M. Ribot (2) a traité avec une grande puissance d'observation des maladies de la volonté ; Condillac avait aussi affirmé qu'elle est soumise à l'évolution, qu'elle peut croître et diminuer dans les mêmes rapports que l'intelligence (3). Il conseille de chercher « à acquérir toutes les connaissances nécessaires à notre état, afin de faire le meilleur usage possible de notre liberté (4). » Il avait en outre fait ressortir les illusions ou exagérations de la conscience qui nous portent à croire que toutes nos actions sont libres. Ayant le sentiment de sa liberté, « l'homme, » dit-il, « l'étend à toutes ses actions, et comme il sent qu'il est souvent libre, il croit sentir qu'il l'est toujours (5). »

Ainsi Condillac, tout en rapportant toutes nos opérations au principe unique de la sensation, a non seulement distingué la volonté du désir qui la contient en

(1) *Dissert. sur la liberté*, p. 425 : « Au lieu de chercher l'objet qui offre le plus vif plaisir, la statue observe celui où il y a le plus de plaisir avec le moins de peine et qui, ôtant toute occasion au repentir, peut contribuer au plus grand bonheur. Car le motif qui porte notre statue à délibérer, ce n'est pas de jouir des plus vives sensations, c'est de faire des choix qui ne laissent point de regrets après eux. » Cf. *L'arithmétique morale* de J. Bentham, et *La doctrine utilitaire* de Stuart Mill.

(2) Th. Ribot, *Les maladies de la volonté*.

(3) *Dissert. sur la liberté*, p. 429 : « La délibération suppose de l'expérience et des connaissances : la liberté en suppose donc également... Les connaissances la dégagent peu à peu [la statue] de l'esclavage auquel ses besoins paraissent d'abord l'assujettir... »

(4) *Ibid.*, p. 431.

(5) *Art de raisonner*, p. 53. — Cf. *Ibid.*, p. 55 : « Nous ne donnons à nos actions des motifs qu'elles n'ont pas, que parce que nous voulons nous cacher ceux qui nous déterminent, et nous ne croyons avoir été libres dans le moment où nous n'avons fait aucun usage de notre liberté que parce que notre situation ne nous a pas permis de remarquer le peu de part que notre choix avait à nos mouvements et la force des causes qui nous entraînaient... »

germe, mais encore lui a reconnu la possibilité de devenir libre.

Il n'en est pas de même de James Mill, qui touche à peine à la question (1). Herbert Spencer se rapproche davantage de Condillac, dont il reproduit en grande partie l'analyse. La volition a sa racine dans le désir d'accomplir une action, « dans les impressions faites immédiatement sur les sens ou suggérées plus tard par d'autres impressions, qui font naître certains phénomènes de mouvement appropriés (2)... » « La cessation de l'action automatique et la naissance de la volonté sont une seule et même chose (3). » Mais la volonté, comme la mémoire, la raison et le sentiment, disparaît avec l'habitude (4). Herbert Spencer n'admet pas les opinions courantes sur la liberté et si plusieurs de ses observations, notamment sur l'origine de la volonté, s'accordent avec celles de Condillac (5), il est plus tranchant dans son déterminisme (6).

---

(1) « Sans être absolument muet sur la question du libre arbitre, il l'effleure à peine : le mot n'y est pas même prononcé. Sans doute, une « analyse des phénomènes de l'esprit humain » doit s'en tenir aux faits; mais la liberté, qu'on la considère comme vraie ou comme illusoire, est une question de fait aussi, et il n'est guère possible de la reléguer dans le domaine de la métaphysique » (Ribot, Psych. angl., p. 85).

(2) H. Spencer, Princ. de psych., t. I, p. 521.

(3) Id., ibid., p. 510.

(4) Id., ibid., p. 542.

(5) « Ce que nous appelons volonté n'est qu'un autre aspect du même processus général d'où sont sorties les autres opérations... » (Ibid., p. 537-540; cf. ibid., 542).

(6) « Que chacun ait la liberté de faire ce qu'il désire faire (supposé qu'il n'y ait pas d'empêchement extérieur), c'est ce que tout le monde admet, quoique bon nombre d'opinions confuses supposent que c'est là ce qu'on nie. Mais que chacun ait la liberté de désirer ou de ne pas désirer, ce qui est la proposition réelle impliquée dans le dogme du libre arbitre, c'est ce qui est en désaccord avec la perception interne de chacun, aussi bien qu'avec ce qui a été dit jusqu'à présent... De cette loi universelle que, toutes choses égales d'ailleurs, la cohésion des états psychiques est proportionnée à la fréquence avec laquelle ils se sont suivis l'un l'autre dans l'expérience, résulte comme corollaire inévitable que toute action quelconque doit être déterminée par ces connexions psychiques que l'expérience a engendrées soit dans la vie de l'individu, soit dans cette vie générale antérieure dont les résultats accumulés ont

A. Bain, qui considère la question de la volonté comme la plus délicate peut-être de la psychologie, recherche les *germes instinctifs de la volition* et les trouve, comme Condillac, dans le plaisir et la peine (1). Mais il suit mieux que personne l'évolution de l'acte volontaire, depuis sa racine organique, qui plonge au fond de la spontanéité des centres nerveux, jusqu'à sa forme la plus élevée (2). Il montre comment la volonté soumet peu à peu à sa puissance les organes, les émotions, les pensées ou idées (3). Comme Condillac, il donne pour fonction propre à nos facultés actives « de diminuer autant que possible les maux qui nous menacent de tous côtés et de retenir, d'augmenter par le même moyen nos plaisirs (4). » Il remarque, comme Condillac, l'action de l'intelligence et de l'expérience sur nos déterminations (5), étudie le conflit des motifs soit tous deux actuels, soit l'un actuel et l'autre idéal, soit tous deux idéaux, et il définit la délibération : « Un acte volontaire fait en vue de terminer un conflit entre des motifs opposés ou mêlés (6). » A peu près encore comme Condillac, il regarde le désir comme une forme de volition « où il y a un motif d'action, mais impossibilité de passer de l'idée à l'acte (7). »

A. Bain se rapproche encore de Condillac quand, après avoir critiqué l'abus des mots liberté et nécessité (8), il dit : « La question n'est pas de savoir si ma volonté est

passé dans sa constitution à l'état organique » (H. Spencer, *Princ. de psych.*, t. I, p. 543).

(1) A. Bain, *Sens et intell.*, p. 259, 268 ; *ibid.*, p. 370, 371.

(2) *Id.*, *Emotions et volonté*, p. 14 ; *ibid.*, p. 309.

(3) *Id.*, *ibid.*, 2ᵉ part., ch. II et III.

(4) *Id.*, *ibid.*, p. 373.

(5) « L'intervention de l'intelligence fait d'un mal qui approche un stimulant aussi effectif que le serait le mal réel et présent... Plus notre intelligence nous aide à entrevoir les conséquences d'un acte, plus un état idéal se rapproche, par son action sur notre volonté, d'un état réel » (*ibid.*, p. 377).

(6) *Ibid.*, p. 395, 396, 398, 405.

(7) *Ibid.*, p. 411.

(8) *Ibid.*, p. 467, 468, 471.

libre, mais bien si l'action est mienne ou si elle n'appartient pas plutôt à une autre personne dont je ne suis que l'instrument. L'expression courante « il n'a pas de volonté » est exacte : elle suppose que c'est une puissance extérieure qui dirige l'individu (1)... » « Chercher le plaisir, éviter la souffrance, voilà les faits suprêmes, les types de l'exercice de la volonté (2). » Il reproduit enfin presque Condillac quand il dit : « Il est évident que la grande masse de nos actions volontaires ont des antécédents qu'on peut découvrir et noter, et l'on suppose qu'il en est de même pour le tout... de quelque côté que nous nous tournions, nous ne pouvons échapper à la loi qui donne des motifs pour antécédents de nos actes volontaires et, si nous semblons nous y soustraire par un point, c'est pour toujours y obéir en réalité (3). »

En résumé donc, tout en étant plus scientifique et plus nettement déterministe, le système de Bain a, par beaucoup d'endroits, des rapports avec celui de Condillac. Tous deux, fidèles au principe associationiste, s'accordent aussi au fond avec Stuart Mill, qui veut substituer au mot vague de nécessité la loi de causation (4) et qui, réfutant la doctrine qui absorbe dans le matérialisme le système de la prétendue nécessité, lui oppose les noms de Leibniz, de Condillac, de Brown. « Tous trois, » dit-il, « croyaient l'homme un être spirituel, indépendant de la matière, mais soumis, quant à ses actions et sous d'autres rapports, à la loi de causalité ; ils pensaient que ses volitions n'ont pas leurs causes en elles-mêmes, mais qu'elles sont déterminées par des antécédents spirituels (des désirs, des associations d'idées, etc., qui tous sont spirituels, si l'esprit est spirituel), de sorte que lorsque les antécédents sont les mêmes, les volitions sont toujours les mêmes (5). »

(1) A. Bain, *Emotions et volonté*, p. 472.
(2) Id., *ibid*.
(3) *Ibid.*, p. 477 ; cf. p. 474, 475, 476.
(4) Stuart Mill, *Logique*, liv. VI, ch. I et II.
(5) Stuart Mill, *Examen de la philosophie de Hamilton*, ch. XXVI,

Stuart Mill rejette absolument le témoignage de la conscience, que Condillac avait regardé comme quelquefois trompeur, mais il s'exprime à peu près dans les mêmes termes. « Avoir conscience du libre arbitre signifie avoir conscience, avant d'avoir choisi, d'avoir pu agir autrement. On peut *in limine* blâmer l'emploi du mot conscience avec une telle acception. La conscience me dit ce que je fais ou ce que je sens. Mais ce que je suis capable de faire ne tombe pas sous la conscience... Nous ne savons jamais que nous sommes capables de faire une chose qu'après l'avoir faite ou qu'après avoir fait quelque chose d'égal ou de semblable. Nous ne saurions pas du tout que nous sommes capables d'agir, si nous n'avions jamais agi. Quand nous avons agi, nous savons, dans les limites de cette expérience, comment nous sommes capables d'agir et, quand cette connaissance est devenue familière, elle est souvent confondue avec la conscience et en reçoit le nom... Si la prétendue conscience de ce que nous pouvons faire n'est pas née de l'expérience, elle n'est qu'une illusion (1)... »

---

p. 540; cf. p. 549 : « Une volition est un effet moral qui suit ses causes morales aussi certainement et aussi invariablement qu'un effet physique suit ses causes physiques. »

(1) Stuart Mill, *Examen de la philosophie de Hamilton*, p. 551; cf. *ibid.*, p. 554 : « Quand nous supposons que nous aurions agi autrement que nous avons fait, nous supposons toujours une différence dans les antécédents. Nous feignons d'avoir connu quelque chose que nous n'avons pas connu ou de n'avoir pas connu quelque chose que nous avons connu, c'est-à-dire une différence dans les sollicitations externes, ou d'avoir désiré quelque chose ou d'avoir réprouvé quelque chose plus ou moins que nous n'avons fait, ce qui constitue une différence dans les sollicitations internes. » Et, pour conclure, p. 556 : « Je conteste donc absolument que nous ayons conscience d'être capables d'agir contrairement au désir le plus fort qu'à l'aversion la plus forte que nous éprouvons au moment de l'action. La différence entre un homme méchant et un homme bon ne consiste pas en ce que le dernier n'agit pas en opposition avec ses désirs les plus vifs, mais en ce que son désir de faire le bien et son aversion pour le mal sont assez forts pour vaincre, et, si sa vertu est parfaite, pour réduire au silence tout autre désir ou toute autre aversion contraires. »

On voit par là que Stuart Mill n'avait pas, sur ce point du moins, qui avait peu préoccupé son père, oublié complètement la lecture des œuvres de Condillac.

CHAPITRE IV.

LA MORALITÉ DES ACTES.

A la question de la volonté se rattache naturellement celle de la moralité de nos actes. Suivant Condillac, les idées morales ont la même origine que les autres, c'est-à-dire la sensation (1). « La vertu consiste dans l'habitude des bonnes actions, comme le vice consiste dans l'habitude des mauvaises. Or, ces habitudes et ces actions sont visibles. Mais la moralité des actions est-elle une chose qui tombe sous les sens? Pourquoi n'y tombe-rait-elle pas? Cette moralité consiste uniquement dans la conformité de nos actions avec les lois : or, ces actions sont visibles, et les lois le sont également, puis-qu'elles sont des conventions que les hommes ont fai-tes (2). » Nous sommes, comme on le voit, bien loin de la morale intuitive, et bien près, au contraire, des doc-trines modernes de l'association et de l'évolution. Mais, dira-t-on, les lois étant des conventions, sont arbitrai-res (3). Condillac répond lui-même à l'objection. Ces lois ne sont pas seulement notre ouvrage, mais aussi celui de la nature : c'est-à-dire qu'elles dérivent de notre

---

(1) *Logiq.*, 1re partie, ch. VI, p. 56. « Elles paraissent échapper aux sens : elles échappent, du moins, à ceux de ces philosophes qui nient que nos connaissances viennent des sensations. Ils demanderaient vo-lontiers de quelle couleur est la vertu, de quelle couleur est le vice. »
(2) *Ibid.*, p. 56.
(3) *Ibid.*, p. 57.

organisation (1) et peuvent se modifier avec elle, suivant les circonstances et les milieux. Il n'y a donc pas une si grande opposition qu'on l'a dit (2) entre l'opinion de Condillac et la célèbre définition de Montesquieu : mais Condillac reste conséquent avec son principe associationiste.

Assurer le bonheur de l'individu et de l'espèce, telle est la fin des lois. « L'expérience ne permet pas aux hommes d'ignorer combien ils se nuiraient si chacun, voulant s'occuper de son bonheur aux dépens de celui des autres, pensait que toute action est suffisamment bonne dès qu'elle procure un bien physique à celui qui agit (3). » Par l'observation et la réflexion, c'est-à-dire avec l'évolution de l'intelligence, ils sentent de plus en plus combien il leur est nécessaire de se donner des secours mutuels (4). C'est la loi de solidarité (5), qui aura pour corollaire celle de la division du travail, sur laquelle nous reviendrons plus loin (6). Les hommes s'engagent donc réciproquement : « ils conviennent de ce qui sera permis ou défendu, et leurs conventions sont autant de lois auxquelles les actions doivent être subordonnées : c'est là que commence la moralité (7). » Notons toutefois que Condillac donne à cette loi naturelle, qui dérive de nos facultés et que nous découvrons par notre raison, Dieu pour principe (8). Mais il expli-

---

(1) *Logiq.* « Il peut y en avoir d'arbitraires, il n'y en a même que trop; mais celles qui déterminent si nos actions sont bonnes ou mauvaises ne le sont pas et ne peuvent pas l'être. Elles sont notre ouvrage parce que ce sont des conventions que nous avons faites; cependant nous ne les avons pas faites seuls : la nature les faisait avec nous, elle nous les dictait et il n'était pas en notre pouvoir d'en faire d'autres. Les besoins et les facultés de l'homme étant donnés, les lois sont données elles-mêmes. »

(2) H. Martin, *Histoire de France*, t. XVI.

(3) *Traité des animaux*, p. 587.

(4) *Ibid.*

(5) Sur la solidarité, voir le livre de M. Marion, *La solidarité morale.*

(6) Voir 2ᵉ partie, ch. III.

(7) *Traité des animaux*, p. 587.

(8) *Ibid.*, p. 588. « Il n'est point d'hommes qui ignorent absolument cette loi, car nous ne saurions former une société, quelque imparfaite

que dans quel sens il faut entendre que Dieu soit dans le vrai notre seul législateur : c'est qu'il nous a créés avec telles facultés et tels besoins (1) : si nous ne faisons pas ce à quoi ils nous déterminent, nous en sommes punis (2).

La loi naturelle est donc la conformation de nos actions à nos besoins, et les idées de vertu, de vice, de principes de morale sont abstraites des données sensibles, comme celles de couleur, de son, d'odeur, etc., comme celle de triangle d'une surface triangulaire (3), etc. C'est de la même façon qu'Herbert Spencer, dans sa morale évolutionniste, explique la genèse du sentiment d'obligation morale, du devoir (4). Pour lui, comme pour Condillac, la fin de nos actions morales est un plaisir ou la fuite de la douleur (5). C'est à peu près les termes de Condillac qu'il reproduit, quand il définit, au point de vue sociologique, la morale : « une explication définie des formes de conduite qui conviennent à l'état de société, de telle sorte que la vie de chacun et de tous puisse être la plus complète possible, à la fois en longueur et en largeur (6). » La loi de solidarité, la coopération et par suite le développement social ont pour

qu'elle soit, qu'aussitôt nous ne nous obligions les uns à l'égard des autres. S'il en est qui veulent la méconnaître, ils sont en guerre avec toute la nature, ils sont mal avec eux-mêmes et cet état violent prouve la vérité de la loi qu'ils rejettent et l'abus qu'ils font de leur raison » (*Ibid.*, p. 589).

(1) *Logique*, ch. VI, p. 57.
(2) *Id., ibid.*
(3) *Art de penser*, 1re part., ch. VIII, p. 95, 96.
(4) « D'où vient le sentiment du devoir considéré comme distinct des sentiments particuliers qui nous portent à la tempérance, à la prudence, etc.? C'est un sentiment abstrait engendré d'une manière analogue à celle dont se forment les idées abstraites. L'idée de la couleur a primitivement un caractère entièrement concret qui lui est donné par un objet qui a une couleur, comme nous le montrent certains noms qui n'ont subi aucune modification, tels que orange et violet... C'est ainsi que se produit le sentiment de l'obligation morale ou du devoir » (H. Spencer, *Morale évolut.*, p. 107-109).
(5) H. Spencer, *Ibid.*, p. 38.
(6) *Ibid.*, p. 115.

condition « à l'origine l'observation des contrats qui sont implicitement sinon expressément conclus (1) » et qui sont complétés plus tard par une convention volontaire (2). Il insiste après Condillac sur l'origine expérimentale de la morale (3) et soutient que les lois, au lieu de précéder et de fixer par avance la conduite, ne sont qu'une règle dérivée de nos besoins (4).

C'est aussi à des faits sensibles que, tout en différant sur quelques points, Bain associe le sentiment moral. Il croit que la véritable signification des mots « moralité, devoir, obligation, droit, bien, leur est assignée par une série d'actes soumis à la sanction de la punition (5). » Cette sanction obligatoire est imposée par les lois et la société (6). Il n'y a pas dans la nature humaine une faculté distincte du bien et du mal (7). C'est des rapports des hommes entre eux, de leurs besoins mutuels, que sort la moralité : elle est naturelle à l'homme comme l'est le langage (8). Le sentiment de l'obligation sous ses formes les plus diverses a son origine « dans la constitution, l'expérience ou l'éducation de 'chaque individu (9). » Les lois enfin n'ont été éta-

---

(1) H. Spencer, *Morale évolut.*, p. 123.

(2) *Ibid.*

(3) *Ibid.*, p. 52. Cf. *ibid.*, p. 33, 37, 222 : « Le bien et le mal, tels que nous les concevons, ne peuvent exister que par rapport aux actes d'êtres capables de plaisirs et de peines, l'analyse nous ramenant aux plaisirs et aux peines comme éléments qui servent à former ces conceptions. »

(4) « N'est-il pas vrai que, si la législation prescrit certains actes qui ont naturellement de bons effets, et en défend d'autres qui ont naturellement des effets funestes, ces actes ne tiennent pas de la législation leurs caractères, mais que la législation emprunte, au contraire, son autorité aux effets naturels de ces actes » (H. Spencer, *Morale évolut.*, p. 46).

(5) *Emotions et volonté*, p. 255.

(6) *Id.*, *ibid.*

(7) « Une puissance instinctive de déterminer ce qui est bien et ce qui est mal..., une faculté spéciale analogue à l'un de nos sens... » (Bain, *Emot. et vol.*, p. 259-262.)

(8) *Ibid.*, p. 263 : « Elle est naturelle comme le langage : tous deux naissent de la situation sociale. » (Cf. p. 270.)

(9) *Ibid.*, p. 277 : « Tout ce que nous entendons par autorité de la conscience, sentiment de l'obligation, sentiment du bien, aiguillon du remords, n'est pas autre chose que de nombreuses manières d'exprimer

blies qu'en vue d'assurer le bonheur de tous et de chacun (1).

La psychologie anglaise contemporaine reproduit donc encore sur cette question les idées de Condillac qui, avant elle, faisait reposer l'approbation morale sur l'association de nos actes avec le plaisir qui en est la conséquence. Avant elle, il avait remarqué l'évolution de la moralité et l'influence de l'éducation (2) et montré que le bonheur des peuples comme de l'individu est en raison de leurs lumières. Cette identité de la vertu et du bonheur, il la résume en quelques mots : « nous n'avons qu'à remplir nos devoirs, nous nous trouverons bien comme nous sommes (3). »

On voit donc que si Condillac n'a pas déterminé les lois de l'évolution sociale, il en a au moins conçu la notion et posé le principe.

l'aversion acquise, la crainte que nous inspirent certaines actions associées dans l'esprit avec les conséquences que nous savons. » (Ibid., p. 276.)

(1) « La majorité, dans chaque communauté, adopte certaines règles comme nécessaires à la conservation et au bien-être commun. Elle constate qu'il y va non seulement de ses intérêts, mais encore de son existence même, si ces quelques règles sont mal observées » (Ibid., p. 453).

(2) Hist. anc., t. IX, p. 3.

(3) Ibid., t. X, p. 279.

CHAPITRE V.

LES SIGNES ET LE LANGAGE.

La loi morale, a dit Bain, est naturelle à l'homme, comme le langage. Le langage est un mode de la pensée et de l'activité motrice qui tient une grande place dans la philosophie condillacienne. Cette partie du système de Condillac ayant été maintes fois reprise et discutée, nous nous contenterons d'indiquer en quoi elle se rapproche des théories anglaises contemporaines.

Notons d'abord que sur cette question Condillac se sépare entièrement de Hume. M. Compayré l'a remarqué avec raison : « L'intervention du signe a été trop négligée par Hume. C'est une des grandes lacunes de sa psychologie que l'omission de toute étude sur le langage (1). » M. Ribot, qui rappelle les travaux de Leibniz, Locke, Condillac et leurs disciples, qui compare la grammaire générale de James Mill à celle de Condillac et de Destutt de Tracy, ne fait aucune mention de Hume (2). Quant à M. Taine, c'est aussi à Condillac,

(1) « S'obstinant à ne voir dans l'esprit qu'un ensemble isolé de phénomènes, il n'a cherché ni les rapports de notre pensée avec le cerveau, ni les liens qui l'unissent avec les signes. Il a dédaigné de marcher dans des voies que Locke et Berkeley lui avaient cependant ouvertes, où Condillac s'est engagé avec une imprudence qui l'a mené trop loin, mais où une sage psychologie trouverait à recueillir une foule d'observations utiles. Il nous semble, quant à nous, que lorsque l'image, lorsque le souvenir sensible fait entièrement défaut, un mot est indispensable pour que notre pensée abstraite se développe » (G. Compayré, *Philosophie de David Hume*, p. 108).

(2) Ribot, *Psych. angl. cont.*, p. 3; cf. p. 59 : « Depuis Aristote qui

— on ne s'en étonnera pas, — qu'il fait remonter la tendance des psychologues modernes à étudier les rapports des signes et de la pensée. Facultés, raison, volonté, autant d'entités, dit-il, dont on n'a fait qu'une science de mots. « Laissons-là les mots, étudions les événements, seuls réels, leurs conditions, leurs dépendances, et certainement, en reprenant le sentier ouvert par Condillac, rouvert par James Mill et ses successeurs anglais, nous arriverons par degrés à faire une science de choses et de faits (1). »

Si Condillac a eu sur ce point un autre précurseur que Locke en Angleterre, c'est Berkeley, qu'il cite d'ailleurs plusieurs fois. Mais, quand il publia son *Essai sur l'origine des connaissances humaines*, avait-il lu les œuvres de l'évêque de Cloyne ou du moins l'*Essai sur une nouvelle théorie de la vision*, qui parut en 1709? se contentait-il du témoignage de Voltaire, qui l'appelle comme lui Barclai? La dernière hypothèse semble vraisemblable, d'après le texte d'abord (2) et d'après un passage de Diderot, cité dans notre introduction (3), où l'auteur de la *Lettre sur les aveugles* recommande à Condillac la lecture des *Dialogues d'Hylas et de Philonoüs*. On ne saurait dire si dans l'intervalle qui sépare l'*Essai* et le *Traité des systèmes* du *Traité des sensations*, où le célèbre idéaliste anglais est encore cité sous le nom de Barclai, Condillac lut les dialogues, traduits en 1750 : quoi qu'il en soit, la similitude générale des deux systèmes, signalée par Diderot à Mme de Puisieux, apparaît au moins

disait : « nous ne pensons pas sans images, et ce sont des images que les mots » jusqu'au groupe presque contemporain des idéologues, l'école sensualiste a compris de tout temps l'importance du langage. James Mill est de leur école sur ce point : sa grammaire générale ressemble à celle de Condillac et de Destutt de Tracy. »

(1) II, Taine, *De l'intelligence*, t. I, p. 185.

(2) *Essai sur l'orig.*, p. 240 : « M. de Voltaire, célèbre par quantité d'ouvrages, rapporte et approuve le sentiment du docteur Barclai, qui assurait que ni situations, ni distances... ne seraient discernées par un aveugle-né dont les yeux recevraient tout à coup la lumière. »

(3) Voir *Introd.*, p. 9.

au sujet de l'emploi des mots. « La seule chose que je fasse ou prétende faire, » dit Berkeley, « c'est d'écarter le nuage ou le voile des mots. Ce sont eux qui ont causé l'ignorance et la confusion. Ils ont amené la perte des savants et des mathématiciens, des législateurs et des prêtres... Si les hommes pouvaient penser sans les mots, ils seraient pour toujours affranchis de l'erreur, excepté en matière de faits (1). »

Les signes, dit Condillac, sont le seul moyen par lequel les idées se lient entre elles (2) : l'usage des signes est le principe qui développe le germe de toutes les idées (3). Laissant de côté les discussions souvent renouvelées sur ce qu'on a appelé les paradoxes de Condillac (4), c'est à cette partie dominante de son système, à ce qui se rapporte à la théorie de l'association et de l'évolution, que nous nous attacherons ici.

L'importance des signes, sinon d'un langage parlé, du moins d'un langage d'action, d'un mode quelconque d'expression physique, est reconnue par tous les psychologues contemporains (5). Les signes ou les mots, comme le dit M. Taine, sont les substituts des choses : ils sont les représentants de l'idée, de la sensation qui la précède et qui suppose elle-même l'organisation naturelle (6). La Harpe avait aussi bien compris la doctrine

(1) Voir Penjon, *Berkeley*, p. 24.
(2) *Essai sur l'orig.*, Introd., p. 9.
(3) *Ibid.*, p. 16.
(4) Laromiguière, *Les paradoxes de Condillac*.
(5) « Nous ne pouvons penser sans les mots. Penser, c'est juger; juger, c'est abstraire ou généraliser, et ces opérations ont besoin du signe. Le signe est une espèce d'image, un substitut d'image, dépendant du cerveau, comme le prouvent l'aphasie et toutes les maladies de la mémoire qui nous ôtent l'usage du signe. Les réflexions les plus abstraites, en tant qu'elles sont liées aux signes, supposent donc un état cérébral correspondant. (Nous pouvons penser sans langage, mais non sans un certain mode d'expression physique. La fameuse Laura Bridgmann remuait toujours les doigts pendant ses rêves et pendant ses réflexions à l'état de veille. Maudsley, p. 417.) » (Ribot, *Hérédité*, p. 367).
(6) H. Taine, *Intellig.*, t I, p. 281 : « Au moyen de cette correspondance, de cette répétition et de ce remplacement, les faits du dehors, présents, passés, futurs, particuliers, généraux, simples, complexes, ont

de Condillac quand il la résumait ainsi : « Les mots sont d'une si grande nécessité qu'ils tiennent, pour ainsi dire, dans notre esprit, la place que les objets occupent au dehors (1). »

Pour Condillac donc, les signes sont le principal instrument de la liaison des idées, depuis les plus simples jusqu'aux plus complexes et aux plus élevées ; tout le monde sait combien l'emploi des chiffres contribue à la facilité du calcul et à la formation des nombres les plus grands (2). Sans signe, on ne peut avoir une idée claire et déterminée des nombres. On ne comprend pas ce que peut être le *nombre pur* de Malebranche : c'est un préjugé dans lequel sont tombés les Platoniciens, saint Augustin et tous les partisans des idées innées, que le nombre conçu par *l'entendement pur* est supérieur à ceux qui tombent sous les sens (3). Nous pouvons, en ajoutant l'unité à elle-même et aux nombres ainsi formés successivement, nous élever, grâce à des signes bien déterminés, à dix, cent, mille, avoir de ce dernier nombre, par l'analyse des éléments dont il est formé, une idée claire : telle est, par exemple, l'avantage du système décimal (4). Même si nous ne voulions calculer que pour nous, nous aurions besoin de signes. Qu'y a-til, en effet, au fond de ces compositions de nombres? Association par contiguïté ou ressemblance. Cette néces-

leurs représentants internes, et ce représentant mental est toujours le même événement interne plus ou moins composé, répété et déguisé. »

(1) Laharpe, *Lycée*, éd. Didot, p. 300. Cf. Condillac, *Essai*, p. 181.

(2) *Art de penser*, ch. VI, p. 61 : « Locke parle de quelques Américains qui ne pouvaient avoir l'idée du nombre mille, parce qu'ils n'avaient imaginé des noms que pour compter jusqu'à vingt. » — Cf. *ibid*., p. 62, note, où Condillac cite le témoignage de La Condamine parlant d'une peuplade dont le calcul ne pouvait s'élever au delà du nombre trois, à cause du mot qu'ils avaient adopté pour désigner ce nombre (*poellar rarorincourac*). « Ce peuple ayant commencé d'une manière aussi peu commode, il ne lui était pas aisé de compter au delà. On ne doit donc pas avoir de la peine à comprendre que ce fussent là, comme on l'assure, les bornes de son arithmétique. »

(3) *Ibid*., p. 63, note.

(4) *Ibid*., p. 65.

sité des signes ne se remarque pas seulement dans
l'arithmétique, mais dans toutes les sciences : les mots
sont aux idées ce que les chiffres sont aux nombres.
« Pourrions-nous jamais réfléchir sur la métaphysique et
sur la morale, si nous n'avions inventé des signes pour
fixer nos idées à mesure que nous avons formé de nouvelles collections (1)? »

Ces idées de Condillac, si longtemps combattues, sont
aujourd'hui acceptées par ceux qui admettent les conclusions de la psychologie anglaise contemporaine, au
moins dans sa partie expérimentale. C'est ce qu'exprime
parfaitement M. Taine, qui a combiné les résultats de
cette psychologie et la doctrine de Condillac, quand il
dit : « pour ce qui est des pures idées et de leurs rapports avec les noms, le principal secours a été fourni
par les noms de nombre et, en général, par les nota-
tions de l'arithmétique et de l'algèbre : on a pu ainsi
retrouver une grande vérité devinée par Condillac et qui
depuis cent ans demeurait abattue, ensevelie et comme
morte, faute de preuves suffisantes (2). »

« Il ne peut, » dit Condillac, « rien y avoir qui
réunisse dans l'esprit plusieurs unités que le nom même
auquel on les a attachées (3). » C'est sur cette liaison

---

(1) *Art de penser*, p. 66; cf. Compayré, *Phil. de Hume*, p. 108 : « Je ne
puis penser l'*infini* sans que les trois syllabes dont ce mot se compose se
représentent à mon esprit, soit sur le papier où il est écrit, soit par une
vague apparition mentale. Si le mot infini ne se présente pas lui-même,
ce seront, du moins, d'autres signes équivalents : Dieu, l'être parfait.
Que chacun s'interroge sur ce point : nous croyons fermement que tout
effort de pensée abstraite, si haut qu'il place son objet, est soumis à
cette condition nécessaire d'une représentation sensible, quelle qu'elle
soit d'ailleurs; et que notre esprit, pour ainsi dire, ne peut prendre son
vol dans les régions métaphysiques qu'en restant, par une partie de lui-
même, appuyé sur les réalités empiriques. »

(2) Taine, *Intell.*, préface, p. 6.

(3) *Essai*, 1re part., sect. IV, ch. 1er, p. 177; cf. Taine, *Intell.*, p. 66 :
« Si loin que nous allions, nous retombons toujours sur des noms.
Il semble que les choses les plus éloignées de notre expérience et les
plus inaccessibles à toute expérience nous soient présentes; ce qui nous
est présent, c'est un nom substitut d'un caractère abstrait qui, lui-même,
est le substitut de la chose, souvent à travers plusieurs intermédiaires,

des idées non seulement entre elles mais avec les signes que ce précurseur de l'associationisme revient sans cesse ; « fious avons besoin d'imaginer des signes qui servent de lien aux différentes collections d'idées simples... Nos notions ne sont exactes qu'autant que nous avons inventé avec ordre les signes qui doivent les fixer... nous ne pouvons réveiller nos idées qu'autant qu'elles sont liées à quelques signes (1)... » La différence des esprits dépend de la manière d'associer les idées et de l'emploi des signes (2). Le rapport du signe à la chose signifiée est si étroit que les esprit supérieurs eux-mêmes, sans l'usage des caractère et de la parole, seraient privés d'un grand nombre d'idées accessibles même, grâce à eux, aux hommes vulgaires (3). Condillac proclame donc « l'absolue nécessité des signes » et reproche à Wolf de l'avoir méconnue (4) : ce reproche, il n'aurait sans doute pas manqué de l'adresser aussi à Hume, s'il avait lu ses écrits. Toute naturelle que soit l'analyse, elle ne peut, sans les signes, aboutir qu'à des connaissances bornées et fugitives : sans eux en effet, il est impossible de classer, d'ordonner les idées, de s'élever à des conceptions théoriques (5).

« C'est seulement quand elle revêt la forme du langage que la connaissance peut être assujettie aux méthodes et aux règles de la logique (6) : » Ainsi s'exprime A. Bain qui, reconnaissant aussi le double rôle du langage, semble pourtant lui donner comme première origine le besoin de communiquer avec nos semblables (7).

jusqu'à ce que, par une série d'équivalents, la chaîne rejoigne l'objet lointain que directement nous n'atteignons pas. »

(1) *Essai*, 1ʳᵉ part., sect. IV, ch. 1ᵉʳ, p. 183-199.

(2) *Ibid.*, p. 185 : « Les matériaux sont les mêmes chez tous les hommes ; mais l'adresse à se servir des signes varie ; et de là l'inégalité qui se trouve parmi eux. »

(3) *Ibid.*, p. 185.

(4) *Ibid.*, p. 207.

(5) *Traité des sensat.*, 2ᵉ part., ch. VIII, p. 232.

(6) Bain, *Logique*, t. I, p. 66.

(7) « Le mot doit être défini d'abord : le signe attaché à un objet afin

Condillac avait recommandé le bon usage des mots pour éviter l'erreur : il ne faut, disait-il, que savoir nous servir de la langue que nous parlons (1) ; il n'y a de confusion dans la métaphysique et la morale que parce que les mots y sont mal déterminés (2). Stuart Mill (3), A. Bain (4) et Herbert Spencer (5) ne parlent guère autrement ; la psychologie anglaise contemporaine est d'accord avec Condillac sur les rapports du langage avec la pensée. Quant à la question de l'origine et de l'évolution du langage, nous la renvoyons à la seconde partie.

qu'on puisse parler de cet objet. Lorsqu'on donne un nom à un objet, le but que l'on poursuit d'abord est de rendre possible la communication de la pensée et la conversation. Une fois inventés, les mots jouent subsidiairement un autre rôle : ils assistent le penseur solitaire en lui permettant de se rappeler, de préciser, de disposer ses pensées » (A. Bain, *Logique*, t. I, p. 70).

(1) *Art de penser*, 2ᵉ part., ch. Iᵉʳ, p. 186.

(2) *Ibid.*, p. 199.

(3) « Le langage est un instrument qui nous sert autant pour penser que pour communiquer nos pensées » (Stuart Mill, *Logique*, t. I, p. 12). — « La logique est une partie de l'art de penser. Le langage est évidemment et, de l'aveu de tous les philosophes, un des principaux instruments ou aides de la pensée, et une imperfection dans l'instrument ou dans la manière de s'en servir doit, plus que dans tout autre art, embarrasser et entraver son opération et ôter toute confiance à ses résultats » (*Ibid.*, p. 16).

(4) « De l'emploi des mots dérivent un grand nombre d'erreurs : les mots, pour ainsi dire, tendent des pièges à la pensée. Or, une des fonctions les plus importantes de la logique est de nous mettre en garde contre ces erreurs » (Bain, *Logique*, t. I, p. 69).

(5) « C'est à la lettre qu'il faut voir dans le langage un obstacle pour la pensée, en même temps qu'un instrument indispensable » (H. Spencer, *Essais de morale*, t. I, p. 330.

SECTION VI.

PSYCHOLOGIE DE L'ANIMAL.

Un des procédés auxiliaires d'information que la psychologie expérimentale contemporaine a heureusement appliqués, c'est l'étude de l'animal et de ses ressemblances ou différences avec l'homme. Cette partie de la psychologie comparée avait attiré l'attention de Condillac qui en montre l'importance et la méthode dans son *Traité des animaux* (1), publié en 1755, en réponse à Buffon, et qui est le complément du *Traité des Sensations* (2).

On a reproché à Condillac que « les bêtes qu'il se vante d'avoir regardées se ressemblent trop entre elles et ressemblent trop à l'homme (3), » mais il est resté dans ce livre fidèle au principe de l'association qu'il a partout développé, et à celui de l'évolution qu'il a entrevu. Il a d'abord on ne peut mieux montré l'utilité de la méthode comparative, pratiquée de nos jours avec tant de succès. « Il serait peu curieux, » dit-il, « de savoir ce que sont les bêtes, si ce n'était pas un moyen de connaître mieux ce que nous sommes... Cependant il ne faut pas s'imaginer qu'en nous comparant avec elles, nous puissions jamais comprendre la nature de notre être ; nous n'en pouvons découvrir que les facultés et la voie de

---

(1) « Petit livre d'allure vive et spirituelle » (Ch. Lévêque, *Revue des Deux-Mondes*, 15 juillet 1876). — « Autant les considérations développées par Buffon sont majestueuses, graves, et aussi, il faut bien le dire, pénibles et embarrassées, autant la discussion de Condillac est alerte et aisée » (*Ibid.*).

(2) « Le *Traité des animaux* et le *Traité des sensations* s'éclairent mutuellement » (Condillac, *Traité des animaux*, p. 443).

(3) Ch. Lévêque, *Revue des Deux-Mondes*, 15 juillet 1876.

comparaison peut être un artifice pour les soumettre à
nos observations (1)... » Il n'a pas, comme Buffon, la
prétention de découvrir « la nature des animaux (2) ; »
il se contente « d'observer les facultés de l'homme
d'après ce qu'il sent et de juger de celles des bêtes par
analogie (3) ; » les facultés d'ailleurs, nous le savons, ne
sont pour lui, comme pour M. Taine, que le résultat des
inférences tirées de l'observation des faits.

Nous ne rappellerons pas ici la critique que fait Condillac de l'automatisme cartésien (4) : nous n'avons d'autre objet que sa théorie personnelle, ses hypothèses ou
tentatives d'explication plus ou moins admises ou justifiées par l'école anglaise contemporaine.

N'est-ce pas l'évolution que l'on trouve en germe dans
les lignes suivantes : « Nous voyons des corps dont le
cours est constant et uniforme : ils ne choisissent point
leur route, ils obéissent à une impulsion étrangère ; le
sentiment leur serait inutile, ils n'en donnent d'ailleurs
aucun signe ; ils sont donc soumis aux seules lois du
mouvement. D'autres corps restent attachés à l'endroit
où ils sont nés ; ils n'ont rien à rechercher, rien à fuir.
La chaleur de la terre suffit pour transmettre dans toutes leurs parties la sève qui les nourrit ; ils n'ont point
d'organes pour juger de ce qui leur est propre ; ils ne
choisissent point, ils végètent. Mais les bêtes veillent
elles-mêmes à leur conservation ; elles se meuvent à
leur gré ; elles saisissent ce qui leur est propre, rejettent, évitent ce qui leur est contraire ; les mêmes sens
qui règlent nos actions paraissent régler les leurs. Sur
quel fondement pourrait-on supposer que leurs yeux ne
voient pas, que leurs oreilles n'entendent pas, qu'elles
ne sentent pas, en un mot (5) ? »

Ici, comme dans toute sa philosophie, Condillac veut

(1) *Traité des animaux*, p. 443.
(2) *Ibid.*, p. 445.
(3) *Ibid.*, p. 446.
(4) *Ibid.*, p. 447-451.
(5) *Ibid.*, p. 452-453.

allier la méthode subjective et la méthode objective, les
données de la conscience à celles de l'observation extérieure. Ennemi des généralisations systématiques, il attaque ceux qui « se piquent plus de généraliser que
d'observer (1). » Sans doute il ne croit pas arriver à la
preuve démonstrative (2), mais, raisonnant par analogie,
en s'appuyant sur le principe d'association, il n'admet
pas qu'il suffise de dire, comme les Cartésiens, « que
Dieu peut former des automates qui feraient par un mouvement machinal ce que je fais moi-même avec réflexion (3), » et il affirme qu'il y a autre chose dans les
bêtes que du mouvement (4) : elles sentent, et, si elles
sentent, elles sentent comme nous (5) : car « sentir signifie proprement ce que nous éprouvons lorsque nos
organes sont remués par l'action des objets (6), » et
« avoir du plaisir ou de la douleur est autre chose que
se mouvoir à l'occasion d'un choc (7). » Ce n'est pas
tout : il ne peut y avoir deux espèces de sensations,
les unes spirituelles, les autres corporelles. C'est là une
distinction que Condillac ne peut comprendre. « Je ne
sens pas, » dit-il, « d'un côté mon corps et de l'autre
mon âme : toutes mes sensations ne me paraissent que
les modifications d'une même substance (8). » Mais si la
sensation est en elle-même le fait ultime et irréductible,
il ne s'ensuit pas qu'elle soit identique dans ses modes
chez tous les individus, que les mêmes objets fassent
sur tous les mêmes impressions, que ces impressions ne
varient pas dans le même individu. Il n'est pas néces-

(1) *Traité des animaux*, p. 451.
(2) « Quand il s'agit de sentiment, il n'y a d'évidemment démontré,
pour nous, que celui dont chacun a conscience. Mais parce que le sentiment des autres hommes ne m'est qu'indiqué, sera-ce une raison pour
le révoquer en doute? » (*Ibid.*, p. 453.)
(3) *Ibid.*, p. 453.
(4) *Ibid.*, p. 454.
(5) *Ibid.*, p. 455, 456.
(6) *Ibid.*, p. 457.
(7) *Ibid.*, p. 458.
(8) *Ibid.*, p. 459.

saire, pour expliquer ces variations, d'avoir recours, comme Buffon, à l'hypothèse de deux principes : il est plus naturel de dire que « suivant l'âge et les circonstances nous contractons plusieurs habitudes, plusieurs passions qui se combattent souvent, dont plusieurs sont condamnées par notre raison qui se forme trop tard pour les vaincre toujours sans efforts (1). »

Au delà du mouvement incertain qui n'est qu'une « espèce de convulsion (2), » il y en a d'autres qui impliquent l'adaptation à une fin, et même connaissance. Nous retrouvons ici l'action réflexe dont nous avons déjà parlé (3); l'ébranlement donné aux sens extérieurs passe au sens intérieur ; il s'y conserve plus ou moins longtemps; de là il se répand dans le corps de l'animal et il lui communique du mouvement (4). Mais ce n'est pas tout : « il reste à rendre raison des mouvements déterminés de l'animal, de ces mouvements qui lui font si sûrement fuir ce qui lui est contraire et rechercher ce qui lui convient (5). »

Qu'on n'aille pas recourir à des *instincts*, des *appétits*, qui ne sont que des mots, propres simplement à cacher notre ignorance de la manière dont nous avons contracté nos habitudes. Nous savons que pour Condillac, comme pour Darwin, l'instinct se ramène à l'habitude, qu'il est pour Spencer une action réflexe composée (6). Les lignes suivantes développent parfaitement ces deux modes de l'activité et la génération des habitudes communes à tout animal. « Les objets font des impressions sur lui; il éprouve des sentiments agréables ou désagréables; de là naissent ses premiers mouvements;

(1) *Traité des animaux*, p. 462. On a vu que la raison, dans le système de Condillac, est, comme toutes les facultés, soumise à l'évolution.

(2) *Ibid.*, p. 468.

(3) Voir plus haut, p. 186.

(4) *Traité des animaux*, p. 468.

(5) *Ibid.*, p. 468 : « C'est ici que la connaissance est absolument nécessaire pour régler l'action même du sens intérieur, et pour donner au corps des mouvements différents suivant la différence des circonstances. »

(6) Voir plus haut, p. 188.

mais ce sont des mouvements incertains ; ils se font en lui sans lui ; il ne sait point encore les régler (1) » (action réflexe simple)... Enfin les besoins se renouvellent et les opérations se répètent si souvent qu'il ne reste plus de tâtonnement dans le corps ni d'incertitude dans l'âme : les habitudes de se mouvoir et de juger sont contractées — (asociation habituelle, dite instinct). — C'est ainsi que les besoins produisent d'un côté une suite d'idées et de l'autre une suite de mouvements correspondants. Les animaux doivent donc à l'expérience des habitudes qu'on croit leur être naturelles (2). »

C'est d'un même principe, le besoin, que dépend tout le système de connaissances des animaux : c'est par le même moyen, la liaison des idées, que tout s'y exécute (3).

Capables d'associer des idées, c'est-à-dire des images ou des représentations, les bêtes ne sont pas dépourvues d'imagination, du moins de ce que Bain appelle la *constructivité* (4). Condillac qui, avant Darwin, rejette la stabilité, l'uniformité, la fixité de l'instinct, dit qu'elles inventent (5) et qu'elles perfectionnent (6).

Pour expliquer comment les progrès sont plus grands

(1) *Traité des animaux*, p. 523.

(2) *Ibid.*, p. 524.

(3) *Ibid.*, p. 529. Excité par la recherche du plaisir et la crainte de la douleur, « l'animal se fait une si grande habitude de parcourir ses idées qu'il s'en retrace une longue suite toutes les fois qu'il éprouve un besoin qu'il a déjà ressenti. »

(4) Voir Bain, *Sens et intell.*, p. 528 et suiv.

(5) *Traité des animaux*, p. 530 : « Elles inventent, si inventer signifie la même chose que juger, comparer, découvrir. Elles inventent même, si par là on entend se représenter d'avance ce qu'on va faire. Le castor se peint la cabane qu'il veut bâtir, l'oiseau le nid qu'il veut construire. Ces animaux ne feraient pas ces ouvrages si l'imagination ne leur en donnait pas le modèle. »

(6) *Ibid.*, p. 532 : « Elles perfectionnent même, car, dans les commencements, elles ne savent pas toutes ces choses comme elles les savent lorsqu'elles ont plus d'expérience... » — *Ibid.*, p. 531 : « ...Et si elles perfectionnent moins que nous, ce n'est pas qu'elles manquent tout à fait d'intelligence, c'est que leur intelligence est plus bornée. »

et plus rapides chez l'homme que chez l'animal, Condillac avance une proposition qui, d'après lui-même,
sera prise pour un paradoxe, c'est que de tous les animaux
les hommes sont le plus portés à l'imitation (1). Inutile
de dire qu'il ne fait guère que répéter ici Aristote (2);
mais il développe son opinion d'une manière ingénieuse
qui se rapproche beaucoup des théories anglaises contemporaines. « Les hommes se copient mutuellement et
il se forme une masse de connaissances qui s'accroît de
génération en génération... Le plus grand nombre est
celui des imitateurs serviles : les inventeurs sont extrê-
mement rares et chacun ajoute bien peu à ce qu'il
trouve établi (3). »

C'est grâce à la société, au langage parlé, en un mot
au commerce des hommes entre eux et, à mesure que
l'état social se perfectionne, à la division du travail,
que les progrès dans les différents genres se font parmi
les hommes (4). D'ailleurs les habitudes croissent avec
les besoins. Chez les bêtes, « tous les individus d'une
même espèce étant mus par le même principe, agissant toujours pour les mêmes fins et employant des
moyens semblables, il faut qu'ils contractent les mêmes
habitudes, qu'ils fassent les mêmes choses et qu'ils les
fassent de la même manière (5). » La nature, du reste,
semble avoir pourvu à tout et ne leur laisser que peu de
chose à faire : « aux uns elle a donné la force, aux autres l'agilité et à tous des aliments qui ne demandent
point d'apprêt (6). » N'est-ce pas le principe darwinien
de l'adaptation des organes au milieu dont Condillac va
jusqu'à admettre la puissance chez l'homme (7)?

(1) *Traité des animaux*, p. 533 et suiv.
(2) Aristote, *Poétique*, IV, § 1er.
(3) *Traité des animaux*, p. 536.
(4) *Ibid.*, p. 535, 537.
(5) *Ibid.*, p. 534.
(6) *Ibid.*, p. 534.
(7) « Si les hommes vivaient séparément, la différence des lieux et
des climats les placerait nécessairement dans des circonstances différentes : elle mettrait donc de la variété dans leurs besoins, et, par

Il ne faut pas croire que les bêtes soient absolument privées de langage, mais leur langage doit être restreint, comme leurs besoins et leurs idées : il s'étendra avec ceux-ci (1). La communauté de besoins implique d'ailleurs communauté d'organisation (2). Certains animaux domestiques sont même capables d'acquérir quelque intelligence du langage parlé : cette évolution se fait par la loi d'association : « Le langage d'action prépare à celui des sons articulés. Aussi y a-t-il des animaux domestiques capables d'acquérir quelque intelligence de ce dernier (3). » Cette communication sera d'autant plus facile que les ressemblances de constitution organique, de besoins et d'habitudes seront plus grandes. « C'est ainsi que le chien apprend à obéir à notre voix. Il n'en est pas de même des animaux dont

conséquent, dans leur conduite. Chacun ferait à part les expériences auxquelles sa situation l'engagerait ; chacun acquerrait des connaissances particulières ; mais leurs progrès seraient bien bornés, et ils différeraient peu les uns des autres... » (*Ibid.*, p. 536.) — « ...Les hommes ne finissent par être si différents que parce qu'ils ont commencé par être copistes, et qu'ils continuent de l'être : et les animaux d'une même espèce n'agissent tous d'une même manière que parce que, n'ayant pas au même point que nous le pouvoir de se copier, leur société ne saurait faire ces progrès qui varient tout à la fois notre état et notre conduite » (*Ibid.*, p. 537).

(1) « Puisque les individus qui sont organisés de la même manière éprouvent les mêmes besoins, les satisfont par des moyens semblables et se trouvent à peu près dans les mêmes circonstances, c'est une conséquence qu'ils fassent chacun les mêmes études, et qu'ils aient en commun la même fixité d'idées. Ils peuvent donc avoir un langage, et tout prouve qu'ils en ont un..., et ce langage est plus étendu à proportion qu'ils ont des besoins en plus grand nombre, et qu'ils peuvent mutuellement se secourir davantage » (*Ibid.*, p. 544).

(2) « Les cris inarticulés et les actions du corps sont les signes de leurs pensées ; mais pour cela il faut que les mêmes sentiments occasionnent dans chacun les mêmes cris et les mêmes mouvements, et, par conséquent, il faut qu'ils se ressemblent jusque dans l'organisation extérieure » (*Ibid.*, p. 545).

(3) « Dans la nécessité où ils sont de connaître ce que nous voulons d'eux, ils jugent de notre pensée par nos mouvements..., en même temps ils se font une habitude de lier cette pensée au son dont nous l'accompagnons, en sorte que, pour nous faire entendre d'eux, il nous suffit bientôt de leur parler » (*Ibid.*, p. 545).

la conformation extérieure ne ressemble point du tout à la nôtre (1). »

Le pouvoir ou la faculté d'articulation est un facteur tout à fait secondaire. Le perroquet qui peut reproduire les sons qu'il entend, mais à qui les circonstances « ne font pas sentir le besoin de connaître nos pensées (2), » nous comprend moins que le chien. C'est que l'habitat commun ne suffit pas pour établir « un pareil commerce (3), » qui dépend avant tout de la ressemblance organique (4). Condillac revient souvent sur cette condition qu'il regarde comme essentielle : « C'est une suite de l'organisation que les animaux ne soient pas sujets aux mêmes besoins, qu'ils ne se trouvent pas dans les mêmes circonstances lors même qu'ils sont dans les mêmes lieux, qu'ils n'acquièrent pas les mêmes idées, qu'ils n'aient pas le même langage d'action et qu'ils se communiquent plus ou moins leurs sentiments à proportion qu'ils diffèrent plus ou moins à tous égards (5)... » Il n'en est pas de même chez les hommes, qui ont les mêmes organes et qui apprennent de la même manière à s'en servir (6). Mais de ce que les bêtes n'ont pas cet avantage, on n'a pas le droit de les considérer comme de purs automates dépourvus d'intelligence (7). Tout ce qu'on peut inférer, c'est que leurs connaissances sont plus bornées. D'ailleurs Condillac ne raisonne pas sur leur nature, mais seulement sur leurs opérations qu'il croit connaître et par où elles ne semblent différer qu'en

(1) *Traité des animaux*, p. 546.

(2) *Ibid.*, p. 547 : « Nos mouvements n'ont point assez de rapports avec les siens, et, d'ailleurs, ils expriment souvent des idées qu'il n'a point et qu'il ne peut avoir. »

(3) *Ibid.*, p. 541.

(4) « Les bêtes qui ont cinq sens participent plus que les autres à notre fonds d'idées; mais comme elles sont, à bien des égards, organisées différemment, elles ont aussi des besoins différents..., elles sont dans les mêmes lieux sans être dans les mêmes circonstances » (*Ibid.*, p. 543).

(5) *Ibid.*, p. 547.

(6) *Ibid.*, p. 542.

(7) *Ibid.*, p. 547.

degrés (1) : cependant il ne pense pas que la bête ait dans sa nature de quoi devenir homme (2).

Si la parole est le lien social par excellence, les bêtes, qui en sont privées, peuvent bien vivre ensemble, mais elles pensent presque toujours à part (3). Elle n'est pas seulement, on le sait, un instrument de communication, mais un moyen de former et fixer les idées abstraites et générales, de nous élever de la pratique à la théorie. Les bêtes forment donc peu d'abstractions, généralisent peu; elles sont réduites absolument aux connaissances individuelles ou phénoménales (4). Toutefois l'animal peut comparer les objets qu'il touche, voit, sent, en conserver le souvenir; sinon, il ne pourrait inférer un jugement d'un autre ni contracter des habitudes (5).

De même que nos habitudes nous trompent quelquefois, l'instinct, qui n'est en somme pour Condillac que le résultat des habitudes et pour l'école de Spencer une habitude héréditaire, peut tromper aussi les bêtes (6). De même qu'il a rejeté la fixité, l'uniformité, la stabi-

(1) « Dans l'impuissance où nous sommes de connaître la nature des êtres, nous ne pouvons juger d'eux que par leurs opérations. C'est pourquoi nous voudrions vainement trouver le moyen de marquer à chacun ses limites : nous ne verrons jamais entre eux que du plus ou du moins » (Ibid., p. 548). — «...Je ne fais pas un système de la nature des êtres parce que je ne la connais pas; j'en fais un de leurs opérations parce que je crois les connaître » (Ibid.).

(2) Ibid., p. 549 : « Celui qui a le moins n'a pas sans doute, dans sa nature, de quoi avoir le plus. La bête n'a pas dans sa nature de quoi devenir homme, comme l'ange n'a pas dans sa nature de quoi devenir Dieu. »

(3) Traité des animaux, p. 548 : « Leur société manque de ce ressort qui donne tous les jours à la nôtre de nouveaux mouvements, et qui la fait tendre à une plus grande perfection. »

(4) « Les bêtes forment peu d'abstractions; elles ont peu d'idées générales; presque tout n'est qu'individu pour elles » (Ibid., p. 563).

(5) « Il a aussi de la mémoire : car pour contracter l'habitude de juger à l'odorat, à la vue, etc., avec tant de précision et de sûreté, il faut qu'il ait comparé les jugements qu'il a portés dans une circonstance avec ceux qu'il a portés dans une autre » (Ibid., p. 481).

(6) Ibid., p. 558 : « Nous ne tombons dans plus d'erreurs que parce que nous acquérons plus de connaissances. »

lité de l'instinct (1), Condillac n'admet pas davantage l'infaillibilité (2). C'est aussi parce qu'elles ont des habitudes peu nombreuses que les bêtes ne sont point sujettes à la passion (3). Le *moi* d'habitude, que Condillac a distingué du *moi* de réflexion (4), suffit « aux besoins qui sont absolument nécessaires à la conservation de l'animal (5). »

Condillac conclut en revendiquant pour ses explications l'honneur de la priorité : « Sensation, besoin, liaison des idées : voilà le système auquel il faut rapporter toutes les opérations des animaux. Si quelques-unes des vérités qu'il renferme ont été connues, personne jusqu'ici n'en a saisi l'ensemble ni la plus grande partie des détails (6). » Personne mieux que lui n'avait jusque là insisté sur les questions reprises par Darwin et Spencer : l'adaptation des organes au milieu, le rapport des besoins et de la constitution, enfin l'évolution de l'instinct à la raison. « L'être sentant ne fait que se transformer. Il a dans les bêtes ce degré d'intelligence que nous appelons instinct et dans l'homme ce degré supérieur que nous appelons raison (7). »

M. Romanes, qui a profité des travaux de Darwin et de Lubbock, ne s'éloigne pas considérablement de Condillac en admettant trois stades dans le processus de

---

(1) Voir plus haut.

(2) *Traité des animaux*, p. 557.

(3) « Les habitudes des bêtes ne supposent que peu de besoins, encore sont-ils ordinairement faciles à satisfaire » (*Ibid.*, p. 605).

(4) *Ibid.*, p. 553 et suiv.

(5) *Ibid.*, p. 555.

(6) *Traité des animaux*, p. 630.

(7) *Ibid.*, p. 627 : « Rien n'est plus admirable que la génération des facultés des animaux. Les lois en sont simples, générales : elles sont les mêmes pour toutes les espèces, et elles produisent autant de systèmes différents qu'il y a de variété dans l'organisation. Si le nombre, ou si seulement la forme des organes n'est pas la même, les besoins varient, et ils occasionnent chacun, dans le corps et dans l'âme, des opérations particulières. Par là chaque espèce, outre les facultés et les habitudes communes à toutes, a des facultés et des habitudes qui ne sont qu'à elle... La faculté de sentir est la première de toutes..., elle est même la seule origine des autres. »

l'esprit : la perception immédiate, la représentation
idéale des objets particuliers, la conception générale ou
idée abstraite et en refusant celle-ci aux animaux
parce qu'ils n'ont pas la parole. Comme Condillac, il
soumet cette évolution au principe d'association et lui
donne pour condition un organisme déterminé : comme
lui encore, tout en substituant le mot plus scientifique
de sélection naturelle à celui de choix, il ramène
l'instinct à l'habitude; mais poussant plus loin ses observations, il croit avoir découvert en germe chez l'animal
des sentiments que n'y avait pas signalés Condillac (1).
Après avoir comparé les animaux avec les hommes
dépourvus de langage (sauvages inférieurs, petits
enfants, idiots, sourds-muets non instruits) (2), il conclut enfin que : « la seule différence que l'analyse
puisse découvrir entre l'esprit de l'homme et l'esprit
des animaux inférieurs consiste en ce que l'esprit de
l'homme a été capable de développer le germe de pensée rationnelle qui reste non développé dans l'esprit des
animaux et que le développement de ce germe est dû à
la faculté d'abstraction qui est rendue possible par la
faculté du langage (3). » C'est à peu près à la même
conclusion qu'aboutit l'évolutionnisme de Herbert Spencer (4).

Condillac avait donc compris l'importance de la psychologie comparée dans son sens le plus large : il en
avait même indiqué la vraie méthode et presque posé
les conclusions qu'en ont tirées nos contemporains.
« La pensée, » avait-il dit, « considérée en général, est
la même dans tous les hommes. Dans tous elle vient
également de la sensation; dans tous elle se compose

(1) Entre autres les germes du sens moral et la conception généralisée
de cause et d'effet : il ne fait d'exception que pour le sentiment religieux
et le sentiment du sublime.
(2) Cf. Condillac (Art de penser, p. 80), l'histoire du sourd-muet de
Chartres.
(3) Voir Rev. philosoph., novembre 1878, p. 501.
(4) Voir H. Spencer, Princ. de psych., t. I, p. 497, 508.

et se décompose de la même façon (1)... Le système des idées est le même, pour le fond, chez les peuples sauvages et les peuples civilisés : il ne diffère que parce qu'il est plus ou moins étendu (2). » C'est le même principe qui le guide dans son histoire : il comprend les rapports réciproques de cette science et de la psychologie (3), l'importance de l'étude du langage pour la connaissance du moi (4), l'influence du milieu et des circonstances sur l'évolution non seulement de l'esprit en général, mais des langues en particulier (5) : il n'est pas jusqu'à ce qu'on appelle de nos jours la psychologie ethnique ou sociale qu'il n'ait formellement indiqué (6).

M. Ribot, qui fait avec raison l'éloge de la psychologie de Herbert Spencer, et y voit le premier essai vraiment scientifique d'une histoire de l'évolution mentale (7), nous semble donc trop sévère quand il ajoute : « Si on la rapproche par la pensée des tentatives de Locke et de Condillac sur ce sujet, la Genèse sensualiste paraîtra d'une simplicité enfantine (8). » Sans doute la savante et systématique synthèse de Spencer, qui a pu profiter du travail accumulé pendant trois quarts de siècle par les psychologues et les physiologistes, est

(1) *Gramm.*, 1re part., ch. VI, p. 72.
(2) *Ibid.*, 1re part., ch. II, p. 35.
(3) *Hist. anc.*, t. X, p. 11.
(4) *Essai sur l'orig.*, 2e part., sect. II, ch. II, p. 461; cf. *Gramm.*, 1re part., ch. IV, p. 50.
(5) *Gramm.*, 1re part., ch. VIII, p. 79.
(6) *Hist. mod.*, t. XVII, p. 254 : « Les connaissances naissent et se développent dans tout un peuple par les mêmes ressorts qu'elles naissent et se développent dans chaque homme en particulier. L'histoire de votre esprit est donc un abrégé de l'histoire de l'esprit humain : elle est la même quant au fond, et elle ne diffère que par des circonstances particulières qui avancent ou qui retardent le progrès des connaissances. »
(7) « On pourrait donner ce titre à la partie synthétique tout entière : Genèse de la vie psychologique. Par sa rigueur d'enchaînement et par la nouveauté de sa méthode, elle nous paraît une des parties les plus originales du livre. C'est le premier essai vraiment scientifique d'une histoire des phases diverses que parcourt l'évolution de la vie mentale » (Ribot, *Psych. angl.*, p. 215).
(8) Ribot, *Psych. angl.*, p. 216.

supérieure en richesse et en certitude aux anticipations parfois aventurées de Condillac ; mais celui-ci a au moins le mérite d'avoir tracé le premier sillon, d'avoir été un penseur original, et incontestablement l'un des précurseurs de la psychologie nouvelle. Avant l'école écossaise, qui avait la prétention de s'appuyer sur l'expérience et de faire l'*histoire naturelle* (1) de l'esprit humain, avant A. Bain qui, d'après Stuart Mill, « a poussé la recherche analytique des phénomènes mentaux par les méthodes des sciences physiques au point le plus élevé qui ait encore été atteint (2), » — ce que nous avons garde de contester, — Condillac avait posé le problème et pratiqué la méthode psychologique suivie de nos jours en Angleterre ; il avait même donné plus d'une solution qu'on n'a fait que développer et préciser.

D'après M. D. Morell, une vraie étude de la psychologie réclame l'examen des quatre questions suivantes : faits nerveux et vitaux, faits fournis par la *pathologie morbide*, par la comparaison des races animales, enfin faits attribués à l'esprit (histoire, mœurs, croyances, langage, etc.) (3). Condillac n'a-t-il pas indiqué et abordé les premières parties de ce programme, et traité assez amplement les autres ? N'a-t-il pas essayé de suivre l'évolution de la pensée depuis l'animal et l'enfant jusqu'à l'homme fait, de ses plus simples manifestations aux plus complexes ? Ne l'a-t-il pas, par l'analyse, ramenée à son unique et irréductible principe, à son germe, la sensation ? N'a-t-il pas déterminé le stimulus de ce développement, le besoin, son ressort essentiel, l'association des idées ? Condillac enfin, tout en reconnaissant les difficultés de la psychologie (4), difficultés qui tien-

---

(1) Voir Hamilton, *Fragments*, trad. Peisse, Préface, p. 19.
(2) Stuart Mill, *Logique*, t. I, p. 454.
(3) Voir Ribot, *Psych. angl.*, p. 382.
(4) « Nous pouvons nous tromper, soit en laissant échapper une partie de ce qui se passe en nous, soit en supposant ce qui n'y est pas, soit en nous déguisant ce qui y est... » (*Art de raisonner*, p. 50.) « ...En réalité, c'est à cette dernière cause d'erreurs qu'il faut ramener toutes les autres :

nent moins à son objet même qu'aux dispositions que
nous y apportons, ne lui donne-t-il pas, comme les
philosophes anglais contemporains, le premier rang
parmi les sciences philosophiques? Par ses principes,
par sa méthode, par les problèmes qu'il a posés et réso-
lus, il peut donc à bon droit être regardé comme un
de leurs devanciers en psychologie. Il nous reste à
montrer l'application qu'il a faite des principes d'association et d'évolution dans ce qu'on appelle de nos jours
la sociologie. C'est l'objet de notre seconde partie.

« car nous déguiser ce qui est en nous, c'est ne pas voir ce qui y est,
et voir ce qui n'y est pas » (*Ibid.*, p. 56).

SECONDE PARTIE

L'évolution sociale.

CHAPITRE PREMIER.

ÉVOLUTION DES LANGUES.

« Les connaissances, » nous a dit Condillac, « naissent et se développent dans tout un peuple par les mêmes ressorts qu'elles naissent et se développent dans chaque homme en particulier (1). » Pour voir jusqu'à quel point il a justifié cette assertion, suivons avec lui le développement de l'humanité au point de vue du langage, des arts, des sciences, des religions, des institutions sociales et politiques.

Nous commencerons par le langage, dont Condillac, dès son premier livre (2), avait fait ressortir l'importance et qu'il considérait déjà comme l'instrument de l'évolution intellectuelle et morale.

Le premier langage a été le langage d'action (3) : il appartient à tous les hommes, même aux animaux (4). Son premier mode est le cri qui fut provoqué par le besoin : le cri est un simple acte réflexe qui devint

(1) *Hist. mod.*, t. XVII, p. 251. Voir plus haut, p. 228, note.
(2) *Essai sur l'orig.*, p. 9.
(3) *Ibid.*, p. 10.
(4) Voir plus haut, p. 223-224.

bientôt un réflexe composé; on l'accompagnait « ordinairement de quelque mouvement, de quelque geste ou
de quelque action dont l'expression était encore plus
sensible (1). » Mais peu à peu la réflexion, la liaison des
idées, l'habitude aidant, les hommes se firent un nouveau langage (2). Il ne fut pas toutefois créé de toutes
pièces ; il y eut des tâtonnements : on articula de nouveaux sons, on les répéta plusieurs fois en les accom-
pagnant de quelque geste pour indiquer l'objet qu'on
voulait faire remarquer, et c'est ainsi qu'on s'accoutuma
à donner des noms aux choses (3). Ce langage ne s'enrichit que lentement : les organes de la voix, d'abord
peu flexibles, durent être assouplis par le temps et
l'exercice, la liaison ou l'association du son articulé à
la chose signifiée devenir intelligible pour tous; car le
langage d'action, si naturel, fut longtemps un obstacle
à l'adoption du langage articulé (4) : avant qu'on recon-
nût l'utilité et la commodité de celui-ci, il fallut sans
doute plusieurs générations (5); encore dut-on accom-
pagner la parole du geste (6).

Le geste assujetti à des règles donna naissance à la
danse (7), qui servit à exprimer les pensées et les émotions de l'âme. Aussi, à cause de leur étroite parenté
avec le langage du geste, les premières langues durent-
elles offrir une grande variété d'inflexions (8). Condil-

---

(1) *Essai sur l'orig.*, p. 260. — « Les cris des passions contribuèrent
au développement des opérations de l'âme, en occasionnant naturellement le langage d'action : langage qui, dans ses commencements, ne
consistait vraisemblablement qu'en contorsions et en agitations violentes »
(*Ibid.*, p. 264).

(2) *Ibid.*, p. 264.

(3) *Ibid.*

(4) *Ibid.*, p. 265, 266.

(5) *Ibid.*, p. 266.

(6) *Ibid.*, p. 267.

(7) Condillac distingue la *danse des gestes*, « qui fut conservée pour
concourir à communiquer les pensées des hommes, » et la *danse des
pas*, dont on se servit pour exprimer certaines situations de l'âme et
particulièrement la joie : on l'employa dans les occasions de réjouissance,
et son principal objet fut le plaisir » (*Essai*, p. 271).

(8) *Essai sur l'orig.*, p. 273.

lac, qui, avant Hartley, ne néglige pas l'association des faits physiologiques et psychologiques, fait appel à l'expérience générale : « Chacun, dit-il, peut éprouver par lui-même qu'il est naturel à la voix de varier ses inflexions à proportion que les gestes le sont davantage (1) : » en outre, le cri naturel, exprimé par le même son, mais avec des intonations différentes, suffit pour traduire des sentiments différents (2) : ensuite la variété de ton est nécessaire aux esprits peu expérimentés et qui n'ont pas acquis l'habitude de lier leurs idées à des sons (3) « quand les hommes commencèrent à articuler, la rudesse de leurs organes ne leur permit pas de le faire par des inflexions aussi faibles que les nôtres (4). » Les premiers noms d'ailleurs furent vraisemblablement imitatifs (5) : de là, dans les langues anciennes, une si grande place à la prosodie, qui diminua à mesure qu'on aima mieux inventer de nouveaux mots (6).

Condillac, après le langage d'action, étudie donc l'évolution du langage des sons articulés (7). Il croit que la liaison primitive du geste à l'emploi des mots permit d'abord de fixer la signification de ceux-ci et que l'asso-

---

(1) *Essai sur l'orig.*, p. 273.

(2) « Ah, par exemple, selon la manière dont il est prononcé, exprime l'admiration, la douleur, le plaisir, la tristesse, la joie, la crainte, le dégoût et presque tous les sentiments de l'âme » (*Essai sur l'orig.*, p. 275).

(3) *Essai*, p. 274 : « Nous-mêmes nous éprouvons que, moins une langue dans laquelle on nous parle nous est familière, plus on est obligé d'appuyer sur chaque syllabe, et de les distinguer d'une manière sensible. »

(4) *Ibid.*, p. 273.

(5) *Ibid.*, p. 275 : « Les premiers noms des animaux en imitèrent vraisemblablement le cri : remarque qui convient également à ceux qui furent donnés aux vents, aux rivières et à tout ce qui fait quelque bruit. » (Cf. Whitney, *Vie du langage.*)

(6) *Ibid.*, p. 277.

(7) *Ibid.*, p. 362 : « Je vais rechercher par quels progrès le langage des sons articulés a pu se perfectionner et devenir enfin le plus commode de tous. »

ciation habituelle rattacha les mêmes idées aux mêmes signes (1).

Mais quelles furent les premières choses nommées? D'après Condillac, ce fut la peur qui fit imaginer les premiers mots. « Les objets destinés à soulager nos besoins peuvent bien échapper quelquefois à notre attention, mais il est difficile de ne pas remarquer ceux qui sont propres à produire des sentiments de crainte et de douleur. Ainsi les hommes ayant dû nommer les choses plus tôt ou plus tard, à proportion qu'elles attiraient davantage leur attention, il est vraisemblable, par exemple, que les animaux qui leur faisaient la guerre eurent des noms avant les fruits dont ils se nourrissaient. Quant aux autres objets, ils imaginèrent des mots pour les désigner, selon qu'ils les trouvaient propres à soulager des besoins plus pressants et qu'ils en recevaient des impressions plus vives (2). »

C'est ainsi que les observations de Darwin (3) et de M. Taine (4), sur la formation et l'acquisition du langage chez les enfants, mettent aussi en évidence sinon la frayeur, du moins un vif étonnement provoqué par le cri des animaux.

L'évolution du langage parlé parcourut les étapes suivantes : 1° on donna d'abord des noms aux notions complexes de substances, qui viennent immédiatement de la sensation (5); 2° à des idées plus simples, provenant de l'analyse ou de la décomposition des objets complexes (6); 3° on fit ensuite des mots (adjectifs et adverbes) pour exprimer les qualités sensibles des ob-

(1) *Essai sur l'orig.*, p. 362.
(2) *Ibid.*, p. 363.
(3) Darwin, *Esquisse biograph. d'un petit enfant.*, Voir Rev. philosoph., IV, p. 340.
(4) Taine, *Acquisition du langage chez les enfants et chez les peuples primitifs* (Rev. philos., I, p. 5). Cf. *Intelligence.*
(5) *Essai*, p. 364.
(6) *Ibid.* : « Quand on eut, par exemple, le nom d'arbre, on fit ceux de tronc, branche, feuille, etc. »

jets et les circonstances où ils pouvaient se trouver (1);
4° les premiers verbes, « qui n'ont été imaginés que pour
exprimer l'état de l'âme quand elle agit ou pâtit, » vinrent beaucoup plus tard, à cause de la difficulté de donner des noms aux opérations de l'âme (2), parce qu'on
est naturellement peu propre à réfléchir sur soi-même :
la différenciation, l'analyse, le passage de l'homogène à
l'hétérogène, comme on dit, est par conséquent moins
facile. A l'origine même le verbe était indéterminé :
c'était par le geste dont on l'accompagnait qu'on indiquait « si l'on parlait de soi ou d'un autre, d'un ou de
plusieurs, du passé, du présent ou de l'avenir, enfin
dans un sens positif ou dans un sens conditionnel (3). »
Ce n'est qu'assez tard qu'on mit à côté du verbe certains
mots pour désigner certaines circonstances et qu'on en
vint à déterminer ses différentes acceptions par la variation des désinences (4); 5° les mots abstraits furent formés bien longtemps après les verbes et les adjectifs (5);
cependant on eut d'assez bonne heure des termes généraux, vu l'impossibilité où l'on était d'imaginer des noms
pour chaque objet particulier et la tendance naturelle de l'esprit à passer du particulier au plus général, pour redes-
cendre ensuite à des classes plus restreintes. Mais ce ne
fut que par degrés, par des analyses ou décompositions,
qu'on arriva aux termes d'essence, de substance,
d'être (6); 6° A proportion que l'usage des termes abs-

(1) *Essai sur l'orig.*, p. 364.
(2) *Id., ibid.*
(3) *Ibid.*, p. 369.
(4) *Ibid.* : « Alors le verbe fut regardé comme un nom qui, quoique
indéfini dans son origine, était, par la variation de ses temps et de ses
modes, devenu propre à exprimer, d'une manière déterminée, l'état
d'action et de passion de chaque chose. C'est de la sorte que les hommes
parvinrent insensiblement à imaginer les conjugaisons. » — *Ibid.*, p. 372 :
« Chaque mère-langue n'a d'abord eu qu'une seule conjugaison. »
(5) *Ibid.*, p. 373 : « Il n'y a pas de substantif abstrait qui ne dérive de
quelque adjectif ou de quelque verbe. »
(6) *Ibid.*, p. 380-381 : « Il y a des peuples qui n'en ont point encore
enrichi leur langue. » Condillac s'appuie sur le témoignage de La Condamine.

traits se répandit, on s'aperçut de l'utilité des sons articulés pour exprimer les pensées les plus éloignées des données sensibles : en s'appuyant « sur un rapport quelconque
entre une action de l'âme et une action du corps (1), »
on donna le même nom à l'une et à l'autre : c'est ainsi
que les noms relatifs aux états de l'âme sont purement
métaphoriques. Le grand facteur est donc encore ici le
principe de l'association et le stimulus, le besoin (2).
Condillac qui, dans l'*Essai*, a déjà conçu la doctrine de
la sensation transformée, a bien soin d'insister sur ce
point que « les termes les plus abstraits dérivent des
premiers noms qui ont été donnés aux objets sensibles (3), » et que le passage du sens propre au sens figuré se fit si naturellement qu'on ne le remarqua point :
c'est ainsi que ce qui n'exprimait que des analogies fut
considéré comme l'explication de l'essence des choses (4);
7° Les particules qui servent à relier les différentes parties du discours ne durent être imaginées que fort tard,
parce que l'esprit, peu habitué à la réflexion, n'avait pas
une finesse nécessaire pour en saisir l'utilité dans l'analyse de la pensée (5); 8° Enfin les derniers mots furent
les pronoms dont la nécessité fut longue à se faire sen-

---

(1) *Essai sur l'orig.*, p. 382.

(2) *Ibid.*, p. 384 : « Ce sont les besoins qui fournirent aux hommes les
premières occasions de remarquer ce qui se passait en eux-mêmes, et
de l'exprimer par des actions, ensuite par des noms. Ces observations
n'eurent donc lieu que relativement à ces besoins, et on ne distingua
plusieurs choses qu'autant qu'ils engageaient à le faire. Or les besoins
se rapportaient uniquement au corps. »

(3) *Ibid.*, p. 386.

(4) *Ibid.* : « On oublia l'origine de ces signes aussitôt que l'usage en
fut familier, et on tomba dans l'erreur de croire qu'ils étaient les noms
les plus naturels des choses spirituelles. »

(5) *Ibid.*, p. 387 : « Raisonner, c'est exprimer les rapports qui sont
entre différentes propositions : or, il est évident qu'il n'y a que les con-
jonctions qui en fournissent les moyens. Le langage d'action ne pouvait
que faiblement suppléer au défaut de ces particules; et l'on ne fut en
état d'exprimer avec des noms les rapports dont elles sont les signes,
qu'après qu'ils eurent été fixés par des circonstances marquées et à
beaucoup de reprises. »

tir, et auxquels on eut vraisemblablement de la peine à s'accoutumer (1).

Les hommes imaginèrent aussi des signes propres à perpétuer leurs pensées et à les faire connaître à des absents (2) : ce fut l'écriture, qui eut pour origine le dessin des objets sensibles (3).

Sans doute, ces notions sont aujourd'hui connues de tout le monde : quelques-unes sont admises et d'autres rejetées par les philosophes et les philologues. Mais il est bon de faire remarquer qu'elles étaient nouvelles alors et que Condillac, qui ne les donnait d'abord que comme des conjectures, déclare avoir été heureux de les voir justifiées par une traduction de l'*Essai sur les hiéroglyphes* de Warburton (4). Il montre aussi comment, de l'usage des hiéroglyphes, en s'éloignant de plus en plus de la simple représentation des objets, on arriva peu à peu, « par une gradation simple (5), » à l'invention de l'alphabet.

Plusieurs causes agissent sur le développement des langues, entre autres et des plus importantes, le climat et le gouvernement, le milieu physique et social. Aussi, de même que chaque homme a son langage, chaque peuple a le sien (6). D'ailleurs cette influence du milieu se fait sentir aussi sur les talents, qui à leur tour exercent une action sur les langues et les mœurs (7).

---

(1) *Essai sur l'orig.*, p. 390 : « Les esprits, dans l'habitude de réveiller à chaque fois une même idée par un même mot, avaient de la peine à se faire à un nom qui tenait lieu d'un autre, et quelquefois d'une phrase entière. »

(2) *Ibid.*, p. 416.

(3) *Ibid.*, p. 417 : « Le premier essai de l'écriture ne fut qu'une simple peinture. »

(4) *Ibid*, p. 416, note.

(5) *Ibid.*, p. 423.

(6) *Ibid.*, p. 434 : « Tout confirme que chaque langue exprime le caractère du peuple qui la parle. » — *Ibid.*, p. 455 : « Les langues, pour quelqu'un qui les connaîtrait bien, seraient une peinture du caractère et du génie de chaque peuple. » — Cf. *Gramm.*, p. 72, 73, 77, 35; *Traité des animaux*, 540, 545.

(7) *Essai*, p. 444-445.

Devançant la loi de l'intégration et de la désintégration de Herbert Spencer, Condillac affirme que les causes des progrès et de la décadence des langues sont les mêmes (1) : « Il en est, » dit-il, « à peu près ici comme dans le physique où le même mouvement qui a été un principe de vie devient un principe de destruction (2). »

N'est-ce pas la loi de l'évolution que Condillac résume dans les lignes suivantes? « J'ai eu pour objet de ne rien avancer que sur la supposition qu'un langage a toujours été imaginé sur le modèle de celui qui l'a immédiatement précédé. J'ai vu, dans le langage d'action, le germe des langues et tous les arts qui peuvent servir à exprimer nos pensées : j'ai observé les circonstances qui ont été propres à développer ce germe ; et non seulement j'en ai vu naitre ces arts, mais encore j'ai suivi leurs progrès et j'en ai expliqué les différents caractères. En un mot, j'ai, ce me semble, démontré d'une manière sensible que les choses qui nous paraissent singulières ont été les plus naturelles dans leur temps et qu'il n'est arrivé que ce qui devait arriver (3). »

Nous avons insisté longuement sur ces idées, développées par Condillac dans l'*Essai sur l'origine des connaissances humaines*, reproduites et précisées dans la suite de ses ouvrages, pour montrer quelle place lui revient dans la conception de la doctrine associationiste et évolutionniste, et comment il avait, dès cette époque, appliqué ses principes à toutes les questions qui ont préoccupé depuis les successeurs avoués de James Mill et de Hartley. C'est l'année même où parurent les *Observations sur l'homme* de ce dernier, que Condillac avance, pour la première fois, dans le *Traité des systèmes*, le célèbre paradoxe qu'«une science bien traitée n'est

_____

(1) *Essai sur l'orig.*, p. 451 : « Après avoir montré les causes des derniers progrès du langage, il est à propos de rechercher celles de sa décadence : elles sont les mêmes, et elles ne produisent des effets si contraires que par la nature des circonstances. »

(2) *Ibid.*, p. 452.

(3) *Ibid.*, p. 456.

qu'une langue bien faite (1) » : c'est à l'art de parler qu'il ramène plus tard non seulement la grammaire et l'art d'écrire, mais encore l'art de raisonner, l'art de penser, l'histoire et tous les arts : la parole est l'instrument d'analyse de la pensée, et « la pensée, considérée en général, est la même dans tous les hommes. Dans tous, elle vient également de la sensation (2). » En résumé donc l'organisation, le milieu, le besoin, l'association et l'habitude, enfin la sensation, voilà pour Condillac les éléments de l'évolution des langues (3).

(1) *Traité des systèmes*, p. 401. Cf. Ed. Clay, *L'alternative*, trad. Burdeau, p. 22.

(2) *Disc. prélim. du Cours d'études*, p. XXXVIII. Cf. *Gramm.*, p. 73.

(3) *Gramm.*, p. 72, 77, 35; *Disc. prélim.*, p. IX.

CHAPITRE II.

LA PANTOMIME ET LA MUSIQUE.

C'est à la question du langage que Condillac rattache l'histoire de la pantomime (1) et de la musique (2). « Dans l'origine des langues la prosodie étant fort variée, toutes les inflexions de la voix lui étaient naturelles. Le hasard ne pouvait donc manquer d'y amener quelquefois des passages dont l'oreille était flattée. On les remarqua et l'on se fit une habitude de les répéter : telle est la première idée qu'on eut de l'harmonie (3). » Avec la musique naquit la poésie et toutes deux s'associèrent la danse. Aussi pourrait-on remarquer chez tous les peuples quelque trace de ces arts (4).

Les premières poésies, dans les temps où les hommes

(1) *Essai sur l'orig.*, ch. IV, 2ᵉ part. : *Des progrès que l'art du geste a faits chez les anciens.* Cf. Ed. Clay, *L'alternative*, p. 365.

(2) *Ibid.*, ch. V : « Il est à propos d'en donner l'histoire, du moins en tant que cet art fait partie du langage, » p. 317.

(3) *Ibid.*, p. 317. Cf. Ed. Clay, ouv. cité.

(4) *Ibid.*, p. 351 : « Il n'est pas difficile d'imaginer par quels progrès la poésie est devenue un art. Les hommes ayant remarqué les chûtes uniformes et régulières que le hasard amenait dans le discours, les différents mouvements produits par l'inégalité des syllabes et l'impression agréable de certaines inflexions de la voix, se firent des modèles de nombre et d'harmonie où ils puisèrent peu à peu toutes les règles de la versification. La musique et la poésie sont donc naturellement nées ensemble. Ces deux arts s'associèrent celui du geste, plus ancien qu'eux, et qu'on appelait du nom de *danse...* C'est ainsi qu'on trouve, parmi les barbares, le germe des arts qui se sont formés chez les nations polies, et qui, aujourd'hui, paraissent si éloignés de leur origine, qu'on a bien de la peine à les reconnaître. »

recherchaient avant tout l'utilité, n'eurent pour objet que la religion, les lois et le souvenir des grands hommes et de leurs œuvres (1). Après la naissance de l'écriture, la poésie se sépara de la musique et se subdivisa en différents genres. L'art des gestes, la danse, la prosodie, la musique, la poésie, la déclamation (2) « tiennent ensemble et au langage d'action qui en est le principe (3). » Peut-on appliquer plus catégoriquement la loi du passage de l'homogène à l'hétérogène ?

Le système de l'association est si bien arrêté chez Condillac qu'il va jusqu'à rapprocher de la forme primitive de l'écriture le caractère des premières compositions : elles sont figurées et métaphoriques parce qu'elles sont plus rapprochées de la réalité sensible : de là les fables, paraboles, énigmes, monuments les plus anciens de la littérature (4). Il en est encore ici de l'humanité comme de l'individu : « Rien ne retrace mieux le goût des premiers siècles que les hommes qui n'ont aucune teinture des lettres : tout ce qui est figuré et métaphorique leur plaît, quelle qu'en soit l'obscurité (5). » Peu à peu, les allégories et les métaphores ne furent plus employées qu'à titre d'ornements accessoires : mais l'abus qu'on en fit (6) ne contribua pas peu à la décadence des langues. Nous retrouvons encore ici la loi de l'intégration et de la désintégration : « il y a dans les choses morales, comme dans les physiques, un dernier accroissement après lequel il faut qu'elles dépérissent (7). »

(1) *Essai sur l'orig.*, p. 352.
(2) *Ibid.*, p. 333. Il attribue le passage de la déclamation chantante à la déclamation simple au climat.
(3) *Ibid.*, p. 362.
(4) *Ibid.*, 2ᵉ part., ch. XIV. Condillac dit, en note, que la plus grande partie de ce chapitre est encore tirée de l'*Essai sur les hiéroglyphes*, de Warburton.
(5) *Ibid.*, p. 428.
(6) *Ibid.*, p. 431 : « Au point que le fond ne paraîtra plus que l'accessoire. »
(7) *Ibid.*, p. 431.

CHAPITRE III.

§ 1ᵉʳ. — *Evolution des gouvernements.*

C'est surtout dans son histoire que nous verrons Condillac poser, par un usage habile et réglé des conjectures, les fondements de la loi d'évolution et de régression. Il n'a pas la prétention d'y entrer dans tous les
détails : il ne veut que « montrer les gouvernements
dans leur principe, dans leur progrès, dans leur décadence, accoutumer à voir les effets dans leurs causes (1), »
et ramener à cette loi unique tous les faits sociaux, les
arts et les sciences, les mœurs, la politique, aussi bien
que les idées dans ses ouvrages plus spécialement con-
sacrés à la psychologie (2). Condillac y pose aussi nettement le principe de la solidarité (3).

A l'origine unité, identité de la nature humaine, au
point de vue de l'organisation, de la manière de sentir,
des besoins de première nécessité (4), un caractère général qui, étant partout le même, tend à produire partout les mêmes effets (5) ; puis des modifications amenées

---

(1) *Hist. anc.*, t. IX, Introd., p. 1.
(2) *Ibid.*, p. 2 : « Les arts et les sciences sont nés du sein de la barbarie; » mais il y a deux sortes de barbaries : « l'une qui succède aux
siècles éclairés, l'autre qui les précède. » — « Les mœurs sont sujettes
à toutes les révolutions de l'esprit humain... » (*Ibid.*, p. 3.)
(3) « Comme les révolutions de l'esprit humain en produisent de pareilles dans les mœurs, les révolutions des mœurs en produisent de
pareilles dans le gouvernement... » (*Ibid.*, p. 3.)
(4) *Ibid.*, p. 21.
(5) *Id.*, *ibid.*

par la diversité des circonstances ou par les hasards (1) :
voilà les facteurs des révolutions des peuples. Condillac
n'attache pas au mot révolution le sens de secousse plus
ou moins violente ou imprévue, mais celui de transformation ou d'évolution progressive.

Nous sommes portés à juger que les états ont toujours
été ce qu'ils sont dans leur maturité où nous les étudions, comme à penser que nous avons possédé toujours
nos facultés dans tout leur développement (2) : il n'en
est rien, il n'y a d'inné que la spontanéité qui, elle-même,
a sa source dans l'organisme (3).

Condillac devance encore ici la théorie de l'adaptation
des organes au milieu dans la lutte des peuples pour la
vie (4). L'homme à l'état sauvage n'est guidé que par
ses besoins, dont le premier est celui de nourriture, qu'il
ne lui est pas difficile de satisfaire (5). Sans curiosité,
sans prévoyance de l'avenir, s'il n'a plus faim, « il dort
ou il végète : il n'a plus besoin de penser et il ne pense
plus (6). » Mais la nécessité de se défendre contre les
animaux carnassiers — ou, comme on dit aujourd'hui, la
concurrence vitale, — développera les facultés de son
corps, la vitesse à la course, l'adresse, l'agilité, donnera
de la pénétration et de la finesse à ses sens, de la force
à son tempérament. « Toutes les relations, » dit Condillac,

(1) *Hist. anc.*, t. IX, p. 21 : « C'est-à-dire tout ce qui, étant une suite
d'un ordre général que nous ne pénétrons pas, ne peut être deviné, et
n'est connu qu'autant que nous le voyons ou que nous l'apprenons de
ceux qui en ont été témoins. »

(2) *Ibid.*, p. 26.

(3) *Ibid.*, p. 52 : « Toute l'histoire vous prouvera qu'en général les
hommes n'imaginent de faire une chose que lorsqu'ils en ont déjà vu
des exemples, et que, par conséquent, il faut, pour qu'on projette de la
faire, qu'elle ait déjà été faite sans avoir été projetée. »

(4) « A mesure que les hommes se sont répandus sur la terre, il s'est
formé des nations séparées qui, se conformant aux lieux qu'elles habi-
taient, se sont accoutumées à différentes manières de vivre » (*Ibid.* p. 23).

(5) *Ibid.*, p. 37 : « Le gibier, le poisson, les fruits, les végétaux, tout
lui est propre, et c'est un avantage qu'il a sur les animaux qui ne peuvent se nourrir que d'une seule espèce de chose. »

(6) *Id., ibid.*

« confirment ces conjectures, » il aurait peut-être mieux dit cette synthèse (1).

Le besoin n'est pas seulement le ressort du développement individuel, mais encore des premières associations (2) : c'est un premier lien naturel « qui suffit pour former insensiblement des familles (3). » « La mère est nécessaire à l'enfant et l'enfant l'est lui-même à la mère (4). » La longue durée de l'enfance et de l'éducation donne naissance à une communauté d'habitudes qui persistent lors même que le besoin physique ne se fait plus sentir (5). Si chez les animaux les petits se séparent plus tôt de leur mère, c'est « qu'ils sont de bonne heure dans le cas de pouvoir se passer les uns des autres (6). » Ainsi, pour Condillac, c'est le besoin qui noue le lien familial, l'habitude qui le consolide : ce sont les mêmes mobiles qui portent les sauvages à vivre en troupes (7) et, comme ils sont unis par un intérêt commun et qu'ils ont peu d'intérêts contraires, les dissensions sont rares entre « ceux qui composent une troupe (8). » Condillac admet donc, contrairement à Hobbes, une tendance primitive des hommes à se rapprocher (9) et à se donner des secours mutuels : il reconnaît toutefois que le besoin pourra armer les unes contre les autres des troupes différentes, se disputant les contrées où elles se rencontrent (10) : la

---

(1) *Hist. anc.*, t. IX, p. 38.

(2) *Ibid.*, p. 39 : « L'auteur de la nature n'a pas voulu que les hommes vécussent absolument séparés : il les a liés par le besoin qu'ils ont les uns des autres. »

(3) *Ibid.*, p. 39.

(4) *Id., ibid.*

(5) *Id., ibid.*

(6) *Id., ibid.*

(7) *Id., ibid.*

(8) « Tous ceux qui composent une troupe sont unis par un intérêt commun; et ils ont peu de dissensions entre eux parce qu'ayant peu de besoins, ils ont peu d'intérêts contraires » (*Hist. anc.*, t. IX, p. 40).

(9) *Ibid.*, p. 39 : « Quand même les hommes ne seraient pas reliés par ce premier lien qui suffit pour former insensiblement des familles, ils se rapprocheraient encore suivant les circonstances où ils sentiraient qu'ils peuvent se donner des secours mutuels. »

(10) *Ibid.*, p. 40.

lutte pour la vie n'est pas originelle et d'homme à homme, mais accidentelle et de troupe à troupe : cependant l'habitude de la haine et des cruautés rendant la guerre continuelle en fera une sorte d'état naturel (1).

Les sauvages, se nourrissant de fruits, du produit de la pêche ou de la chasse, n'ont point d'abord de demeure fixe et ne s'arrêtent en un lieu qu'autant qu'il leur fournit de quoi subsister (2). Peu à peu certaines troupes se livrent à la vie pastorale, puis à l'agriculture : en même temps, les lois naturelles passent à l'état de lois positives et de lois civiles. Condillac regarde donc la société comme un organisme qui se développe d'abord mécaniquement et ne devient un contrat que plus tard (3). Les conditions du premier contrat, qu'on peut appeler naturel, furent purement tacites (4) : « L'homme n'a pas besoin de méditer pour les découvrir. Tout lui apprend qu'il ne doit pas nuire, s'il ne veut pas qu'on lui nuise, et qu'il doit secourir s'il veut être secouru. L'expérience suffit pour lui enseigner ces maximes, et elle les lui confirme tous les jours (5). » Mais, quand les peuples devinrent cultivateurs et se fixèrent, ces lois primitives furent insuffisantes et l'on y substitua des *lois* dites *civiles*. « On nomme ainsi les lois positives que se font les peuples cultivateurs, comme on nomme *sociétés civiles* les sociétés que forment ces peuples (6). » Ces lois à leur tour sont soumi-

(1) *Hist. anc.*, t. IX, p. 40 : « Toujours armées les unes contre les autres, elles s'accoutument aux plus grandes cruautés : elles se font un point d'honneur d'en commettre : elles se bravent uniquement pour se braver, et les haines, entretenues par des guerres continuelles, semblent tendre à les exterminer. »

(2) *Ibid.*, p. 40.

(3) « Les circonstances qui les ont conduits ont, pour ainsi dire, raisonné pour eux. Les obstacles qu'ils trouvaient à leur conservation lorsqu'ils étaient séparés suffisaient seuls pour les réunir. Une fois réunis, ils ont senti la nécessité d'agir de concert... » (*Ibid.*, p. 43.)

(4) *Ibid.*, p. 44.

(5) *Ibid.*, p. 45.

(6) *Ibid.*, p. 46.

ses à une évolution et se multiplient avec les besoins et les arts (1).

C'est d'ailleurs par une lente évolution que se fit le passage de la vie errante des pasteurs à la vie sédentaire des agriculteurs : « Lorsqu'on voit les peuplades qui erraient commencer à se fixer, ce changement doit être regardé moins comme les premiers temps des sociétés civiles que comme les derniers de la vie errante (2). » Naturellement portées à changer de lieu continuellement, elles contractent difficilement l'habitude de s'établir : c'est ce qui explique les émigrations si fréquentes dans les premières périodes de l'histoire (3). Appliquant toujours la méthode comparative et expérimentale, Condillac ne manque pas d'appuyer sa théorie sur des exemples : ainsi décrit-il la *révolution lente*, résultant des circonstances, qui amena les Grecs à se soumettre à des lois et à un chef (4). S'il n'emploie pas le mot organisme, il compare la société à « un automate qui ne se meut que par une force supérieure (5) » et qui partout se développe d'après les mêmes lois: Illyriens, Celtes, Ibériens furent autant de peuplades errantes qui « tombant continuellement les unes sur les autres, se chassaient, se mêlaient et se confondaient (6). » Le commencement a été identique pour tous les peuples (7) : tous les hommes ont en effet même

(1) « Les lois naturelles suffisent aux sauvages. A la rigueur, elles peuvent suffire encore aux peuples pasteurs; mais il faut aux peuples cultivateurs des lois positives... » (*Ibid.*, p. 45.) — « Les lois civiles doivent s'y multiplier à mesure que de nouveaux arts font naitre de nouveaux besoins » (*Ibid.*, p. 46).

(2) *Hist. anc.*, t. IX, p. 123.

(3) *Id.*, *ibid.*

(4) « Cette révolution lente est l'effet des circonstances qui, conduisant les Grecs d'usage en usage, les ont peu à peu préparés à se mettre enfin d'eux-mêmes sous le joug des lois; et les législateurs n'ont fait qu'achever ce qu'ils trouvaient commencé et déjà bien avancé par les circonstances mêmes... » (*Hist. anc.*, t. X, p. 515.)

(5) *Hist. anc.*, t. X, p. 526. « Les Etats sont des machines que les circonstances font mouvoir » (*Ibid.*, p. 525).

(6) *Hist. anc.*, t. XI, p. 2.

(7) *Ibid.*, p. 3.

organisation, mêmes facultés, mêmes besoins et les circonstances ont été partout semblables à bien des
égards (1). Condillac aboutit donc à un déterminisme
conséquent avec la doctrine évolutionniste : « les événements ne peuvent manquer de se répéter lorsque les
circonstances et les besoins sont les mêmes (2), et, puisque
les hommes ne se conduisent que par des usages, c'est
dans ceux des troupes errantes qu'il faut chercher l'origine
de ceux des sociétés civiles qui commencent (3). » Ainsi
un organisme inconscient, soumis à des lois purement
mécaniques, dans lequel il n'y a aucune division de
fonctions, où tous les éléments forment une masse
compacte autour d'une sorte de *nucleus* central, comme
on dirait aujourd'hui, voilà la société primitive d'où
sont sortis successivement les sociétés civiles et les
gouvernements. Cette forme simple, homogène, c'est ce
que Condillac se propose de découvrir en observant le
caractère général de l'esprit humain et les circonstances
où se sont trouvés les premiers hommes (4).

Le premier gouvernement fut monarchique : mais il
ne faut pas donner aux mots *roi* et *monarque* le
sens qu'on leur prête aujourd'hui : il ne s'agit à l'origine que de chefs autour desquels se groupent les peuplades, comme les familles autour du père (5). « Dans
les commencements il n'y avait encore ni rois ni nations : il n'y avait que des familles dont le père était le

(1) *Hist. anc.*, t. XI, p. 3.
(2) *Ibid.*, p. 5.
(3) *Ibid.*, p. 34.
(4) « Si nous nous trompons, nous aurons au moins l'avantage d'avoir
étudié le gouvernement dans sa forme la plus simple, et cette étude,
vous préparant à le suivre dans toutes les formes qu'il pourra prendre,
vous donnera plus de facilité pour vous faire une idée exacte des gouvernements compliqués » (*Hist. anc.*, t. IX, p. 43).
(5) « Nous sommes dans l'usage de nommer *rois* les chefs des peuples
barbares qui ont pillé et ensuite envahi les provinces de l'empire
romain. Cependant ils n'étaient pas rois proprement : c'étaient d'ordinaire des chefs qui marchaient à une entreprise à la tête d'une peuplade qui les avait choisis ou qui les suivait librement » (*Ibid.*, p. 29).

chef (1). » Quand plusieurs familles se furent réunies
pour lutter plus facilement contre les bêtes féroces ou
d'autres familles ennemies, elles choisirent vraisemblablement pour chef « celui qu'elles jugeaient plus propre
à les conduire (2). » Ce gouvernement accepté par intérêt, consacré par l'usage, établi sans violence, dura
autant que l'exigeait la défense contre l'ennemi commun (3). On ne soupçonnait pas qu'il pût y avoir d'autres formes de gouvernement (4) : on se soumettait volontiers au plus adroit, au plus fort (5). De même que
le père de famille avait toute autorité, même droit de
vie et de mort sur ses enfants (6), ce chef était à la fois
général, législateur et juge (7). Toutefois sa puissance,
à l'origine, n'était pas illimitée, bornée qu'elle était naturellement par celle des autres chefs de famille (8).
L'abus seul du pouvoir monarchique put amener les
peuples à former des républiques pour se gouverner
eux-mêmes. « Il était naturel qu'on changeât de maître
plutôt que de gouvernement, parce qu'on était prévenu
pour la monarchie, à laquelle on était accoutumé (9). »
« Les révolutions n'étaient pas l'effet de l'amour de la liberté, mais de l'ambition ou de l'inquiétude des différents partis (10). » On remplaçait un chef par un autre et

---

(1) *Hist. anc.*, t. IX, p. 49.

(2) *Id., ibid.*

(3) *Hist. anc.*, t. IX, p. 49 : « Le gouvernement d'un seul est donc
celui que l'usage aura introduit le premier; et ce gouvernement se sera
conservé tant que les familles réunies auront eu à se défendre contre
des ennemis communs. »

(4) *Ibid.*, p. 49.

(5) *Id., ibid.*

(6) « Il n'est pas à présumer que la société, en se formant, ait exigé
des pères qu'ils renonçassent à l'autorité que l'usage leur donnait sur
leurs enfants, et qui était telle qu'ils avaient sur eux droit de vie et de
mort » (*Ibid.*, p. 50).

(7) *Ibid.*, p. 49.

(8) « Il y a lieu de penser que les chefs de famille étaient au moins
consultés dans toutes les occasions importantes. Ils étaient trop puissants pour qu'on négligeât toujours de prendre leurs avis » (*Ibid.*, p. 51.)

(9) *Ibid.*, p. 49.

(10) *Ibid.*, p. 50.

« le gouvernement républicain ne pouvait pas s'élever
sur les ruines du gouvernement monarchique (1). »
Condillac invoque ici l'histoire de l'Asie qui n'a jamais
eu de peuples libres (2).

L'esprit de conquête et d'agrandissement ne se développa que progressivement : la facilité de vivre, la faiblesse de ces premiers *rois*, le peu de disposition de
leurs *sujets* à entrer dans leurs vues, l'espace qui sépa-
rait les diverses nations, tout s'opposait aux longues
et aventureuses entreprises (3). Les peuples cultivateurs
s'attachaient au sol, où ils trouvaient de quoi subvenir
à tous leurs besoins (4) : aussi est-il à croire que les
peuples pasteurs, comme le témoigne du reste l'histoire
des Égyptiens, ont été les premiers conquérants (5) :
encore ces premières expéditions eurent-elles moins
pour objet la soumission d'un territoire et d'habitants
« toujours prêts à secouer un joug auquel ils n'étaient
pas accoutumés (6) que le pillage et la destruction (7). »

Toujours conséquent avec son principe, Condillac soutient qu'on fait trop d'honneur au génie des Romains et
à la science politique de Romulus en particulier, en lui
attribuant la gloire d'avoir fait une constitution de toutes pièces (8). Un gouvernement n'est que le résultat

(1) *Hist. anc.*, t. IX, p. 50.
(2) *Id., ibid.,*
(3) *Ibid.*, p. 52, 53.
(4) « Les peuples cultivateurs étaient peu faits pour être conquérants.
Il n'en était pas de même des peuples pasteurs. Ne pouvant subsister
qu'autant qu'ils changeaient continuellement de lieu, ils faisaient souvent, sans doute, des incursions dans les pays cultivés. S'ils ne pouvaient pas s'en rendre maîtres, ils pouvaient au moins les piller, et, dans
les commencements, ils n'avaient pas d'autre objet » (*Ibid.*, p. 54).
(5) *Ibid.*, p. 55.
(6) *Ibid.*, p. 56.
(7) *Ibid.*, p. 56.
(8) *Hist. anc.*, t. XI, p. 43 : « Nous admirons la sagesse de Romulus
comme s'il eût emprunté avec connaissance de chaque espèce de gouvernement, et que la constitution de celui de Rome eût été absolument
à son choix. Je crois qu'il n'a fait que ce que les circonstances lui indi-
quaient elles-mêmes... Il en est des lois attribuées à Romulus comme
de la forme que prit le gouvernement : je veux dire qu'elles ne sont pas
son ouvrage. »

d'une évolution qui a son germe dans les usages primitifs que l'habitude a développés et fixés (1).

« Il est rare, » dit Condillac revenant à son déterminisme, « que l'homme dispose de l'avenir ; il est même rare qu'il y pense. Ce sont proprement les circonstances qui gouvernent le monde. Elles donnent l'impulsion, elles élèvent, elles précipitent et elles entraînent jusqu'à ceux qui pensent gouverner (2). »

Condillac ramène tous les gouvernements à deux formes principales, la monarchie et la république, entre lesquelles se trouvent différentes combinaisons qui se rapprochent plus ou moins de l'une ou de l'autre (3). Mais ces deux espèces fondamentales où, d'un côté, la souveraineté est tout entière entre les mains d'un seul, et, de l'autre, partagée également entre tous (4), peuvent donner naissance à deux excès qu'il faut éviter : le despotisme et l'anarchie (5). Il développe longuement les progrès, les abus, la décadence du despotisme et les caractères des gouvernements libres.

Il définit ainsi l'anarchie : « un temps de désordre où chaque citoyen prétend en quelque sorte réunir en lui les trois pouvoirs de la souveraineté, » où, chacun y prétendant pour lui seul, « la souveraineté n'est à personne et, par conséquent, il n'y a plus de souverain, plus de lois, plus de sûreté (6). » Au lieu d'une évolution régulière, c'est une régression violente : l'anarchie,

---

(1) « Une peuplade errante ne peut pas se gouverner sans un chef. Ce chef n'est pas absolu. Les principaux de la troupe ne lui obéiront pas, s'ils n'ont pas reconnu qu'il est de leur intérêt de lui obéir. Il est donc forcé à se concerter avec eux, et par conséquent ils deviennent son conseil. Mais ce conseil lui-même ne pourra rien s'il n'a l'aveu de toute la troupe. C'est ainsi que nous retrouvons, dans les usages d'une peuplade errante, le modèle de toutes les parties qui constituent le gouvernement de Rome, et qui sont un roi, un sénat et des comices » (Hist. anc., t. XI, p. 43).

(2) Hist. anc., t. XI, p. 96.

(3) Ibid., t. X, p. 408.

(4) Id., ibid.

(5) Ibid., t. X, p. 409.

(6) Ibid., p. 406.

dit Condillac, renouvelant ici les théories de Platon (1), peut ramener la tyrannie. « Cette crainte fut le principal motif qui détermina les peuples de la Grèce à songer aux moyens de partager les trois pouvoirs de manière à les tenir dans une espèce d'équilibre (2), » et par conséquent à constituer des républiques.

Non moins graves sont les vices du gouvernement despotique, non que le despotisme soit une puissance illimitée, mais c'est une puissance qui ne connaît pas de lois fondamentales (3). Il se développa surtout dans les anciens empires de l'Asie, où l'on était gouverné par des usages plutôt que par des lois (4). Le despotisme a son évolution (5) : il ne s'établit que par suite des circonstances et n'est adapté qu'à certains milieux (6) : le milieu social, l'entourage des grands qui avertissent le monarque qu'ils sont ses esclaves (7), est la cause la plus favorable à son développement. L'exemple du souverain se communique aux gouverneurs de provinces : mais leurs rivalités, leur ambition, leurs divisions, les délations par lesquelles ils cherchent à se perdre les uns les autres, en un mot « leur surveillance mutuelle est jusqu'à un

(1) Cf. Platon, *Répub.*, liv. VIII.

(2) *Hist. anc.*, t. X, p. 407.

(3) *Ibid.*, p. 419 : « On dit que cette puissance est arbitraire parce que le despote, ayant réuni en lui-même toutes les forces prépondérantes, paraît n'avoir qu'à commander pour être obéi. Cependant elle n'est pas absolument arbitraire, parce qu'il n'y a point de despote qui ne soit forcé à se faire des règles, ou même à s'assujettir à celles que lui prescrit l'opinion publique. »

(4) « Les usages ne tracent les limites que vaguement et confusément. On ne voit donc pas clairement où l'autorité doit s'arrêter; et le despotisme, à qui cette obscurité est favorable, s'étend insensiblement et comme à l'insu des peuples » (*Ibid.*, p. 432).

(5) « Comme toutes les choses humaines, le despotisme a eu ses commencements et ses accroissements » (*Ibid.*, p. 433).

(6) *Ibid.*, p. 436.

(7) « Dans un gouvernement absolument despotique, le monarque a, sur les grands qui l'entourent, la même autorité qu'un maître a sur ses esclaves... Cette autorité s'établit sans violence. Ce n'est pas le monarque qui pense à réduire les grands en servitude : ce sont les grands qui l'avertissent qu'ils sont ses esclaves. Il les croit et il les traite en conséquence » (*Ibid.*, p. 443).

certain point la sauvegarde des peuples (1). » Une des
causes qui contribuent le plus à rendre le despotisme
destructeur, c'est le progrès du luxe (2).

A cette forme extrême et violente de gouvernement (3),
Condillac oppose les gouvernements libres, où l'exercice
de la puissance souveraine est réglé par les lois (4), où
l'on n'a recours à la violence que « contre ceux qui veulent abuser de la liberté (5). » L'état de liberté est un
idéal dont on se rapproche plus ou moins, vers lequel
on doit tendre progressivement, mais dont les révolutions
prématurées éloignent le plus souvent (6).

C'est donc entre ces deux extrêmes, l'anarchie et le
despotisme, dans un gouvernement qui maintienne la
séparation et la pondération des pouvoirs, que les peuples trouveront la garantie de leur sécurité et de leur
bonheur, et c'est pour se l'assurer qu'ils ont fait des lois
civiles et politiques (7).

§ 2. — *Evolution du contrat social.*

L'établissement des lois dites positives ne vint qu'assez
tard (8). Le contrat social fut tacite avant d'être exprès :
il consistait d'abord dans des conventions faites naturellement et sans réflexion, dérivées de la nature de

(1) *Hist. anc.*, t. X, p. 446.
(2) *Ibid.*, p. 473.
(3) « La liberté exclut l'arbitraire et la violence » (*Ibid.*, p. 412).
(4) « Le gouvernement est libre, lorsque les lois règlent l'usage de la
puissance souveraine et en bannissent tout arbitraire » (*Ibid.*, p. 413).
(5) *Id., ibid.*
(6) « Un peuple approche plus ou moins de l'état de liberté auquel il
tend, et, d'ordinaire, il en approche sans y arriver : car les révolutions
qui paraissent l'y conduire l'arrêtent en deçà ou le poussent au delà,
jusqu'à ce qu'après l'avoir, à plusieurs reprises, jeté et rejeté d'un côté
à l'autre, elles l'ensevelissent dans la servitude, tombeau des nations »
(*Ibid.*, p. 414).
(7) *Ibid.*, p. 408, 412.
(8) « Il fallait qu'après avoir été jaloux d'une liberté sans bornes, les
peuples reconnussent enfin que, pour être véritablement libres, il faut
avoir des lois » (*Hist. anc.*, t. IX, p. 120).

l'homme et des circonstances où il se trouve (1). Comme l'organisation est partout la même dans tous les hommes, il suit qu'à l'origine de tous les peuples nous retrouverons les mêmes conventions naturelles (2) ; mais les circonstances ont amené la variété.

Les hommes s'étaient réunis pour assurer « l'avantage de tous pris ensemble et de chacun pris en particulier (3), » spontanément, obéissant aux circonstances et changeant d'usages avec elles (4). De ces usages, qui dépendaient des besoins, les uns étaient constants, les autres tombaient en désuétude, suivant qu'on en reconnaissait ou non l'utilité ; il y en eut qui s'établirent par la violence : mais l'usage constant eut force de loi et l'habitude le consacra (5).

Quels furent donc ces premiers usages ? Condillac suppose que les associations primitives, n'ayant en vue que l'intérêt, établirent pour règles de ne pas se nuire, d'être fidèles aux engagements, de se réunir contre l'ennemi commun, d'assurer à chacun la propriété de ses biens et de sa personne et de s'opposer à qui tenterait de troubler l'ordre établi (6). Mais ces règles générales sont susceptibles d'être modifiées par les circonstances (7) :

(1) « Elles sont l'effet de la nature de l'homme combinée avec les circonstances où il se trouve ; et, par la *nature de l'homme*, j'entends les besoins et les facultés qui naissent avec lui et qui sont, par conséquent, une suite de son organisation » (*Hist. anc.*, t. X, p. 386).

(2) « Tous ont commencé de la même manière, parce que tous sont nés avec les mêmes besoins et les mêmes facultés » (*Hist. anc.*, t. X, p. 386).

(3) *Hist. anc.*, t. X, p. 386.

(4) *Ibid.*, p. 388 : « Obéissant aux circonstances comme par instinct, et changeant d'usages moins par raison que par inquiétude. »

(5) *Ibid.*, p. 389 : « Alors dire : c'est l'usage, c'était dire : voilà votre devoir, voilà mon droit. — Plus on suivit l'usage établi, plus on se fit une habitude de le suivre. Cette habitude tint lieu de raison et l'antiquité parut mettre le sceau aux usages. »

(6) *Ibid.*, p. 390.

(7) « L'essence de la société civile est dans l'observation de ces règles : mais la manière de les appliquer est susceptible de mille modifications. Dans quelle occasion est-on censé nuire aux autres ? quelles sortes d'engagements est-il permis de contracter ? avec quelles précautions faut-il se réunir contre l'ennemi commun ? etc., etc. » (*Ibid.*, p. 390.)

de là la variété des usages et les vicissitudes de l'histoire des peuples (1). « Les sociétés civiles, » dit Condillac, « sont des corps lents à se former et prompts à se détruire. Dans l'origine, la succession des usages qui tendent à l'ordre ne l'établit que peu à peu et, dans la décadence, la succession des usages qui tendent au désordre l'amène brusquement... L'influence des usages sur les sociétés civiles est donc de les former et de les détruire (2). » Toutes ces remarques ne sont-elles pas conformes à la doctrine de l'évolution ? Suivons avec Condillac la genèse et le progrès des usages et des lois. Certains usages conduisant au désordre, on les corrigea ; une fois corrigés, ils devinrent les premières lois positives (3). Mais tant que les conventions ne sont que tacites, « elles ne sont ni assez claires, ni assez précises, ni assez notoires (4) ; » elles sont sujettes aux variations et à l'arbitraire, susceptibles d'applications et d'interprétations différentes, elles dépendent du caprice et de la passion des plus puissants (5). C'est ce qui fit sentir la nécessité d'établir des conventions expresses et de rendre les engagements solennels (6). Peu à peu on fut amené à distinguer, à classer les différentes lois suivant leur fin particulière ; comme on dit de nos jours, il y eut passage de l'homogène à l'hétérogène.

(1) « S'il est des nations privilégiées où la succession des usages est une réforme qui tend continuellement au perfectionnement de la société, il en est d'autres, et c'est le plus grand nombre, où les usages, se succédant sans se réformer, sont une suite d'abus et de désordres » (Hist. anc., t., X, p. 391).

(2) Ibid., p. 393.

(3) « Les premières lois positives n'ont été que des usages corrigés » (Ibid., p. 401).

(4) Ibid., p. 402.

(5) Id., ibid.

(6) « Tout cela se fit d'abord comme en tâtonnant et on fut longtemps, sans doute, avant de corriger les principaux usages de tout ce qui nuisait à la clarté, à la précision et à la notoriété. Cette révolution fut d'autant plus lente qu'il y eut toujours des hommes intéressés à s'y opposer. Mais enfin, à mesure qu'elle se fit, les conventions devinrent expresses et solennelles, et c'est alors qu'elles furent proprement des lois positives » (Ibid., p. 402).

Les premiers besoins de toute société civile étant la sécurité et la tranquillité, elle doit avoir à sa base « une puissance qui se fait respecter par tous ses membres et que par cette raison on nomme souveraine (1). » Elle se manifeste par trois pouvoirs qui, comme nous l'avons vu, doivent être séparés et se limiter mutuellement (2) : c'est le principe de la division du travail, qui a aujourd'hui son application non seulement en économie politique, mais encore dans toutes les parties de la science.

Si pour Condillac les nations sont des corps (3), ou, suivant la terminologie contemporaine, des organismes vivants, le souverain est la personne physique ou morale (4), à qui appartiennent les trois pouvoirs : dans les états despotiques cette souveraineté est arbitraire, dans les états libres elle est réglée par des lois positives dites fondamentales (5).

Parmi les lois positives sont les lois civiles (6), qui, chez les peuples anciens, ont été peu nombreuses et fort simples : elles se sont multipliées avec le temps et les besoins (7) : mais, en définitive, il n'y a pas de société, si primitive qu'elle soit, qui n'ait ses conventions sinon expresses, du moins tacites (8).

Puisque les lois positives ont pour origine les besoins, les facultés, l'organisation de l'homme, il n'est pas étonnant que Condillac y fasse rentrer ce qu'il appelle la loi d'opinion, qui statue sur les actions dont la loi civile ne

---

(1) *Hist. anc.*, t. X, p. 401.

(2) *Ibid.*, p. 405.

(3) « Elles forment autant de corps indépendants... » (*Ibid.*, p. 394.)

(4) *Ibid.*, p. 411.

(5) *Ibid.*, p. 41., 416, 429.

(6) « Les lois que le souverain fait pour déterminer ce que les sujets qui vivent sous son gouvernement doivent à l'Etat et ce qu'ils se doivent les uns aux autres pour le maintien de l'ordre, sont celles qu'on nomme *lois civiles* » (*Ibid.*, p. 474).

(7) *Ibid.*, p. 479. — Cf. *ibid.*, p. 105 : « Chez la plupart des peuples, la législation est l'ouvrage du temps et du hasard, plutôt que de l'expérience et de la réflexion. »

(8) « Nous ne saurions former une société qu'aussitôt nous ne nous obligions les uns à l'égard des autres » (*Traité des anim.*, p. 588).

prend pas connaissance (1). Mais cette loi a les défauts
des conventions tacites : elle varie avec les circonstances, dépend de nos préventions et de nos préjugés,
change de siècle en siècle, de contrée en contrée (2).
C'est elle qui favorise le despotisme en Perse, qui entretient au contraire en Grèce l'esprit de liberté (3). En
Grèce même, il est une cité où cette loi d'opinion produit de mauvais effets. Condillac à ce sujet fait un ma-
gnifique parallèle de la constitution d'Athènes et de
Sparte et oppose les résultats bienfaisants de l'inégalité
des richesses chez les Athéniens à cette chimérique
égalité que Lycurgue avait, par tant de précautions,
voulu assurer aux Spartiates (4). Il montre toutefois
comment le luxe croissant à Athènes d'une manière
disproportionnée avec les richesses, après la victoire de
Salamine et la domination de Périclès, y amena une
réelle inégalité (5), et termine ce tableau par cette loi :
« C'est ainsi que les états commencent dans la pauvreté, se corrompent avec le superflu et finissent dans
la misère (6). »

L'opinion influe donc sur l'état des peuples et étend
son empire sur toute notre conduite, nos habitudes, nos
pensées même (7) : elle est soumise à la loi de l'hérédité
et au préjugé de l'antiquité (8), et il est à remarquer

---

(1) « Quoiqu'elle ne soit pas proclamée solennellement, elle n'en est
pas moins notoire. Le public, par les jugements qu'il porte, la proclame, en quelque sorte, à chaque instant » (Hist. anc., t. X, p. 481).

(2) Id.; ibid.

(3) Ibid., p. 482-483.

(4) Ibid., p. 484-486.

(5) Hist. anc , t. X, p. 487 : « Le superflu devint la chose nécessaire...
C'est alors que les richesses amenèrent réellement l'inégalité. Il n'y eut
plus que des riches et des pauvres, et les riches furent pauvres eux-
mêmes, parce que l'accroissement des richesses ne fut pas en proportion avec l'accroissement du luxe. »

(6) Ibid., p. 488.

(7) Id., ibid.

(8) « Elles durent parce qu'elles ont duré. Parce que c'étaient celles
des pères, ce sont celles des enfants; et chaque génération juge qu'on
ne peut pas mieux penser qu'on pensait avant elle... » (Ibid., p. 491.)

que les plus dangereuses sont les plus durables (1).

Pour assurer la tranquillité de l'Etat et pour maintenir l'ordre social et la pureté des mœurs, il faut aux lois civiles et à la loi d'opinion ajouter les règlements de police, qui varient suivant les temps et les lieux (2).

Condillac fait donc reposer la constitution intérieure des gouvernements sur quatre espèces de lois, différant en autorité et en stabilité : « Les lois politiques et fondamentales, les lois civiles, les lois d'opinion et les règlements de police (3), » et toujours il insiste sur l'adaptation au milieu physique et social.

Les lois positives ne font qu'expliquer et développer les lois naturelles. Il semblerait donc que Condillac eût dû commencer par celles-ci, qui sont les principes et le modèle des autres. Mais il reste toujours d'accord avec sa méthode : les lois positives sont des faits dont il est facile de se faire des idées (4) et Condillac ne sait raisonner que d'après l'expérience (5). C'est en partant des conventions que les hommes ont faites qu'on peut remonter par l'abstraction (6) à ce qu'on doit entendre par l'état de nature, c'est-à-dire un état « auquel on donne une réalité qu'il n'a pas (7). »

Quant à lui, il appelle obligations naturelles celles qui dérivent des rapports que mettent entre les hommes

---

(1) *Hist. anc.*, t. X, p. 491.

(2) *Ibid.*, p. 493 : « La police souffre souvent chez un peuple ce qu'elle châtie chez un autre, indulgente ou sévère suivant les temps et suivant les lieux. »

(3) *Ibid.*, p. 495.

(4) *Ibid.*, p. 501.

(5) *Essai sur l'orig.*, t. I, p. 25 : « Notre unique objet doit être de consulter l'expérience et de ne raisonner que d'après des faits que personne ne puisse révoquer en doute. »

(6) « Considérons tous les hommes à la fois et oublions les différentes sociétés dans lesquelles ils vivent ; alors nous ne penserons ni aux conventions tacites qu'ils ont faites, ni aux lois positives qu'ils se sont prescrites, ni aux gouvernements qu'ils ont formés. Toutes ces choses seront, à nos yeux, comme si elles n'existaient pas » (*Ibid.*, p. 502).

(7) *Ibid.*, p. 501.

leurs facultés et leurs besoins naturels (1). Il ramène
ces lois à trois principales. La première est celle d'ado-
rer la divinité ; mais, dit-il, elle est première d'obligation et non de fait (2). Pour Condillac, en effet, l'idée de
Dieu est, comme toutes les autres, soumise à la loi
d'évolution (3). La seconde est que tous les hommes
sont égaux (4), et la troisième, qui en est une conséquence, c'est que chacun ne doit faire à autrui que ce
qu'il voudrait qu'il lui fût fait (5). Ces trois principes ré-
sument toutes les idées de justice et sont « indépendants
de toutes les conventions expresses (6) » : ils auraient
dû être le fondement de toutes les lois positives (7).

Les lois naturelles se trouvent chez les peuples les
plus sauvages. Si les idées qu'ils se forment de la Divinité sont bien absurdes (8), « ils n'ignorent pas que les
hommes naissent égaux. S'ils ne sont pas capables de
prouver cette vérité, ils la supposent au moins et ils n'en
doutent pas (9). » Quand les troupes errantes se laissent
conduire par un chef, à l'origine, ou plutôt comme parle
Condillac, dans l'établissement des sociétés, ce chef
n'est que le premier entre ses égaux (10). Ce n'est que

(1) *Hist. anc.*, t. X, p. 502 : « Nous ne verrons dans les hommes que
les besoins et les facultés qu'ils tiennent de la nature, et nous ne pourrons les considérer que sous les rapports qui naissent de ces besoins et
de ces facultés » (*Ibid.*, p. 502).

(2) *Ibid.*, p. 502.

(3) « Le premier usage des facultés ne conduit pas tout à coup les
hommes à la connaissance de leurs devoirs les plus essentiels. L'idée
d'un seul Dieu créateur suppose des raisonnements qu'ils ne sont capables de faire que lorsqu'ils ont déjà beaucoup raisonné » (*Ibid.*, p. 503).

(4) « Dans l'état de nature, chacun d'eux n'a pour supérieur que le
Dieu qui l'a fait » (*Ibid.*, p. 503).

(5) *Ibid.*, p. 503.

(6) *Id., ibid.*

(7) « Voilà les principes sur lesquels toutes les lois positives auraient
été fondées, si elles n'avaient jamais été que le développement des lois
naturelles. C'est ce que l'ignorance et les passions n'ont pas permis »
(*Ibid.*, p. 503).

(8) *Ibid.*, p. 504.

(9) *Ibid.*

(10) « Le chef d'une troupe errante n'est que le premier entre ses
égaux ; et si cette troupe se fixe, il n'est encore que le premier. Les

dans la suite des générations que certains hommes acquièrent par leurs services ou leurs talents « des droits
ou des privilèges qu'on leur cède volontairement ou
qu'on ne leur conteste pas (1). » Ainsi la loi positive
étant un contrat solennel peut, jusqu'à un certain
point, difficile toutefois à déterminer, modifier la loi
naturelle, mais elle ne peut l'anéantir (2).

Avant d'être liés par des engagements explicites, tous
les hommes ayant également le besoin d'être secourus
et le pouvoir de se secourir mutuellement (3), sont donc
portés à former, sans délibération, par un contrat tacite, des associations que font naître les circonstances (4). Ils ne pèsent ni les motifs ni les conditions de
ces associations : « Le sentiment est pour eux un guide
plus sûr et plus prompt (5). »

Ce contrat naturel et implicite se nomme social, parce
qu'il est le fondement de la société qui se forme (6).
« C'est un acte par lequel chacun s'engage tacitement
envers tous et tous envers chacun. Aussitôt qu'il est
passé, chaque membre est protégé par le corps entier
de la société, et la société elle-même est défendue par
les forces réunies de tous les membres (7). » Condillac
ne devance-t-il pas ici la proposition compréhensive :
« Mécanisme au début, contrat à la fin : voilà toute
l'histoire de la société (8) ? »

Le contrat une fois passé, les hommes, qui étaient

---

membres veulent bien consentir à une subordination qu'ils jugent nécessaire au maintien de l'ordre; mais ils ne se soumettraient que forcément
à une subordination qui détruirait toute égalité » (*Ibid.*, p. 504).

(1) *Ibid.*, p. 505.
(2) *Id.*, *ibid.*
(3) *Ibid.*, p. 506.
(4) *Ibid.*, p. 507.
(5) « Ils ne se réuniraient pas assez tôt, s'ils ne se réunissaient qu'après
avoir pesé tous les motifs de se réunir et arrêté toutes les conditions
de leur association... Ils se rapprochent donc et ils se trouvent engagés
sans avoir pensé à former aucun engagement » (*Ibid.*, p. 507).
(6) *Ibid.*, p. 507.
(7) *Id.*, *ibid.*
(8) Voir A. Fouillée, *Science sociale*, p. 124.

égaux par la nature, conservent l'égalité de leurs droits :
de là résulte pour chacun d'eux celui de jouir des fruits
de son travail ou de la propriété (1). L'inégalité des
fortunes pourra naître de l'égalité de droits, c'est-à-dire
de l'exercice inégal, mais libre pour tous, de l'activité :
néanmoins elle ne pourra entraîner jamais l'inégalité
dans le droit à la conservation (2).

Les rapports qui s'établissent plus tard de nation à
nation donnent lieu à de nouveaux engagements, qui
doivent reposer aussi sur la loi naturelle, ou sur ce qu'on
appelle particulièrement, droit de la nature ou droit naturel (3). C'est le fondement du droit des gens et du
droit public (4).

Quels sont donc les principes du droit des gens d'après
Condillac? De même que l'homme, pris individuellement, a le droit de jouir des fruits de son travail, que
le travail est le fondement de la propriété individuelle,
de même il faut, tout en reconnaissant jusqu'à un certain point le droit de premier occupant, considérer le
travail comme le facteur principal de la propriété des
nations (5). — Comme on le voit, Condillac se sépare

(1) *Hist. anc.*, t. X, *ibid.*

(2) *Ibid.*, p. 508 : « Tous ne travailleront pas également ni avec le même
soin, ni avec le même talent. Les fruits du travail ne seront donc pas
également partagés. Il arrivera donc que les uns auront plus, les autres
moins, et les fortunes seront inégales. C'est ainsi qu'après le contrat
passé, l'inégalité naîtra naturellement de l'égalité même, qui était auparavant entre les contractants. Mais quoique inégaux par la fortune, ils
continuent d'être tous égaux en ce que chacun, ayant le même droit à
sa conservation, a aussi le même droit à la protection de la société. Elle
doit à tous de quoi subsister, et, par conséquent, les lois doivent veiller
indistinctement à la conservation de tous... » « La puissance législative
a seule le droit de changer les lois. »

(3) *Ibid.*, p. 511.

(4) *Ibid.* : « Par conséquent, le droit des gens et le droit public sont
injustes s'ils sont contraires au droit de la nature! »

(5) « En se fixant, chaque société acquiert un droit de propriété sur
les pays qu'elle cultive. Ce droit n'est pas fondé sur ce qu'elle s'en est
saisie avant toute autre, car il serait absurde de dire qu'on est maître
d'un pays pour y être arrivé le premier. Tout terrain qui n'est pas cul-
tivé appartient également à tous les hommes : il leur est nécessairement
commun, parce que la nature produit, sans distinction, les fruits pour

absolument de J.-J. Rousseau et pense comme Adam Smith, dont les *Recherches sur la nature et la richesse des nations* ne furent publiées qu'en 1776 (1).

Il suit de là qu'un Etat n'a aucun droit sur les terres d'un autre Etat, pas plus que sur les personnes et la société qu'elles forment (2). Contrairement à Hobbes, Condillac proteste énergiquement contre le droit du plus fort, qui est pour lui une contradiction dans les termes (3). Il compare tout gouvernement conquérant par sa constitution à un brigandage (4); il conteste la légitimité des guerres entreprises par ambition et le droit de conquête, si ce n'est comme dédommagement des torts qu'on a reçus (5).

Tels sont les principes naturels qui devraient régler les rapports des nations entre elles : mais ils ont été en général peu observés : préjugés, habitudes, intérêts, passions, voilà ce qui dirige le plus souvent les peuples (6).

C'est le besoin, autrement dit la lutte pour la vie ou la concurrence vitale, qui amena les premières guerres entre les nations comme entre les individus (7). Dans

la conservation de tous, lorsqu'elle les produit toute seule. C'est donc la culture qui fonde la propriété des habitants. Les terres leur appartiennent exclusivement, parce que les productions sont dues à leur travail, et le droit de premier occupant, dépouillé du titre que donne la culture, est un droit sans fondement » (*Hist. anc.*, t. X, p. 512).

(1) Le *Cours d'études* de Condillac parut de 1769 à 1773.

(2) *Hist. anc.*, t. X, p. 512 : « Tous les états souverains sont, de droit, égaux et indépendants. »

(3) « Si la force met dans la nécessité d'obéir par prudence, elle ne peut jamais changer l'obéissance en devoir. Elle détruirait, au contraire, toute obligation, puisqu'elle transporterait l'autorité au plus faible lorsqu'il deviendrait assez puissant pour désobéir impunément » (*Ibid.*, p. 513).

(4) *Ibid.*, p. 512.

(5) *Ibid.*, p. 513.

(6) *Ibid.*, p. 514 : « Dès lors, les prétentions deviennent des droits, les prétextes sont des raisons, et les entreprises les plus injustes se voilent des apparences de la justice. »

(7) « Les peuples pasteurs ne pouvant subsister qu'autant qu'ils changeaient continuellement de lieu, faisaient souvent, sans doute, des incursions dans les pays cultivés. S'ils ne pouvaient pas s'en rendre maîtres, ils pouvaient au moins les piller, et, dans les commencements, ils n'avaient pas d'autre objet » (*Ibid.*, t. IX, p. 54).

ces premières guerres, les vaincus sont exterminés, réduits en esclavage ou soumis à un tribut, qu'ils sont quelquefois incapables de payer et les guerres recommencent (1). Comme il n'est pas aussi facile d'assujettir les peuples que de les vaincre, les premiers conquérants, même les plus ambitieux, ne portaient au loin leurs armes que pour piller et détruire (2). Le besoin n'explique pas seulement les incursions (3), mais encore les migrations successives des premiers temps (4) : c'est le désir d'apprendre d'eux les commodités de la vie qui poussa souvent les peuplades à suivre les chefs de hordes, au lieu de fuir à leur approche (5). D'ailleurs, le goût des peuples barbares pour le brigandage provient de l'estime qu'ils attachent à la force du corps (6) : ce préjugé est si enraciné qu'il survit aux progrès de la civilisation et que « Platon et Aristote n'ont regardé le brigandage que comme une espèce de chasse (7). » Nous-mêmes n'en avons-nous pas conservé quelque germe ? « N'accordons-nous pas, » dit Condillac, « toute notre considération aux conquérants? Cependant cette considération n'est autre chose qu'un reste de l'estime que nos pères barbares accordaient aux brigands (8). » Est-il difficile de retrou-

---

(1) *Hist. anc.*, t. IX, p. 55.

(2) « Ils dévastaient tout sur leur passage : ils exterminaient les nations, ils ne laissaient la vie que pour donner des fers, et, sans avoir reculé leurs frontières, ils revenaient avec du butin et des esclaves » (*Ibid.*, p. 56).

(3) *Hist. anc.*, t. XIV, p. 232.

(4) *Ibid.*, t. XI, p. 2.

(5) Les premiers conquérants étaient « des chefs qui, marchant à la tête d'une peuplade avec plus de bruit et avec plus de spectacle, étonnaient plus qu'ils n'effrayaient. S'ils ont paru acquérir quelque autorité sur d'autres peuplades, c'est qu'au lieu de les fuir on venait à eux par curiosité, et qu'on les suivait ensuite pour apprendre d'eux les commodités de la vie » (*Hist. anc.*, t. XIV, p. 230).

(6) « Ce genre de vie a toute leur estime : c'est une lâcheté à leurs yeux d'attendre d'un travail long et pénible ce qu'on peut, avec du courage, se procurer en un seul instant : et la gloire qu'ils attachent à la force du corps est le titre qui les autorise à toutes sortes de violences » (*Hist. anc.*, t. X, p. 398).

(7) *Id., ibid.*

(8) « Car la conquête ne cesse pas d'être un brigandage, parce qu'au

ver dans cette analyse l'application du principe de l'évolution, et même de la loi d'hérédité?

Condillac, tout en admettant que certaines guerres peuvent être légitimes, comme lorsqu'on a dû repousser la force par la force (1), tout en reconnaissant le droit de conquérir pour affaiblir un ennemi qui montre une ambition injuste (2), remarque que la plupart des guerres ont pour cause, outre l'ambition, une fausse idée de gloire, une intrigue de cour, l'intérêt d'un ministre, la jalousie d'une nation à l'égard d'une autre (3), quelquefois « l'inquiétude qu'une longue paix produit dans un peuple courageux, parce qu'elle le laisse trop longtemps dans un état tranquille (4). » Cette énumération complète et ce développement suivi ne sont-ils pas le résultat de cette analyse que, d'après quelques-uns, Condillac aurait trop négligée? Et si l'on convient de donner à ce procédé le nom de synthèse, ne faut-il pas avouer qu'elle a été précédée d'une scrupuleuse analyse, entière, distincte et graduée?

En examinant et critiquant le droit des gens primitif, Condillac est amené à discuter l'origine de l'esclavage, qu'il déclare aussi illégitime que le droit de vie et de mort que le vainqueur s'arrogeait sur le vaincu, et qui, par la force des usages, a passé jusque chez les nations les plus civilisées (5) : tant les habitudes deviennent fa-

lieu de dépouiller quelques particuliers, elle dépouille des nations et détruit des empires » (*Ibid.*, p. 398).

(1) *Hist. anc.*, t. X, p. 399.

(2) *Ibid.*, p. 399 : « Lorsqu'ayant été dans la nécessité de repousser la force par la force, on a droit de conquérir parce qu'on a droit à un dédommagement, ou encore parce qu'on a droit d'affaiblir un ennemi qui montre une ambition injuste. Mais nous applaudissons à toutes les conquêtes. »

(3) *Ibid.*, p. 399.

(4) *Id., ibid.*

(5) « Suivant ce droit des gens, les prisonniers de guerre étaient esclaves, et nous avons vu que les Lacédémoniens usaient même cruellement de ce droit avec les Ilotes. Il est évident que c'est là une suite du droit de vie et de mort que le vainqueur s'arrogeait sur le vaincu : usage barbare, d'où l'on concluait que le prisonnier appartenait en propre à celui qui avait été maître de lui ôter la vie. Telle est cependant la

cilement héréditaires! C'est aussi parce que les hommes
se conduisent d'après des maximes dont ils se sont fait
des habitudes (1) qui, se transmettant de génération en
génération, s'enracinent de plus en plus (2), que se
maintient le préjugé en faveur des conquérants. Condillac, dans le cours de son histoire, revient sans cesse
sur la comparaison de la conquête au brigandage. Un
changement de nom suffit-il pour provoquer, au lieu
d'un blâme mérité, notre « admiration stupide (3) ? »
Quelle que soit l'évolution de l'esprit conquérant, il
conserve toujours quelque trace de sa barbare origine.
Aussi Condillac attaque-t-il vigoureusement la politique
des Romains (4), dont la férocité croissait avec les progrès de la république (5). C'est que les effets de l'habitude sont les mêmes dans l'évolution sociale que dans
l'évolution des individus : « Le peuple ne raisonne pas,
il juge par habitude, et il est porté à croire toujours ce
qu'il a cru une fois. Il croit par imbécillité et sans réfléchir (6). » Il est vrai qu'aussi sévère pour les philosophes
que pour le vulgaire, il leur adresse un de ces traits

forco des usages que ce droit, qui choque la nature et la raison, a été
reçu chez les nations les plus éclairées » (Hist. anc., t. X, p. 397).

(1) Hist. anc., t. XII, p. 278.

(2) Ibid., t. XIV, p. 56.

(3) « Si, depuis qu'elles sont civilisées, les nations condamnent le brigandage et les brigands, elles no les condamnent que sous ces noms :
elles les considèrent sous ceux de conquête et de conquérants, et,
quoiqu'il n'y ait que les mots de changés, elles regardent comme des
succès glorieux la dévastation des provinces, la ruine des monarchies
et la fondation de nouveaux empires. Il semble que nous applaudissions
à de grandes révolutions, parce qu'elles nous offrent de grandes cala-
mités : les conquérants deviennent l'objet de notre admiration stupide,
et le droit de conquête s'établit comme un droit incontestable » (Ibid.,
t. XI, p. 140).

(4) « Comme brigands, ils auront toujours besoin de faire la guerre,
et comme superstitieux, le moindre prétexte la leur fera toujours paraître
juste » (Ibid., t. XI, p. 140).

(5) « Car un peuple conquérant ne peut être qu'un despote inhumain.
Si le luxe adoucit ses mœurs à quelques égards, il achève d'étouffer en
lui tout sentiment d'humanité » (Ibid., t. XIII, p. 5).

(6) Ibid., t. XIV, p. 64.

dédaigneux que lui a reprochés Cousin (1) : « Le philosophe, » dit-il, « tient encore plus à ses opinions. Il s'imagine être éclairé parce qu'il raisonne; il compte d'autant plus sur ses lumières qu'il raisonne plus mal; il s'offense s'il est contredit : il s'entête par amour propre (2). »

Comment, en effet, ne continuerait-on pas à obéir à la même impulsion? « Quand le gouvernement a pris une certaine marche, il n'est pas facile de la changer : il est même rare qu'on y pense (3). » S'il en est ainsi des nations policées et dans l'état de paix, que doivent être des peuplades barbares et en guerre? Même dans les premières « l'exemple est d'ordinaire l'unique règle des princes et, sans réfléchir sur la différence des circonstances, ils font ce qu'ils savent que leurs prédécesseurs ont fait (4). »

Aucune entreprise armée, — si ce n'est dans le cas de légitime défense, — ne trouve grâce devant le jugement de notre philosophe : aucun prétexte ne peut excuser l'injustice, la cruauté, le crime et la dévastation. L'abbé de Condillac enveloppe dans sa généreuse réprobation les Croisades et l'abus qu'on fit de la religion dans ces expéditions et d'autres analogues (5). Quoiqu'il s'adresse au petit-fils de Louis XV, il ne craint pas de condamner le pape Innocent III qui, au nom de la foi, « paraissait vouloir exterminer tous les chrétiens (6), » l'établissement de l'Inquisition, qu'il appelle une croisade toujours subsistante (7), les guerres de religion, qui

---

(1) Cousin, *Introd. à l'histoire de la philosophie*, 12ᵉ leçon, p. 263.
(2) *Hist. anc.*, t. XIV, p. 64.
(3) *Hist. mod.*, t. XV, p. 12.
(4) *Ibid.*, p. 35.
(5) *Ibid.*, p. 561 : « Ces hommes, qui avaient si peu de religion dans le cœur, en avaient toujours le nom dans la bouche... C'était pour la religion qu'on violait toutes les lois, qu'on méprisait la foi des traités, et qu'on exerçait sur les musulmans les cruautés les plus contraires à l'esprit de l'Évangile. » — Cf. *Ibid.*, p. 541, et t. XVI, p. 43, 49.
(6) *Hist. mod.*, t. XVI, p. 43.
(7) *Ibid.*, p. 56.

excitent son indignation et échauffent son style (1).

Ainsi celui qu'on a appelé le métaphysicien du dix-huitième siècle et qu'on a rendu responsable d'un matérialisme et d'un égoïsme étroits (2), prêche en morale les grands principes de tolérance qu'à la suite de Loke proclament et soutiennent avec lui ses plus illustres contemporains. Ce précepteur de prince exprime hardiment devant son royal élève l'horreur que lui inspirent les crimes commis au nom de la religion et de la raison dE'tat. Fanatisme, superstition, dissimulation sont plus odieux et plus méprisables à ses yeux que le brigandage des temps primitifs : il préfère la barbarie qui précède la civilisation à celle qui la suit ; il ne supporte pas qu'on puisse louer les souverains dont toute la politique n'a consisté que dans la ruse (3); il n'est pas moins sévère pour leurs panégyristes (4).

Condillac, toujours d'accord avec ses principes, ne

---

(1) « Vers le milieu du seizième siècle, Monseigneur, ce n'était pas un seul novateur qui enseignait l'hérésie... Les hérétiques étaient alors en Allemagne, par rapport aux catholiques, comme les Turcs par rapport aux chrétiens : c'étaient des nations... Cependant on va prendre les armes contre eux. Des princes, des factieux feront servir à leur ambition le zèle, la crédulité, le fanatisme des peuples. Vous verrez l'Europe souillée de tous les crimes de la superstition armée... Ce sont vos ancêtres qui, par un zèle aveugle, auront été la première cause de tous les maux, et vous les verrez au moment de perdre leur couronne » (*Hist. mod.*, t. XVIII, p. 73).

(2) Voir Cousin, *Philosophie sensualiste au dix-huitième siècle*, p. 130, 4ᵉ leç. Cf. *Introd. à l'histoire de la philosophie*, 3ᵉ leç. p. 62. — *Hist. générale*, 10ᵉ leç., p. 357, etc.

(3) « La dissimulation et la fausseté étaient le sublime de la politique, au point qu'on tirait vanité d'être dissimulé et faux. Tels étaient surtout Ferdinand le Catholique, Charles-Quint et Philippe II, et il y a des historiens qui les en louent » (*Hist. mod.*, t. XVIII, p. 117).

(4) « Vous voyez que si les princes sont quelquefois assez aveugles pour croire qu'un vice est une vertu en eux, les écrivains sont souvent assez sots et assez bas pour donner à ce vice le nom de vertu » (*Ibid.*, p. 117). — Il poursuit notamment de toute la force de sa critique le P. Daniel et le combat, pour ainsi dire, pied à pied, dans son éloge de François Iᵉʳ. Condillac s'écrie, en terminant : « Voilà cependant, Monseigneur, la morale avec laquelle on empoisonne les princes. J'ai cru devoir relever cet endroit du P. Daniel, afin de vous prémunir contre cet écrivain et ses pareils » (*Hist. mod.*, t. XVIII, p. 131. Cf. 137-138).

pouvait accepter les coups de force et les révolutions violentes, qui ne sont qu'un retour en arrière, un obstacle à l'évolution lente et régulière. Avant Auguste Comte, il regarde Philippe II d'Espagne, dont il trace énergiquement le portrait (1), comme un des rétrogradateurs de l'humanité.

C'est ainsi que parcourant l'histoire, résumant les faits et les ramenant à des principes généraux, Condillac ne perd jamais l'occasion de donner à son élève de hautes leçons de morale : l'étude même des siècles barbares peut être, dit-il, d'un utile enseignement (2). Ce qui fait le bonheur et la vraie prospérité des hommes et des peuples, c'est l'observation de la justice, de la tempérance, et le travail (3) : ce sont là les vertus qui maintiennent l'égalité des citoyens, la concorde et la force des nations. L'amour du luxe, la mollesse, l'oisiveté sont au contraire des ferments de dissolution (4) : c'est une loi que Condillac retrouve dans toutes les parties de l'histoire (5), et c'est le souverain qu'il rend surtout responsable du malheur et de la décadence des peuples (6). Il recommande sans cesse le principe de la

(1) Voir *Hist. mod.*, t. XVIII, p. 153-162. Cf. *ibid.*, p. 237. « On a représenté ce prince comme un grand politique qui, du fond de son cabinet, remuait toute l'Europe; je ne conçois pas pourquoi on lui fait cet honneur... Philippe n'a été qu'une âme cruelle, un esprit faux et brouillon » (*ibid.*, p. 291).

(2) *Hist. mod.*, t. XVI, p. 405 : « Quelle que soit la barbarie de ces siècles, vous y trouverez de grandes leçons, si vous savez les étudier. »

(3) *Ibid.* : « Vous verrez que les hommes ne sont heureux qu'autant qu'ils sont justes; que la justice est l'effet de la tempérance et du travail; qu'elle ne saurait se trouver où ces vertus premières ne sont pas... »

(4) « L'inégalité odieuse qu'amènent les richesses divise nécessairement tous les ordres; elle les affaiblit, par conséquent, et elle tend même à les ruiner les uns par les autres... » (*ibid.*).

(5) « Si les Grecs et les Romains n'ont plus eu de patrie lorsqu'ils ont accordé toute la considération aux richesses, que pouvaient devenir des peuples tout à la fois barbares et riches ? (*ibid.*, p. 406.)

(6) « La prospérité ou l'humiliation du royaume est son ouvrage, et la fortune contraire n'est jamais que l'incapacité d'un souverain sans talents et sans vertus » (*ibid.*, p. 407).

séparation et de la pondération des pouvoirs (1) et insiste particulièrement sur la distinction du spirituel et du temporel (2).

Condillac, pour qui l'histoire est l'expérience des siècles passés (3), et qui tient toujours compte du milieu, résume ainsi ses conseils : « En un mot, étudiez les désordres qui ont troublé l'Europe ; démêlez-en les causes ; prévenez les abus qui peuvent renaître, détruisez ceux qui restent dans vos Etats. Mais usez toujours des ménagements que demandent les circonstances et songez qu'il faut souvent prendre des précautions pour s'assurer de faire le bien (4). » C'est que la politique, comme la morale, doit reposer sur la considération de notre nature (5) : ses deux pôles sont le besoin, d'où elle part, le bonheur où elle doit aboutir.

Ce n'est pas seulement au gouvernement et aux rapports des nations entre elles, mais encore à tout ce qui exerce une action sur l'état social, les arts, les sciences, les lettres, le commerce et l'industrie, que Condillac applique la loi de l'évolution. Si donc le mot « sociologie », qu'il n'aurait peut-être pas facilement accepté, est nouveau dans la langue, la science qu'il désigne avait été ébauchée par Condillac : il en avait vu l'importance et indiqué assez systématiquement la méthode.

---

(1) « Toutes les cours vous apprendront où conduit une ambition sans règle, lorsque le prince se croit autorisé à tout sur la parole de ses flatteurs..., mettez chacun à sa place et tenez-vous à la vôtre... » (Hist. mod., t. XVI, p. 409).

(2) Ibid., p. 409.

(3) Hist. anc., t. IX, p. 4.

(4) Hist. moderne, t. XVI, p. 409-410.

(5) Ibid., t. XVII, p. 94 : « Lorsque nous considérons que les hommes sont nés pour la société, nous découvrons bientôt ce qu'ils se doivent les uns aux autres, parce que chacun voit dans ses besoins ce qu'il est en droit d'exiger de ceux avec qui il s'associe, comme il voit dans leurs besoins ce qu'il est dans l'obligation de faire pour eux. Par là, comme notre constitution physique est le principe de nos besoins, elle est aussi le fondement du contrat social, par lequel nous nous promettons naturellement des secours, pour nous procurer des avantages réciproques, et, renonçant à une liberté sans bornes, nous cédons chacun quelque chose afin qu'on nous cède. »

CHAPITRE IV.

ÉVOLUTION DES ARTS.

§ 1er. — *L'agriculture.*

Le premier des arts est l'agriculture, si ancienne que les Grecs en ont attribué l'invention à des dieux (1). C'est elle qui contribua d'abord à changer et à adoucir leurs mœurs sauvages et vagabondes (2); c'est d'elle que sont nés tous les autres arts (3). Les sociétés civiles ont eu besoin de la perfectionner promptement (4). Appliquant intuitivement la méthode si bien précisée par Claude Bernard (5), Condillac ramène ses progrès aux trois moments suivants : on aura observé la nature, fait des suppositions, renouvelé les expériences (6).

Si l'agriculture se perfectionna assez vite, c'est qu'elle répondait à l'un des besoins les plus pressants : « d'un

(1) *Hist. anc.*, t. IX, p. 107.

(2) *Ibid.*, p. 108 : « Alors de nouveaux royaumes se forment de toutes parts ; la Grèce sent croître ses forces ; les peuples contractent des alliances... »

(3) *Hist. anc.*, t. X, p. 26.

(4) *Ibid.*, p. 25.

(5) Voir Cl. Bernard, *Introduction à la médecine expérimentale;* cf. Naville, *Logique de l'hypothèse*, p. 2.

(6) « Les tentatives qui n'auront pas réussi auront fait voir la fausseté des suppositions. Les mauvaises récoltes auront contraint d'abandonner un système pour lequel on était prévenu. On se sera instruit par ses fautes et les progrès de l'agriculture auront été en proportion du besoin de rendre la terre fertile et de la facilité de reconnaître les méprises où l'on tombait » (*Ibid.*, t. X, p. 25).

côté l'utilité sentie par le besoin, de l'autre les méprises aperçues par l'expérience : voilà les causes des progrès de l'esprit humain (1). » Aussi dut-elle être à l'origine en grande considération, puisque seule elle pouvait faire subsister les hommes. Sans doute elle eut à souffrir lors de l'établissement des empires, qu'avait précédé la dévastation (2) : mais bientôt les monarques eux-mêmes la protégèrent (3) et contribuèrent à son développement par les travaux gigantesques qu'ils entreprirent (4).

D'ailleurs, c'était surtout sur les villes que s'abattait le fléau de la guerre (5); les campagnes n'offraient guère à l'envahisseur que des denrées difficiles à emporter (6), et le laboureur, qui trouvait dans son champ, en abondance, toutes les choses nécessaires, n'ambitionnait pas un autre état. « Naturellement porté à rester où il se trouve, il ne cherche sa vie ailleurs qu'autant qu'il y est forcé (7) : » c'est ce qui explique même comment, malgré les guerres d'extermination, certaines parties de l'Orient furent si peuplées. « Les familles se reproduisent facilement, lorsque le gouvernement leur permet de vivre de leur travail (8). » N'est-ce pas la loi de Malthus? Condillac montre combien le progrès du luxe nuit au développement de l'agriculture (9). Née du be-

---

(1) *Hist.* anc., t. X, p. 27 : « Les hommes n'étudieront qu'autant qu'ils sentiront le besoin de s'instruire, et ils ne s'instruiront par l'étude qu'autant qu'ils auront des moyens pour reconnaître leurs méprises » (*Ibid.*, p. 28).

(2) *Ibid.*, p. 448.

(3) *Ibid.* : « Ils la protégeaient d'autant plus que l'utilité en était plus sentie dans ces temps où les arts de luxe n'étaient pas connus. »

(4) « Je veux parler des canaux creusés en Egypte et dans la Babylonie, pour faire servir à la fertilité des terres les débordements du Nil, du Tigre et de l'Euphrate » (*ibid.*, p. 449).

(5) *Ibid.*, p. 452.

(6) *Ibid.* : « Et, d'ailleurs, ils vivaient à l'abri de la protection accordée à l'agriculture. »

(7) *Ibid.*, p. 456.

(8) *Id., ibid.*; cf. *Hist. mod.*, t. XIX, p. 137 et 146 ; cf. *Hist. ancienne*, t. IX, p. 10.

(9) « Lorsque la manière de vivre est simple, l'agriculture est floris-

soin, elle fut le premier germe de la civilisation (1) : les
peuples ne sortent de la barbarie qu'autant qu'ils se
fixent et cultivent la terre : on peut s'en assurer en observant les nations asiatiques (2). Les plus promptement
policées furent celles où l'agriculture fut connue de
bonne heure. La concurrence vitale et l'influence du
milieu, voilà ce qui transforme les hordes barbares en
peuples agriculteurs et fait des sauvages des citoyens (3).

Nous avons vu Condillac d'accord avec Malthus : comme
la plupart des économistes contemporains (4), il est aussi
partisan de la petite propriété : la terre, selon lui, ne
peut être bien cultivée par les grands propriétaires, qui
vivent loin de leurs possessions, et qui sont souvent
amenés par le luxe à les négliger et même à les dégrader
pour se procurer des ressources momentanées (5). Avant
eux enfin, il avait résumé, dans cette maxime qu'il prête
à Sully, l'influence réciproque du gouvernement et de
l'agriculture. « Le gouvernement est bon lorsqu'il n'y a
point d'hommes ni de champs inutiles : il est moins bon
à proportion qu'il y a plus d'hommes désœuvrés et de
champs incultes (6). »

sante..., lorsque le luxe règne, l'agriculture devient moins florissante et
la misère augmente continuellement dans les campagnes » (Ib., p. 471).

(1) « De l'agriculture naissent successivement la police, l'abondance,
la douceur des mœurs, les arts, le luxe et la mollesse » (t. XIV, p. 250).

(2) Hist. anc., t. XIV, p. 249, 250.

(3) Hist. anc., t. XIV, p. 250-254 : « C'est ainsi que les mêmes hordes
qui erraient en Scythie dans des pâturages, séparées par de vastes dé-
serts, deviennent des corps de citoyens, lorsqu'en Europe elles sont
resserrées par des pays fertiles » (Ibid., p. 255).

(4) Voir E. Levasseur, Cours d'économie rurale, etc. — H. Passy, Des
systèmes de culture et de leur influence sur l'économie sociale. — L.
de Lavergne, Économie rurale de la France depuis 1789, etc. — E. Levasseur, La France et ses colonies, etc. — Baudrillart, Manuel d'économie.

(5) Hist. anc., t. X, p. 469 : « Il est au moins certain que leurs terres
ne sont pas aussi bien cultivées que les champs d'un paysan qui ne sort
pas de son hameau. Il n'y a des friches que dans les domaines des
grands propriétaires » (Ibid., p. 470).

(6) Hist. mod., t. XVIII, p. 391.

§ 2. — *Processus des arts et des sciences.*

C'est de l'agriculture, dit Condillac, que sortent tous les arts (1). D'abord il en est qui sont d'une absolue né-cessité aux peuples cultivateurs : « Il faut qu'ils inven-tent les instruments propres au labourage, qu'ils ap-prennent à travailler les métaux, qu'ils déterminent les saisons et qu'ils bâtissent des villes (2). » Ces arts pré-cèdent les progrès de l'agriculture (3) : mais celle-ci une fois perfectionnée, il en naîtra d'autres (4), et, grâce au commerce, qui multipliera les genres de richesses, on passera des besoins nécessaires aux besoins superflus et les arts de luxe se développeront (5). En définitive, tout le processus des arts et des sciences se ramène à ces trois points principaux : « besoins, société, communica-tion d'idées (6). »

A l'origine, tous les arts étaient confondus : c'est par la division du travail que se fit le passage de l'homo-gène à l'hétérogène (7) : en même temps, tous étaient également considérés (8), parce qu'on en jugeait d'après l'utilité, et que personne ne s'arrogeait le privilège exclusif

(1) *Hist. anc.*, t. X, p. 27.

(2) *Hist. anc.*, t. IX, p. 46. — Cf. t. XI, p. 21.

(3) *Ibid.*, p. 47 : « Ces arts précèdent l'agriculture, comme la cause précède son effet. »

(4) *Id., ibid.* : « A l'agriculture perfectionnée succèdent d'autres arts, comme les effets succèdent à leur cause. »

(5) *Id., ibid.*

(6) « Besoins, société, communication d'idées : voilà les machines qui ont élevé l'édifice des arts et des sciences » (*Hist. anc.*, t. IX, p. 85).

(7) « A l'origine des sociétés, tous les citoyens étaient également laboureurs et soldats. Les arts, qui commençaient à peine, apparte-naient à tout le monde, et on ne pouvait pas encore distinguer diffé-rentes professions. Dans l'ignorance où l'on était, les découvertes deve-naient nécessaires. Le besoin en déterminait le prix : ceux à qui on les devait acquéraient de la considération dans le public, et les recherches utiles devenaient un objet d'émulation pour tous les citoyens » (*Hist. anc.*, t. X, p. 73. — Cf. *ibid.*, p. 74).

(8) « Tous étaient en quelque sorte égaux comme les citoyens » (*Ibid.*, p. 73).

d'en cultiver spécialement un seul (1) : l'émulation contribuait au progrès qui ne s'arrêta que quand la considération et la liberté firent défaut aux arts (2).

Lorsqu'on s'appliqua à des genres différents, les citoyens se distribuèrent en plusieurs classes, les professions devinrent héréditaires (3) et ce qui n'était d'abord qu'un usage fut bientôt consacré par la loi : cette loi même ne tarda pas à être considérée comme fondamentale (4) : le gouvernement intervint et assura aux enfants des inventeurs des privilèges qui restèrent à perpétuité dans les mêmes familles (5). C'est ainsi que s'établirent les monopoles dont Condillac, l'ami de Turgot, est l'adversaire déclaré : toutes les raisons par lesquelles on soutient ce système lui semblent spécieuses (6). Au lieu de contribuer, comme on le croyait, au progrès des arts, le monopole le retarda (7). Un autre obstacle à ce progrès fut le peu de communication des nations entre elles, se cachant mutuellement ce qu'elles savaient et s'en réservant, pour ainsi dire, la propriété (8).

En résumé, les arts en général ne se sont perfectionnés qu'en raison de la liberté et de la considération dont ils jouissaient (9).

(1) *Hist. anc.*, t. X, p. 73.
(2) *Id., ibid.*
(3) *Ibid.*, p. 75.
(4) *Id., ibid.*
(5) *Ibid.*, p. 76-77.
(6) « On put penser qu'on ferait mieux ce qu'on aurait toujours vu faire et ce à quoi on serait uniquement exercé dès l'enfance ; que les pères seraient les meilleurs maîtres pour les enfants ; que chaque famille prendrait plus d'intérêt aux progrès d'un art qu'elle exercerait seule ; que les observations et les expériences se multiplieraient comme les générations et que, par conséquent, les arts feraient continuellement de nouveaux progrès... » (*Ibid.*, p. 77.)
(7) *Ibid.*, p. 78.
(8) *Ibid.*, p. 79.
(9) « Les arts n'ont donc fait des progrès qu'autant qu'ils ont été libres et considérés, et ils n'en ont plus fait lorsqu'on ne leur a plus accordé la même liberté et la même considération » (*Ibid.*, p. 80).

§ 3. — L'astronomie et la géométrie. L'évolution générale des arts.

C'est à l'agriculture que Condillac rapporte l'origine de l'astronomie, qui, plus tard, influa sur le sentiment religieux et donna naissance à l'astrologie et à l'art des horoscopes (1). C'est aussi de l'agriculture que sortit la géométrie (2) : on eut, dès le commencement des sociétés civiles, besoin de quelques connaissances à ce sujet, mais on s'en tint à ce qui était de la plus stricte utilité (3) : d'ailleurs les professions étant exclusives et héréditaires (4), ceux qui s'y adonnaient en faisaient un mystère, autant par intérêt que par désir de considération (5). Aussi les sciences ne firent-elles que très peu de progrès en Orient (6). En Grèce, au contraire, la liberté des professions, l'esprit expansif des colonies, la nature même du gouvernement contribuaient à leur développement (7).

Dans un pays de liberté, où le sacerdoce ne pouvait interdire au peuple de s'instruire, parce qu'il n'était pas héréditaire (8) et qu'il n'avait pour fonction que « de présider au culte auquel il ne pouvait rien changer et que les lois réglaient seules (9), les sciences furent à

(1) *Hist. anc.*, t. IX, p. 59 et suiv.
(2) *Ibid.*, t. X, p. 80.
(3) *Ibid.* : « Dans l'origine des sociétés civiles, les hommes ont eu besoin de quelques connaissances en astronomie et en géométrie; ils les auront donc acquises. Mais ils n'auront pas porté leur curiosité plus loin. Par conséquent, ce sera fort tard qu'ils auront étudié tout ce qu'on a depuis nommé sciences. »
(4) *Ibid.*, p. 80.
(5) *Ibid.*, p. 81.
(6) *Ibid.* : « L'Europe serait aujourd'hui aussi ignorante, ou même elle serait à peine sortie de la barbarie, si les professions avaient continué d'être héréditaires et exclusives. »
(7) *Ibid.*, p. 83 : « C'est donc à la démocratie des Grecs que nous devons les arts. Vous pouvez comprendre par là combien l'esprit humain doit à ce gouvernement, quelque vicieux d'ailleurs qu'il puisse être. »
(8) *Ibid.*, p. 83.
(9) *Ibid.*, p. 81.

tous ceux qui voulurent les étudier (1). » Quant aux
mystères, comme ceux d'Eleusis, ils n'étaient pas la
propriété exclusive des prêtres, la communication n'en
était interdite qu'aux étrangers, enfin ils n'étaient pas
des sciences (2).

Condillac n'oublie pas plus ici qu'ailleurs l'application
de la loi de l'évolution, le passage de l'homogène à l'hétérogène. A l'origine les Grecs, chez qui il étudie de préférence le développement des sciences et des arts, parce
que leur histoire est mieux connue, ne faisaient de leurs
connaissances encore peu nombreuses qu'une « masse
dans laquelle ils ne distinguaient ni genres ni espèces (3)... en un mot, il n'y avait qu'un seul art, qu'une
seule science, et qu'une seule sorte d'écrivains (4). »
Homère, par exemple, réunit en lui tous les genres ; ce
n'est que longtemps après lui que s'opéra la division (5).

N'est-ce pas aussi la loi de solidarité qu'invoque Condillac, quand il dit que les poètes comiques vivaient
dans le siècle de Périclès, « c'est-à-dire dans le siècle
des grands architectes, des grands sculpteurs et des
grands peintres (6) ? » Condillac fait aussi ressortir l'influence du milieu, ou, comme il dit, des circonstances :
il montre comment l'évolution des arts dépend des tendances naturelles (7), des conquêtes et des richesses des

(1) *Hist. anc.*, t. X, p. 83.

(2) *Ibid.*, t. X, p. 86 : « Il ne faudrait pas juger, d'après les mystères d'Eleusis, que les sciences étaient en dépôt dans les temples.
Premièrement, les ministres de Cérès n'étaient pas les seuls dépositaires
des secrets de cette déesse; en second lieu, il n'y avait proprement que
les étrangers à qui il n'était pas permis de les communiquer : enfin ces
mystères n'étaient pas des sciences, puisque les initiés allaient chercher
des connaissances ailleurs. Les Grecs n'auraient pas, comme les Egyp-
tiens, souffert une doctrine secrète. »

(3) *Ibid.*, p. 90 : « Ils confondaient, par exemple, sous un seul nom, la
poésie, l'éloquence, la musique, l'histoire, la morale, la politique, la
religion, la philosophie. »

(4) *Ibid.*, p. 91.

(5) *Ibid.*, t. XIII, p. 10.

(6) *Ibid.*, p. 11 : « C'était le temps où le goût, qui s'exerçait à la fois
dans tous les genres, achevait de se perfectionner. »

(7) *Hist. anc.*, t. XIII, p. 11 : « Autant les circonstances étaient favo-

nations (1). Chez les peuples, comme chez les individus, c'est par degrés que se forme le goût (2) : il est le résultat de l'association, de l'habitude, de la sélection. Si les Romains, par exemple, n'ont pas à proprement parler de génie, c'est qu'ils ont reçu des jugements tout faits, au lieu de penser par eux-mêmes (3).

Condillac ne suit pas seulement l'évolution des arts dans le temps, mais encore dans l'espace : comme on l'a dit récemment pour la philosophie, il fait la géographie des arts (4), dont la transmission a lieu de proche en proche de l'orient à l'occident (5). Combinant les facteurs du temps et de l'espace, il cherche une réponse à ces deux questions : « pourquoi les sciences et les arts ne sont pas également de tous les pays et de tous les siècles et pourquoi les grands hommes dans tous les genres sont presque contemporains (6). » La théorie des climats ou du milieu physique ne lui paraît pas une ex-

---

rables aux progrès de la poésie dramatique chez les Grecs, autant elles leur étaient contraires chez les Romains... Il fallait à ce peuple des spectacles de sang... Aussi goûta-t-il peu les comédies de Térence. Son insensibilité allait au point qu'au milieu des plus belles scènes il demandait un ours, des athlètes ou des gladiateurs... Les Romains étaient dépourvus de goût, et leur passion pour les jeux du cirque semblait leur ôter jusqu'au pouvoir d'en acquérir. »

(1) *Hist. anc.*, t. XIII, p. 11 : « Les conquêtes devaient amener les richesses, et, par une suite nécessaire, les richesses devaient amener les arts. Aussi, à peine les Grecs furent subjugués, que Rome s'embellit de statues, de tableaux, et devint le rendez-vous des plus fameux artistes de la Grèce et de l'Asie. »

(2) *Ibid.*, p. 19 : « Les Romains n'ont eu les arts que parce qu'ils les avaient conquis, et, lorsqu'ils les ont conquis, on les avait portés à la dernière perfection. Les Grecs avaient employé plusieurs siècles à les créer. »

(3) *Ibid.*, p. 23 : « Un peuple ne commence à penser que lorsqu'il tente de faire des découvertes par lui-même, et le besoin d'inventer peut seul lui donner des talents. Voilà le cas où ont été les Grecs. »

(4) Paul Janet, *La géographie de la philosophie* (*Rev. phil.*, oct. 1889).

(5) *Hist. anc.*, t. XIV, p. 258 : « Telle devait être la route des arts : d'Asie en Grèce, de Grèce en Italie, d'Italie dans les Gaules, en Espagne, etc. Ils ne pouvaient se répandre de proche en proche qu'en s'établissant chez les peuples fixés et policés jusqu'à un certain point. »

(6) *Essai sur l'origine des connaissances*, p. 436.

plication suffisante (1). Le climat n'est pas la cause effec-
tive du progrès, il n'en est qu'une condition essentielle (2). La vraie cause du développement intellectuel
des peuples, c'est le milieu social : c'est une forme
constante de gouvernement, qui ait fixé le caractère de
la nation (3), et la langue, qui en exprime le goût dominant (4). A mesure que le langage fait des progrès,
les talents se développent : aussi naissent-ils plus tôt
ou plus tard dans les différents pays. Dès qu'une langue
a atteint un certain degré de perfection, qu'un génie en
a découvert, exprimé et soutenu dans tous ses écrits le
caractère (5), chacun cherche à l'imiter, à former son
goût sur le sien (6), et c'est ainsi que le progrès dans un
genre entraîne après lui le progrès dans tous les autres.
Condillac n'hésite pas à conclure : « Les grands talents,
de quelque espèce qu'ils soient, ne se montrent qu'après
que le langage a déjà fait des progrès considérables.
Cela est si vrai que, quoique les circonstances favorables
à l'art militaire et au gouvernement soient les plus fréquentes, les généraux et les ministres du premier ordre
appartiennent cependant au siècle des grands écrivains (7). » Ne trouve-t-on pas encore une fois établie
dans ce passage la loi de solidarité appliquée de nos
jours aussi bien à l'ordre moral qu'aux faits économi-
ques? Condillac, continuant, la précise davantage : « Si

(1) « Le climat n'influe que sur les organes; le plus favorable ne peut
produire que des machines mieux organisées et, vraisemblablement, il
en produit en tout temps un nombre à peu près égal » (*Essai sur l'origine*, p. 437).
(2) *Ibid.*, p. 437.
(3) *Ibid.*, p. 442.
(4) *Id.*, *ibid.*
(5) *Ibid.*, p. 443.
(6) « Alors tout le monde tourne naturellement les yeux sur ceux qui
se distinguent : leur goût devient le goût dominant de la nation; chacun
apporte, dans les matières auxquelles il s'applique, le discernement
qu'il a puisé chez eux : les talents fermentent; tous les arts prennent le
caractère qui leur est propre, et l'on voit des hommes supérieurs dans
tous les genres » (*Ibid.*, p. 444).
(7) *Ibid.*, p. 444 : « Telle est l'influence des gens de lettres dans l'Etat;
il me semble qu'on n'en avait point encore connu toute l'étendue. »

les grands talents, » dit-il, « doivent leur développement aux progrès sensibles que le langage a faits avant
eux, le langage doit à son tour aux talents de nouveaux
progrès qui l'élèvent à son dernier période (1). »

On sait aussi que la solidarité et la division du travail s'accentuent davantage à mesure que l'organisme
se développe : quand donc, dans l'organisme social, on
ne se contente plus de pourvoir aux besoins de première
nécessité, mais qu'on veut satisfaire ceux de l'esprit,
l'amour de la nouveauté et l'émulation donnent naissance à la diversité des talents : voilà ce que Condillac
fait ressortir en plusieurs endroits (2).

Si, après l'évolution générale des arts, nous étudions
avec Condillac le progrès des arts particuliers, il ne
nous sera pas plus difficile de retrouver dans ses écrits
le germe des théories les plus répandues dans la philosophie anglaise contemporaine.

§ 4. — *Evolution de la poésie.*

Prenons, par exemple, le sens musical (3) : le passage
de l'homogène à l'hétérogène demande du temps et de
l'exercice (4) : ce n'est pas du premier coup que se fait
la différenciation de deux sons entendus ensemble, que
l'on s'élève des intervalles harmoniques les premiers re-
marqués à l'ordre diatonique (5), que l'on arrive à séparer la musique des paroles auxquelles elle était d'abord
associée et sans lesquelles elle eût paru tout à fait
dénuée d'expression (6). C'est un fait que le principe
d'association habituelle suffit à expliquer (7).

(1) *Essai sur l'orig.*, p. 445.
(2) *Hist. anc.*, t. IX, p. 147.
(3) *Essai sur l'origine*, p. 317.
(4) *Traité des sensat.*, p. 127.
(5) *Essai sur l'origine*, p. 319 ; « Quant à l'ordre diatonique, on ne le
découvrit que peu à peu et qu'après beaucoup de tâtonnements, puisque la génération n'en a été montrée que de nos jours. » Condillac renvoie à la *Génération harmonique* de Rameau.
(6) *Ibid.*, p. 320.
(7) *Ibid.*, p. 321 : « L'expression que les sons avaient dans la prosodie

La musique et la poésie ne se séparèrent donc pour former deux arts différents que lorsqu'elles se furent perfectionnées (1), et encore cette révolution ne se fit-elle pas sans soulever des protestations (2) provoquées par la force de l'habitude et l'influence héréditaire (3) : Condillac profite de cette observation pour attaquer le préjugé de l'antiquité, si contraire au progrès (4).

Les premières poésies avaient toutes le même caractère : « Il est vraisemblable qu'elles ne chantaient la religion, les lois et les héros, que pour réveiller dans les citoyens des sentiments d'amour, d'admiration et d'émulation (5). » De même que la séparation de la musique et de la poésie, la division des genres poétiques fut assez lente à s'accomplir (6). Deux conditions d'ailleurs, selon Condillac, qui n'oublie jamais l'influence du milieu, sont favorables à la naissance de la poésie : un pays riche et l'amour de la liberté (7). Prévenant une objection, il ajoute : « Ce n'est pas que l'esprit de liberté soit partout nécessaire pour produire des hommes de talent, puisque nous en verrons naître dans des monarchies : mais je crois qu'il était nécessaire pour les produire la première fois. Ce n'est qu'aux âmes qui se

qui participait du chant, celle qu'ils avaient dans la déclamation qui était chantante, préparaient celle qu'ils devaient avoir lorsqu'ils seraient entendus seuls... ; sans doute, ils choisissaient les passages auxquels, par l'usage de la déclamation, on était accoutumé d'attacher une certaine expression ou, du moins, ils en imaginaient de semblables. »

(1) *Essai sur l'origine*, p. 355.

(2) *Id.*, *ibid.* : « On cria à l'abus contre ceux qui, les premiers, hasardèrent de les séparer. »

(3) *Ibid.* : « Les effets qu'elles pouvaient produire, sans se prêter des secours mutuels, n'étaient pas encore assez sensibles, on ne prévoyait pas ce qui devait leur arriver et, d'ailleurs, ce nouvel usage était trop contraire à la coutume. »

(4) *Ibid.*, p. 356.

(5) *Ibid.*, p. 357.

(6) *Id.*, *ibid.*

(7) « Où doit donc naître la poésie, me demanderez-vous ? Dans un pays riche où, comme à Naples et à Venise, on recherchera les choses de goût, et où l'amour de la liberté parmi les troubles permettra de penser et enhardira à dire ce qu'on pense. La Toscane sera donc l'Attique

croient libres qu'il appartient de créer et de communiquer aux autres esprits une force qu'ils n'auraient pas trouvée en eux-mêmes (1). » Quoi qu'il en soit, les ouvrages des poètes se ressentent du tempérament des nations pour qui ils ont écrit (2). Il en est de même de ceux des orateurs : c'est en effet de la poésie, dont elle se rapproche quelquefois tant qu'il est impossible de distinguer les deux genres (3), que sortit l'éloquence (4).

Condillac applique aux genres de style la loi de l'intégration et de la désintégration : « Les genres, » dit-il, « tendent toujours à se confondre. En vain nous les écartons pour les distinguer; ils se rapprochent bientôt et aussitôt qu'ils se touchent nous n'apercevons plus entre eux les limites que nous avons tracées (5). » La plus grande différence consiste dans la prédominance de l'imagination ou de l'analyse (6) : les deux pôles extrêmes sont le style du philosophe et celui du poète lyrique (7) : dans l'intervalle sont compris tous les genres qu'on peut imaginer, et si le style varie en quelque sorte à l'infini, c'est par des nuances si faibles qu'on peut à peine les saisir (8).

Si, par suite de l'évolution, la philosophie est à l'opposite de la poésie, elle n'en fut pas moins, à l'origine, confondue avec elle : « Les poètes ont toujours été jaloux de se donner pour philosophes (9), » et c'est par

---

de l'Italie, elle sera le berceau des arts » (*Hist. mod.*, t. XVII, p. 276).

(1) *Hist. mod.*, t. XVII, p. 276.

(2) *Essai sur l'origine*, p. 360.

(3) *Ibid.*, p. 361.

(4) *Ibid.*, p. 360.

(5) *Art d'écrire*, p. 379.

(6) *Ibid.*, p. 380.

(7) *Ibid.*, p. 382.

(8) *Id., ibid.*

(9) *Hist. anc.*, t. XIII, p. 92 : « Peut-être qu'Homère et Hésiode n'ont écrit des fables que parce que, de leur temps, les fables tenaient lieu de philosophie. Une révolution dans la philosophie en devait donc amener une dans la poésie. »

eux que furent transmises à Rome les premières notions
de philosophie (1).

Nous ne suivrons pas Condillac dans son histoire de
la philosophie, où l'on pourrait relever, quoi qu'en ait
dit Victor Cousin (2), bien des remarques justes et
profondes, et trouver surtout entre les systèmes cet
enchaînement et cette filiation auxquels on s'attache
avec raison de nos jours (3). N'est-ce pas la conséquence naturelle du principe associationiste qu'il applique partout (4)?

§ 5. — L'évolution scientifique.

La période d'analyse a succédé à la période d'imagination, l'hétérogène à l'homogène. C'est ainsi qu'on a
écrit des romans avant d'écrire l'histoire (5); c'est ainsi
que les sciences proprement dites ont commencé par
des tâtonnements dans l'observation, par des suppositions
ou des conjectures (6). Toutes d'ailleurs se ramènent à
une seule, la science de la nature, que Condillac divise
en deux branches principales : la physique et la métaphysique (7). Il consacre tout le traité de l'art de raisonner à l'évolution de la science, expliquée par le passage
du simple au composé — ou, toujours, de l'homogène
à l'hétérogène — et par le principe d'identité (8).

(1) « A Rome, la poésie, presque dès sa naissance, s'éleva contre l'idolâtrie qu'elle avait elle-même enseignée aux Grecs » (*Hist. anc.*, t. XIII,
p. 91).

(2) Voy. Cousin, *Introduction à l'histoire de la philosophie*, 12ᵉ leçon,
p. 363.

(3) Le programme officiel de 1885 recommande de faire connaître aux
élèves la succession des écoles et l'enchaînement des idées.

(4) « Comme l'anarchie n'amène un gouvernement sage que lorsque
les désordres, parvenus à leur comble, soulèvent enfin tous les citoyens,
de même il fallait mettre le comble aux absurdités, afin de préparer à
la vraie philosophie, en soulevant enfin le bon sens » (*Hist. mod.*,
t. XVII, p. 66).

(5) *Hist. anc.*, t. IX, p. 180.

(6) *Traité des systèmes*, p. 9.

(7) *Art de raisonner*, p. 2.

(8) *Ibid.*, p. 217.

Si l'évolution scientifique a été lente, c'est que les hommes ne raisonnèrent d'abord que sur les besoins de première nécessité; quand, plus tard, les sociétés furent régulièrement organisées, on commença par les questions de politique (1), puis on raisonna sur la poésie et les beaux-arts, et enfin sur la philosophie (2). Le besoin n'est-il pas, dans la psychologie de Condillac, le stimulus de toute notre activité? « On n'a pas le même intérêt à juger de la vérité d'un système que de l'utilité d'une loi, et il n'est pas aussi facile de s'en assurer que de sentir la beauté d'un drame. L'art de raisonner n'eut donc pas, dans la philosophie, les mêmes secours que dans la politique et les beaux-arts (3). »

Une des causes qui retardèrent surtout le développement de l'art de raisonner, ce fut l'éducation ou la transmission héréditaire : « Elevés dans un siècle crédule, les hommes en ont eu la crédulité : ce sera donc fort tard et de loin en loin qu'on aura songé à combattre les préjugés. Par conséquent la crédulité aura passé d'une génération à l'autre, et plusieurs se seront succédé avant qu'on ait raisonné sur ce qu'on croyait (4). »

Ainsi, toujours d'accord avec son principe dans toutes les parties de son œuvre, Condillac, sans avoir la prétention de parcourir le cercle entier des connaissances (5), se propose d'en montrer la genèse et les lois générales de leur évolution (6).

(1) *Hist. anc.*, t. X, p. 295.
(2) *Hist. anc.*, t. X, p. 295 : « C'est par la politique qu'a commencé, chez les Grecs, l'art de raisonner... La poésie dramatique fit faire à l'art de raisonner des progrès encore plus rapides, parce qu'on raisonne plus facilement, et mieux, par conséquent, sur ce qui plait que sur ce qui est utile. On peut faire la même observation sur la peinture, sur la sculpture et tous les beaux-arts. »
(3) *Ibid.*, p. 296.
(4) *Ibid.*, p. 294.
(5) *Hist. mod.*, t. XX, p. 377 : « Ce serait un trop grand ouvrage que de les développer en entier; et puis, si nous voulons dire la vérité, nous n'en savons pas assez, ni vous, ni moi, pour les suivre jusqu'au bout. »
(6) *Ibid.*, p. 377.

CHAPITRE V.

L'ÉVOLUTION ÉCONOMIQUE.

Il n'était pas possible que Condillac, qui est un éco-
nomiste en même temps qu'un moraliste, négligeât la
question du luxe, qui préoccupait aussi les philosophes
de son temps. Nous avons déjà indiqué l'influence du
luxe sur l'agriculture (1) : étudions-le dans ses rapports
avec les mœurs et dans son évolution.

Le luxe, qui traine à sa suite tous les vices et achève
la ruine de la société (2), qui est par conséquent une
cause de désintégration, a pour origine l'inégalité des
richesses (3). Quant à celle-ci, Condillac lui applique le
principe de relativité : « Nous sommes moins riches par
les richesses que nous avons que par celles qui manquent aux autres (4). »

Il cherche d'abord à définir le luxe, « mot dont on se
fait des idées trop vagues et qui demande une explication (5). » C'est le même reproche qu'adressait Diderot
à Helvétius, dans une analyse, écrite de 1773 à 1774, du
traité de *l'Homme* (6).

(1) Voir plus haut, p. 271.
(2) *Hist. mod.*, t. XVII. p. 132.
(3) *Ibid.*, p. 131.
(4) *Id.; ibid.*
(5) *Ibid.*, p. 132.
(6) *Réfutation de l'ouvrage d'Helvétius intitulé « L'homme, »* édit.
Garnier, t. II, p. 414 : « L'auteur a tellement compliqué la question du
luxe, qu'après avoir lu tout ce qu'il en dit, on n'en a guère des notions
plus nettes. Je donne le nom de luxe à tout ce qui est au delà des be-

Pour Condillac, le luxe consiste dans un travers de l'imagination qui place notre bonheur dans la jouissance de biens dont les autres sont privés, et met, par conséquent, « les choses commodes au-dessus des choses nécessaires, et les choses frivoles au-dessus des choses solides (1). »

Après avoir résumé les maux que le luxe doit produire (2), Condillac se demande s'il faudrait le détruire tout à fait et, par de nouveaux partages, établir l'égalité des biens. Ce serait, croit-il, une tentative inutile et qui causerait d'autres malheurs (3). Il en est de cette grave question comme de toutes les autres : il faut observer et ne pas faire de systèmes sur ce qu'on n'a pas suffisamment étudié (4). Dans son histoire, il s'appuie sur les faits, dans le traité du *Commerce et du gouvernement*, il est plus théorique,) ﹒, il n'oublie jamais d'appliquer la méthode expérimentale.

A l'origine des sociétés, avant les grands empires (5), on ne connaissait pas le luxe, on ne pensait qu'aux choses nécessaires et l'agriculture fournissait en abondance de quoi subvenir aux besoins naturels (6), d'autant plus qu'elle était alors en honneur et qu'elle fut longtemps protégée par les monarques eux-mêmes qui

---

soins nécessaires, relativement au rang que chaque citoyen occupe dans la société. » — Cf. art. *Luxe*, *ibid.*, t. XVI, p. 8, 9, où Diderot résume les arguments des adversaires et des apologistes du luxe, et fait allusion à ces philosophes qui, pour en faire éviter à l'homme les inconvénients « de conséquence en conséquence, ont voulu le replacer dans les bois et dans un certain état primitif qui n'a jamais été et ne peut être, » — ce qui désigne suffisamment Rousseau, — et où il émet une opinion qu'il ne croit pas trop éloignée de celle de Hume.

(1) *Hist. mod.*, t. XVII, p. 133.

(2) « Autant il donne de superflu aux riches qui se ruinent, autant il ﹒ de nécessaire au reste des citoyens. Si dans les grandes villes il ﹒ye un salaire aux artisans, il n'est pas vrai qu'il les fasse vivre, ﹒isqu'il ruine les campagnes qui, seules, font vivre et le riche et l'artisan. Il tend donc à causer une ruine générale » (*Ibid.*, p. 134).

(3) *Ibid.*, p. 135.

(4) *Ibid.*, p. 135.

(5) *Hist. anc.*, t. X, p. 447.

(6) *Ibid.*, p. 455.

« quelque despotes qu'ils soient, ne commandent pas aux opinions (1). »

A cause° de la disproportion entre le prix des choses superflues, qui était très élevé, et celui des choses nécessaires, qui l'était peu (2), le luxe ne fut d'abord qu'une magnificence réservée aux souverains et aux grands (3); mais, à mesure que cette disproportion diminua, il se répandit dans toute la société : « il suffit de n'être pas absolument pauvre pour vouloir paraître comme ceux qui ont du superflu (4). » Condillac conçoit et indique la loi de l'offre et de la demande : « L'appât du gain a multiplié ceux dont l'industrie peut fournir aux luxe des autres; mais, comme il les a trop multipliés, ils sont forcés de vendre au rabais et de mettre aux choses un prix proportionné aux conditions moins riches (5). »

Il distingue trois espèces de luxe : de magnificence, de commodités, de frivolités (6). Le premier, qui est l'apanage des monarques et des grands (7), qui était payé par les dépouilles et les tributs des vaincus (8), qui se rapportait à des objets de longue durée (9), n'était pas à charge et ne pouvait devenir contagieux. Le luxe de commodités, qui consiste dans la recherche du bien-être (10), entraîne des dépenses continuelles, toujours progressives et se communique de proche en proche (11). Il commence la ruine des riches et la corruption des

(1) *Hist. anc.*, t. X, p. 448.
(2) *Ibid.*, p. 455.
(3) *Ibid.*, p. 457.
(4) *Id., ibid.*
(5) *Id., ibid.*
(6) *Ibid.*, p. 459.
(7) *Ibid.* : « Je mets le luxe de magnificence dans la grandeur des villes, dans celle des palais, dans celle des ouvrages publics, dans la pompe qui suit les grands et dans les trésors dont ils font ostentation. »
(8) *Ibid.*, p. 459, 460.
(9) *Ibid.*, p. 460.
(10) *Ibid.*, p. 460 : « Il n'en est pas de même des recherches pour se procurer les commodités de la vie, c'est-à-dire des recherches dans le logement, dans les meubles, dans la table, dans les équipages, etc. »
(11) « Tous y prétendent ou croient avoir droit d'y prétendre, et on serait honteux de n'être pas comme les autres » (*Ibid.*, t. X, p. 461).

pauvres qui « dans l'espérance d'en jouir un jour, songent à s'enrichir par toutes sortes de moyens (1). » Ainsi les conditions tendent à se confondre : pour établir une distinction, « on donne dans les frivolités (2), » et ce luxe achève la ruine des plus grandes fortunes et celle des mœurs (3).

Ce qui est vrai des individus l'est aussi des États : ils ne sont riches que par l'économie (4). Tout en attachant, comme les physiocrates de son temps, une grande importance à l'agriculture, Condillac ne nie pas la valeur que l'art donne aux matières premières : il reconnaît que c'est la production d'une utilité, d'une richesse, que cette richesse s'accumule à mesure que les ouvrages se multiplient (5), mais, dit-il, « ce que le luxe dissipe en consommations superflues est autant de retranché sur les consommations nécessaires (6). » Il convient que les consommations occasionnées par le luxe invitent le cultivateur à augmenter la production, mais il demande s'il n'est pas préférable de lui donner les moyens de mieux cultiver et si le luxe ne les lui ôte pas, si enfin il est bien facile d'élever la production en raison de la consommation (7).

Il serait intéressant, si cela ne devait nous mener trop loin, de suivre Condillac, qui pose ici la loi de la balance de la production et de la consommation, dans tous les développements qu'il donne à la science économique (8) dans le traité du *Commerce et du gouvernement*. Remarquons seulement qu'il y applique sa méthode logique qui consiste, en tout problème, à dégager l'inconnue des

---

(1) *Hist. anc.*, t. X, p. 461.

(2) *Ibid.*, p. 461 : « C'est alors qu'on voit les grands s'occuper sérieusement de hochets. On dirait que le monde est tombé en enfance. »

(3) *Ibid.*, p. 462 : « La magnificence a des bornes, les commodités en ont encore, les frivolités n'en ont point. »

(4) *Ibid.*, p. 465.

(5) *Ibid.*, p. 466.

(6) *Id., ibid.*

(7) *Id., ibid.*

(8) *Traité du commerce*, p. 2.

connues, et son principe que toute science est une langue bien faite : aussi s'est-il proposé avant tout de faire
la langue de cette science (1). Rappelons en outre, comme
nous l'avons déjà noté, qu'il ne fait pas reposer uniquement la propriété sur le droit de premier occupant, mais
surtout, comme Adam Smith, sur le travail (2); ajoutons
enfin que, comme les économistes anglais, il est partisan
de la concurrence et de la liberté (3).

C'est principalement dans ce traité qu'il entreprend
de donner une définition précise du mot luxe, auquel il
voudrait substituer son équivalent : excès (4). Considérant
donc le luxe en lui-même, objectivement, comme on
pourrait dire, il le fait consister « dans les choses qui
paraissent un excès aux yeux de tous, parce qu'elles
sont, par leur nature, réservées pour le petit nombre à
l'exclusion du plus grand (5). » Il affirme que le luxe est
tout à fait relatif, dépendant du temps, du lieu, de la
matière même (6), de l'éloignement du pays producteur (7),
de la main-d'œuvre (8), de la rareté (9), tous facteurs

(1) « Chaque science demande une langue particulière, parce que
chaque science a des idées qui lui sont propres. Il semble qu'on devrait
commencer par faire cette langue : mais on commence par parler et par
écrire, et la langue reste à faire. Voilà où en est la science économique,
dont l'objet est celui de cet ouvrage même. C'est, entre autres choses,
à quoi on se propose de suppléer » (Traité du commerce, p. 1).

(2) Ibid., p. 97.

(3) Voir 2e partie, ch. Ier, II, III, V, VII, XIV, XV. Cf. Stuart Mill,
liv. V, ch. x des Principes d'économie politique. — Voir aussi Baudrillart, Manuel d'économie politique, 3e part., ch. VI, et Levasseur, Cours
d'économie rurale, etc., 4e part., 3e sect., p. 314, etc.

(4) Ibid., p. 276 : « Luxe, dans la première acception du mot, est la
même chose qu'excès, et, quand on l'emploie en ce sens, on commence
à s'entendre. »

(5) Ibid., p. 279.

(6) Ibid., p. 279 : « Le linge, qui a été un luxe dans son origine, n'en
est pas un aujourd'hui. L'or et l'argent qui, dans les meubles et dans les
habits, a toujours été un luxe, en sera toujours un. »

(7) Ibid., p. 280.

(8) Ibid., p. 281 : « Le prix de la main-d'œuvre transforme en choses
de luxe les matières premières que notre sol produit en plus grande
abondance. »

(9) Ibid., p. 280 : « Ce qui est commun chez nous devient luxe aux

dont tiennent compte les économistes de nos jours (1).

Après avoir distingué les différentes espèces de luxe et reconnu qu'elles ne sont pas toutes également nuisibles (2), Condillac s'attache à en développer les dangers au point de vue de la richesse, de la puissance et du bonheur des peuples (3). Le luxe n'est légitime et ne peut être utile, selon lui, que quand il est en rapport avec la fortune ; sinon il est un dissolvant de la moralité privée et publique. C'est à un reste de simplicité que la Grèce, « dans ses temps florissants, devait cette puissance qui étonne les nations amollies (4) ; » c'est pour la même raison que Condillac déclare qu'il ferait volontiers l'apologie du luxe des anciens peuples de l'Asie. « Je le vois, » dit-il, « se concilier avec un reste de simplicité jusque dans les palais des souverains. S'il est grand, je le vois soutenu par des richesses plus grandes encore, et je comprends qu'il a pu être de quelque utilité. Mais nous qui, dans notre misère, n'avons que des ressources ruineuses, et qui, pour nous procurer ces ressources, ne craignons pas de nous déshonorer, nous voulons vivre dans le luxe et nous voulons que notre luxe soit utile (5) ! »

Comme les économistes contemporains, Condillac préfère les consommations reproductives aux consommations improductives, et réfute le préjugé que le luxe fait aller le commerce (6). « Le luxe, » dit-il, « fait subsister une multitude d'ouvriers, j'en conviens. Mais faut-il fermer les yeux sur la misère qui se répand dans les campagnes ? Qui donc a plus de droit à la subsistance ? est-ce

Indes, où il est nécessairement rare : et ce qui est commun aux Indes devient luxe chez nous, où il est rare aussi nécessairement. »

(1) Cf. notamment Baudrillart : *Luxe et travail*, Hachette, 1866, brochure, et *Manuel d'économie politique*. — Levasseur, *Cours d'économie*, etc.

(2) *Traité du commerce*, p. 281.

(3) « C'est une chose de fait que la vie simple peut seule rendre un peuple riche, puissant et heureux » (*Ibid.*, p. 286).

(4) *Ibid.*, p. 287.

(5) *Ibid.*, p. 287-288.

(6) Cf. Levasseur, ouv. cité, p. 63.

l'artisan des choses de luxe ou le laboureur (1)? » Aussi attaque-t-il le luxe des grandes capitales, qui est « un principe de misère et de dévastation (2). » C'est là que tendent à se rendre tous les artisans, là où affluent les denrées et l'argent des provinces, là où l'industrie ne se propose que de fournir des jouissances à la vanité ou de tromper l'ennui (3). Il eût été préférable que les manufactures, au lieu d'être ainsi concentrées, fussent établies dans les provinces (4). Mais la plus grande facilité de la vente, surtout d'objets qu'on estime d'autant plus qu'ils sont à plus haut prix, l'engouement du public pour la nouveauté, l'étendue du marché, les privilèges qu'on est plus à même de solliciter, d'obtenir, de faire renouveler, ont attiré tout le mouvement vers les grands centres (5). Sans doute, remarque Condillac, les capitales peuvent à leur tour rendre des services aux provinces par les consommations qu'elles en tirent (6), mais cette influence diminue à mesure qu'on s'éloigne et que les communications deviennent moins faciles. C'est ainsi que commence la dépopulation des campagnes, réduites à la misère : c'est ainsi que les paysans, séduits par l'appât trompeur d'une situation plus lucrative et plus heureuse, accourent en foule dans les villes (7). . Mais, comme d'autres ont la vogue et attirent à eux tous

(1) *Traité du commerce*, p. 286.

(2) *Ibid.*, p. 480.

(3) *Ibid.*, p. 473 : « C'est là que les artisans mettent toute leur industrie à procurer aux gens riches les jouissances de luxe, c'est-à-dire ces jouissances qu'on recherche par vanité et que l'ennui, dans le désœuvrement où l'on vit, rend nécessaires. »

(4) *Ibid.*, p. 472 : « Mais ce projet n'était bon que dans la spéculation. »

(5) *Ibid*, p. 473 : « Ce n'était donc que dans la capitale et, après la capitale, dans les grandes villes que les manufactures pouvaient s'établir. »

(6) *Ibid.*, p. 478 : « Il est vrai que la capitale, par les grandes consommations qui s'y font, rend aux provinces l'argent qu'elle en a reçu, et elle y fait fleurir l'agriculture à proportion qu'elle en tire des productions en plus grande quantité. Mais elle n'en peut pas tirer également de chacune, et par conséquent l'agriculture ne peut pas fleurir également dans toutes. »

(7) *Traité du commerce*, p. 477.

les consommateurs (1) qui suivent les caprices de la mode, « unique règle du goût et du sentiment (2), » il leur est impossible, même avec du talent, de travailler et ils n'ont d'autre ressource que de mendier (3).

En définitive, le luxe a pour Condillac de grands dangers au point de vue intellectuel, moral, économique et social. Si quelques-unes de ses critiques ont perdu de leur justesse, grâce à la tendance contemporaine, corrélative de la facilité des communications, à la décentralisation, grâce au développement des machines, qui a favorisé la division du travail et la coopération, qui a diminué la dépense productrice et contribué à la circulation et à la répartition de la richesse, il n'avait pas moins aperçu les grandes questions de l'économie politique : il en avait indiqué les lois principales et fait ressortir l'influence du gouvernement sur le commerce avant Stuart Mill (4), l'année même (1776) où paraissait l'ouvrage d'Adam Smith : *Recherches sur la nature et les causes de la richesse des nations.*

(1) *Traité du commerce,* p. 477.
(2) *Ibid.,* p. 475.
(3) *Ibid.,* p. 477.
(4) Voir Stuart Mill, *Principes d'économie politique,* liv. V.

CHAPITRE VI.

L'ÉVOLUTION RELIGIEUSE.

L'idée de Dieu n'étant pas, d'après Condillac, plus innée que les autres, il en a aussi étudié l'évolution. La
croyance à un ou plusieurs êtres supérieurs a son germe
dans le sentiment de notre dépendance (1) ou dans la
crainte (2), qui supposent eux-mêmes la sensation ou la
différenciation des états de conscience (3). Il admet que
la raison pouvait élever les hommes à la connaissance
d'un seul Dieu; « mais, » dit-il, « ils n'ont pas raisonné.
Ils ont craint quelque chose et, de tout ce qu'ils ont
craint, ils en ont fait autant de divinités (4). » Conduit
ensuite par l'analogie, on va d'erreurs en erreurs,
d'absurdités en absurdités (5) : il n'en est pas ici comme
dans l'agriculture et l'astronomie, où l'expérience corrige
l'esprit systématique (6).

La première divinité a été le soleil, dont les bienfaits

(1) « Chaque circonstance apprend à l'homme la dépendance où il est
de tout ce qui l'environne et, quand il saura conduire sa réflexion pour
remonter des effets à leur vrai principe, tout lui indiquera ou lui démon-
trera l'existence du premier des êtres » (*Traité des systèmes*, p. 57).

(2) *Ibid.*

(3) « Si la vie de l'homme n'avait été qu'une sensation non interrompue
de plaisir ou de douleur..., il eût joui de son bonheur ou souffert de son
malheur sans regarder autour de lui pour découvrir si quelque être
veillait à sa conservation ou travaillait à lui nuire. C'est le passage alter-
natif de l'un à l'autre de ces états qui l'a fait réfléchir » (*Ibid.*).

(4) *Hist. anc.*, t. X, p. 31. Cf. A. Maury, *La magie et l'astrologie*.

(5) *Ibid.*

(6) *Traité des systèmes*, p. 57.

ont été vite reconnus et dont le culte remonte à la plus haute antiquité, comme le prouve l'entretien du feu sacré chez beaucoup de peuples (1) : vint successivement celui des autres astres, de la nature entière, de tous les objets sensibles que les hommes regardaient avec crainte ou amour, et au delà desquels ils ne portaient pas leurs regards (2). On sait les effets de la crainte : elle s'accroît et s'entretient elle-même; dès qu'elle a fait naître la croyance à l'existence de plusieurs dieux, elle paraît confirmer qu'il y en a en effet plusieurs, et ainsi les erreurs se multiplient avec la crédulité (3).

La connaissance même de l'astronomie contribua à l'erreur et, les vérités se confondant avec les mensonges, le polythéisme parut une science raisonnée (4) : « Tout devint dieu, le chaos, le jour, la nuit, le sommeil, les songes, les passions, les vertus, les vices, en un mot tout ce qui pouvait être regardé comme un objet de crainte ou d'amour (5). » Une autre cause qui favorisa ces superstitions fut l'abus des allégories et des hiéroglyphes (6). C'est par là aussi que Condillac explique le culte des animaux : on confondit le symbole avec l'être dont il rappelait un caractère, le signe avec la chose signifiée (7) et, l'amour du merveilleux s'en mê-

(1) *Hist. anc.*, t. IX, p. 59.

(2) *Ibid.* Cf. A. Maury, *Magie et astrologie.*

(3) *Hist. anc.*, t. X, p. 32 : « Elle fait adopter comme autant de vérités tous les mensonges qui affermissent dans une première croyance. Ainsi de nouvelles erreurs entretiennent dans des erreurs anciennes : et on croit à toutes avec d'autant plus de confiance qu'on croit à un plus grand nombre. »

(4) *Hist. anc.*, t. IX, p. 60.

(5) *Id., ibid.*

(6) *Ibid.* : « Les allégories, employées dans les hiéroglyphes, passant dans le langage, perdirent insensiblement leur sens figuré : on s'accoutuma peu à peu à les prendre littéralement, et elles furent une occasion de personnifier la nature, ses différentes parties, tout, jusqu'aux êtres moraux. »

(7) *Ibid.*, p. 61 : « Sans doute, les animaux ne furent d'abord employés, dans l'écriture hiéroglyphique, que comme des signes propres à faire connaître les différents caractères des dieux : mais vous comprenez que c'en fut assez pour confondre, dans la suite, le symbole avec la divinité.

lant, on crut à des métamorphoses réelles et on arriva à
en imaginer uniquement pour le plaisir d'en imaginer (1).
Condillac conjecture que c'est aussi à quelque allégorie
qu'est due la croyance à la métempsychose (2). Comme
on le voit, ici comme ailleurs, il applique le principe de
l'association devenant inséparable par l'habitude. Ce
n'est pas seulement le vulgaire, mais les philosophes
eux-mêmes qui, à l'origine, raisonnèrent mal sur l'idée
de Dieu, qui, comme Zénon par exemple, firent Dieu à
l'image de l'homme (3). Condillac insiste sur la manière
dont on a dû raisonner : « Nous dépendons, » dit-il,
« de tout ce qui nous environne et il y a des effets que
nous ne pouvons empêcher ni produire. Certainement
quelque chose en est la cause et ce quelque chose agit.
Or cette notion vague de cause agissante paraît
avoir été la première idée qu'on s'est faite de ce qu'on
a nommé Dieu (4). » On a cherché ensuite à s'expliquer
comment agit cette cause, et « comme toute action que
nous observons dans les corps n'est et ne peut être
qu'un mouvement, on a jugé que toute cause qui agit
est une cause qui se meut et qui meut, et Dieu n'a si-
gnifié que ce que nous entendons par moteur (5). »
Mais on n'eut recours à cette explication que lorsqu'on
ne saisissait pas directement la cause des phénomènes (6). De même, c'est à des dieux qu'on attribua l'origine des biens et des maux (7), et c'est ainsi qu'à la no-

On crut qu'un dieu avait pris la figure d'un animal, parce que cet animal
avait été choisi pour le caractériser. » — Cf. A. Maury, ouv. cité, p. 38.
  (1) Hist. anc., t. IX, p. 62.
  (2) Ibid., p. 62 : « Je conjecture que l'opinion de la métempsychose
est également née de quelques allégories, qui ont donné lieu de penser
que le même homme avait passé par plusieurs métamorphoses. »
  (3) Hist. anc., t. X, p. 253.
  (4) Hist. anc., t. X, p. 319.
  (5) Id.; ibid.
  (6) Ibid. : « Quand on voyait que le vent agitait les arbres, on disait :
c'est le vent. Quand, au contraire, on observait un mouvement, et
qu'après en avoir cherché la cause, on ne la découvrait pas, on disait :
c'est un dieu, c'est-à-dire un moteur quelconque. »
  (7) Ibid. : « Si alors on demanda d'où venaient les biens et d'où ve-

tion confuse de moteur on ajouta d'autres idées (1). Comme on voulait se représenter les dieux d'une manière sensible, on leur donna différentes figures, ordinairement la figure humaine (2), et on leur attribua nos vices et nos vertus (3). Condillac nous montre ainsi le processus de l'idée de Dieu depuis son germe confus jusque dans ses développements les plus complexes (4).

Les philosophes, à l'en croire, ne se distinguent du peuple que parce qu'ils sont remontés de moteur en moteur jusqu'à ce qu'ils ont nommé premier principe (5) et qu'ils ont considéré son action sur l'univers entier et non sur l'homme en particulier (6). D'ailleurs, pour eux comme pour le peuple, ces notions : Dieu, moteur ou principe, étaient également confuses (7), et en général ils n'en ont pas eu une idée plus saine : ils se sont servis d'un mot qu'ils trouvaient établi (8). Les conséquences de cette indétermination seront terribles. « On disputera, » dit Condillac, qui n'oublie pas sa théorie sur l'influence du langage (9), « on disputera sur des

naient les maux, il fut naturel de répondre : ce sont des dieux, ce sont des moteurs qui les produisent, et on reconnut autant de dieux ou de moteurs qu'on distingua d'espèces de biens ou d'espèces de maux. » — Cf. Maury, ouv. cité.

(1) *Hist. anc.*, t. X, p. 320 : « Des dieux qui produisent les biens et les maux devinrent naturellement autant d'objets de crainte, d'espérance et de respect. »

(2) *Id., ibid.*

(3) *Ibid.* : « Dès qu'on eut imaginé qu'ils ressemblaient aux hommes par la figure, on imagina qu'ils leur ressemblaient aussi par les passions. »

(4) *Ibid.* : « C'est ainsi qu'en observant comment d'une première idée confuse plusieurs autres naissent successivement, on voit sortir d'un seul mot le polythéisme et toutes les absurdités du paganisme. »

(5) *Ibid.* : « En le nommant ainsi, ils n'ont voulu dire autre chose, sinon qu'il est le premier ou celui qui commence. »

(6) *Ibid.*, p. 321.

(7) *Hist. anc.*, t. X, p. 321.

(8) *Ibid.* : « S'ils se sont servis du mot de Dieu, c'est parce qu'ils l'ont trouvé établi parmi les peuples. Mais, en général, ils ne s'en sont pas fait une idée plus saine, puisqu'ils ont nommé Dieu ce qu'ils nommaient premier principe. Ainsi l'eau fut dieu, l'air fut dieu, le feu fût dieu. »

(9) *Ibid.*, p. 324, 325.

mots, en croyant disputer sur des choses, et on s'égor-
gera pour des mots qu'on n'entendra pas (1). »

Condillac qui n'a d'autre prétention, quand il s'agit
des questions de genèse, que de faire des conjectures,
mais qui a le soin de les appuyer sur l'expérience actuelle ou sur l'histoire, croit reconnaître chez les hommes un penchant naturel à l'idolâtrie : il naît des circonstances et se développe par l'habitude (2). C'est dans
les sentiments que le chef de la tribu inspirait à ses
compagnons et dans les hommages qu'ils lui rendaient
que le culte des dieux a son origine (3) : pour honorer
ceux-ci ils ont eu recours aux « démonstrations dont ils
se servaient déjà pour témoigner leurs sentiments
à leurs chefs (4). » Il ne croit pas que le culte ait été
institué par la volonté d'un monarque (5), ni que les
premiers hommes qui furent adorés aient voulu usurper
les honneurs divins : la spontanéité a précédé la réflexion, ou le mécanisme, le contrat (6). L'admiration
instinctive des peuples mettait au rang des dieux les
hommes qui s'étaient rendus célèbres : tout ce qui d'ailleurs indiquait une supériorité, ce qui dépassait la raison encore très bornée des hommes, s'expliquait par
l'intervention d'une puissance mystérieuse, par une ins-

(1) *Hist. anc.*, t. X, p. 324.
(2) *Hist. anc.*, t. IX, p. 65 : « Vous voyez, Monseigneur, que le culte
idolâtre s'est formé comme tous les autres établissements. Il est l'ouvrage des circonstances : il a été modifié différemment suivant les opinions que le hasard a fait naître; et, ayant été reçu par un consente-
ment tacite, il a été consacré par les coutumes, qui ont été généralement
adoptées. »
(3) *Ibid.*, p. 62 : « Aussitôt que les hommes ont eu des chefs, ils ont
su leur donner des démonstrations de leur crainte, de leur reconnaissance, de leur amour et de leur respect... Les hommages rendus aux
chefs sont antérieurs au culte rendu aux dieux. »
(4) *Ibid.*, p. 63. Cf. H. Spencer, *Sociologie*, t. I, ch. XX à XXV.
(5) *Ibid.*, p. 64 : « Les monarques y ont seulement coopéré, comme ils
coopéraient à tous les usages qui s'établissaient. »
(6) *Hist. anc.*, t. IX, p. 64 : « Il en est des apothéoses comme des
conquêtes : on n'en a fait avec dessein qu'après qu'on en a eu fait sans
avoir eu dessein d'en faire. »

piration divine : « la divinité paraissait le dénouement naturel de tout ce qu'on ne comprenait pas (1). »

C'est de la même façon que s'établit le culte des héros, qu'on attribua leur naissance au commerce des dieux avec des mortelles (2) : ces croyances ne sont pas le résultat d'un mensonge prémédité (3), mais de l'abus du langage, d'une mauvaise interprétation donnée à une expression figurée (4) : il suffit que dans une même langue il y ait des idiômes différents pour qu'on n'attache pas le même sens à la même expression (5).

A l'influence du langage, ajoutez celle de l'association et de l'habitude ; une fois qu'on aura cru à un demi-dieu on pourra croire à beaucoup d'autres : « il sera facile d'abuser de la crédulité des peuples ; on en abusera par conséquent (6). » Il y a plus : on sera porté à donner un caractère extraordinaire à ceux qui ont une naissance extraordinaire : toutes leurs actions devront être merveilleuses, et même elles ne seront vraisemblables que si on les entoure de circonstances fabuleuses (7).

Condillac, toujours soucieux d'analyser, cherche à expliquer comment des faits fort simples ont pu revêtir le caractère de prodiges dans la bouche même de personnes qui n'avaient pas l'intention de tromper (8). En

---

(1) *Hist. anc.*, t. IX, p. 64 : « Le culte rendu à la divinité ayant été imaginé d'après les hommages rendus aux chefs, on ne pouvait parler d'un roi dont la mémoire était chère que comme on avait parlé d'un dieu... Par là tout fut bientôt confondu. Les dieux devinrent des hommes et les hommes devinrent des dieux. Telle est l'origine de ces fables qui, d'un côté, font régner les dieux sur la terre, leur donnent nos passions, nos vices, nos vertus, et qui, de l'autre, placent les souverains dans les cieux et leur confient le gouvernement de l'univers. » — Cf. p. 107.

(2) *Ibid.*, t. IX, p. 113.

(3) *Ibid.*

(4) *Ibid.*

(5) *Ibid.*, p. 114 : « Lorsque, par exemple, pour faire entendre qu'un homme était arrivé par mer, on a dit qu'il était fils de Neptune, n'a-t-on pas dû faire tomber les Grecs dans l'erreur de croire qu'il était réellement le fils de ce Dieu? »

(6) *Ibid.*, p. 114.

(7) *Ibid.*

(8) *Ibid.*

Grèce, par exemple, la civilisation ne s'établit que lentement : il fallut lutter longtemps contre les brigands
et les bêtes féroces (1), et c'est là que se signalèrent les
héros. L'imagination agrandit les dangers qu'ils avaient
courus, leurs exploits, fit des monstres d'êtres qu'on
avait un intérêt commun à détruire : quoi qu'il en soit,
ces légendes montrent quel était l'état de la Grèce dans
l'époque primitive (2). On sait que rien ne fait de plus
rapides progrès que le merveilleux : l'ignorance, la curiosité, la crédulité, tout contribue à son développement,
sans compter l'intérêt même que les héros avaient à
entretenir des erreurs qui contribuaient à leur gloire (3).
Il faudra que les circonstances changent pour que ces
légendes cessent de se produire et de se répandre, et
Condillac place cette époque aux environs de la guerre
de Troie : alors on commença à mieux rapporter les faits
à leurs causes (4).

Ainsi dans l'évolution religieuse, comme dans celle de
toute société, domine d'abord le mécanisme ; la convention ou le contrat n'interviennent que plus tard : le calcul, l'intérêt, l'esprit de système ne font qu'enraciner
dans l'esprit des peuples les germes de croyances fausses qu'il contenait et qui ne demandent qu'un milieu
favorable (5).

C'est par les mêmes principes que Condillac, dont les
conjectures ont été justifiées de nos jours par les observations faites sur les sauvages (6), explique les cérémo-

(1) *Hist. anc.*, t. IX, p. 115.
(2) *Ibid.*, p. 115.
(3) *Ibid.*, p. 116.
(4) *Ibid.*, p. 116 : « La prise de Troie est l'époque où la Grèce cesse
tout à coup de produire des demi-dieux. Ce n'est pas qu'elle fût moins
crédule ; mais, en considérant les circonstances où elle se trouvait,
nous concevrons que de pareilles fables ne pouvaient plus avoir cours. »
(5) *Hist. anc.*, t. X, p. 32 : « Les superstitions sont enseignées par les
ministres des autels ; les chefs de gouvernement les font servir à leurs
vues ; les législateurs font parler les dieux, et les philosophes accommo-
dent leurs opinions à des préjugés qu'ils n'osent combattre, qu'ils ne
savent pas détruire et partagent quelquefois. »
(6) Cf. Herbert Spencer, *Principes de sociologie*, t. I, ch. XX à XXV.

nies religieuses et l'astrologie. Le philosophe qui a deviné la concurrence vitale (1), qui a indiqué la loi de l'hérédité (2), qui a cherché à montrer à son élève l'origine et la genèse des faits et des événements (3), ne pouvait manquer de remonter à l'idée première qui a présidé à la construction des temples, à la pratique des présages et de la divination. On pourra peut-être reprocher à Condillac d'appliquer surtout la méthode subjective et, à défaut de renseignements nombreux et précis, qui manquaient encore à son époque, de recourir aux conjectures : pourtant on sera forcé de reconnaître qu'il s'est bien approché des résultats de la science contemporaine.

Comme Lucrèce, cet autre précurseur de la doctrine de l'évolution, avec qui il est inutile de le comparer ici, Condillac donne une explication ingénieuse de la construction des temples et de l'usage des bois sacrés (4). C'est par l'association, en s'appuyant sur l'origine de la croyance à l'existence des dieux, qu'il essaye de déterminer ce que dut être primitivement la prière et comment on en vint successivement aux offrandes et aux sacrifices : on avait l'intention de remercier les

---

(1) *Hist. anc.*, t. IX, p. 86 : « Jusqu'aux Titans, les Grecs ont vécu dans un abrutissement qu'on a peine à comprendre, se nourrissant de fruits, de plantes, de racines telles qu'ils les trouvaient dans les bois, et n'imaginant seulement pas de s'attrouper sous un chef. Dans de pareilles circonstances, il n'y avait que les enfants bien constitués qui pussent vivre âge d'homme... »

(2) *Ibid.*, p. 104 : « Voilà les temps où il faut observer les Grecs, parce qu'alors les circonstances leur faisaient prendre un caractère dont ils conserveront toujours quelque chose. »

(3) *Ibid.*, p. 68 : « Si mes conjectures ne sont pas le tableau exact de ce qui est arrivé dans des siècles aussi peu connus, elles vous font voir au moins les effets qu'a dû produire le caractère général de l'esprit humain dans les circonstances où nous avons supposé les hommes... Vous avez vu le commencement de tout ce qui a concouru à former les sociétés civiles. »

(4) *Ibid.*, p. 98 : « Les forêts ont été les premiers temples des dieux de la Grèce, comme elles ont été les premières habitations des Grecs. En effet, les dieux n'ont pu se fixer dans des édifices que lorsque les hommes se sont fixés dans les villes. C'est vraisemblablement cette première habitation qui a introduit l'usage des bois sacrés qu'on élevait auprès des temples. » — Cf. Lucrèce, liv. V.

dieux, d'apaiser leur colère, ou d'obtenir de nouveaux bienfaits, et on leur offrit ce qu'on crut, suivant le milieu où l'on se trouvait, pouvoir leur être agréable (1). On ne s'arrêta pas là : comme on croyait à leur action sur le monde et à leur connaissance de l'avenir, on prit l'habitude de ne rien entreprendre sans les avoir consultés (2), et, comme les astres avaient été les premières divinités, la plus ancienne espèce de divination fut l'astrologie (3); vint ensuite l'inspection des entrailles des victimes (4), et, par une association de plus en plus habituelle, les faits physiologiques les plus indifférents, les accidents qu'on n'expliquait pas, parurent surnaturels et furent considérés comme des manifestations de la volonté divine : un acte réflexe même, comme l'éternuement, un tintement d'oreille, une chute inattendue, les songes furent autant d'avertissements des dieux (5). Voici, suivant Condillac, comment on raisonna : « Ne peuvent-ils pas se servir de ces moyens? Ils le peuvent; ils le font donc (6). » C'est encore par le principe d'association qu'on peut expliquer les oracles de Delphes et de Dodone et l'immense concours de peuple qu'ils attiraient (7). Il faut aussi tenir compte de l'influence du

(1) *Hist. anc.*, t. IX, p. 98 : « Ces motifs firent offrir, suivant les circonstances, des fruits, des animaux, des hommes. »

(2) *Ibid.*, p. 99.

(3) *Ibid.*, p. 99 : « Les comètes, les éclipses, les nuages, les vents, le tonnerre, tout fut prodige et présage; et, pour mieux observer ces choses, on plaça les temples sur des lieux élevés. » — Cf. A. Maury, *Astrologie*, p. 23.

(4) *Ibid.* : « Les sacrifices sont agréables aux dieux. Pourquoi donc ne saisiraient-ils pas cette occasion de manifester leur volonté? Pourquoi ne lirait-on pas l'avenir dans les entrailles des victimes? On ouvrit donc les victimes. »

(5) *Ibid.*, p. 100. — Cf. A. Maury, *La magie et l'astrologie*, p. 163.

(6) *Id., ibid.*

(7) « Au pied du mont Parnasse, il y avait une crevasse dont on ne pouvait approcher sans entrer dans une espèce de fureur. Il en sortait une exhalaison qui faisait extravaguer. On prit cette exhalaison pour une inspiration, et on crut qu'un dieu voulait se communiquer. Aussitôt une Pythie monte sur le trépied, des prophètes l'entourent, ils recueillent les mots qui lui échappent, les interprètent, les mettent en

milieu : c'est elle qui fit que les Romains ont surpassé les Grecs dans la superstition des présages (1).

Quant à l'astrologie, la première espèce de divination, comme nous l'avons vu, elle eut pour origine et pour ressort la crédulité des peuples « qui se sont trompés eux-mêmes avant qu'on ait songé à les tromper (2). » L'astronomie, à laquelle elle fut vite associée, n'avait eu d'autre objet à l'origine que d'étudier le cours des astres; mais on exigea de ceux qui se livraient à ces observations la prédiction de l'avenir dont on ne doutait pas qu'ils eussent la connaissance, et on les amena ainsi à être imposteurs (3), devins, augures et magiciens (4). La magie, que Condillac considère comme le terme de cette évolution, s'explique donc aussi par l'association, par l'abus de l'écriture hiéroglyphique et une fausse interprétation des symboles dont on avait oublié le sens primitif (5). N'ayant pas à sa disposition la masse de faits, rapportés par les voyageurs, dont a pu se servir Herbert Spencer, Condillac avoue qu'on ne « peut considérer ces choses que dans leur origine. ...Elles sont si vagues, si confuses et elles ont souffert tant de variations qu'il

vers, et on a des oracles... Celui de Dodone commença et s'accrédita avec la même facilité. Une prêtresse de Thèbes, enlevée par un marchand phénicien et vendue en Grèce, se retira dans la forêt de Dodone, bâtit une chapelle à Jupiter, promit des oracles : on accourut, et le dieu parla » (*Hist. anc.*, t. IX, p. 100).

(1) *Hist. anc.*, t. XI, p. 13 : « La superstition des présages paraît avoir été la base de leur religion, et cette partie ils ont surpassé les Grecs. »

(2) *Hist. anc.*, t. X, p. 41.

(3) *Id., ibid.* : « On n'a été imposteur avec dessein que parce qu'on vit qu'on l'était sans en avoir formé le dessein... Ils se sont faits astrologues parce qu'on voulait qu'ils le fussent. »

(4) « On ne douta point que les astrologues n'eussent un commerce intime avec les intelligences célestes : ils en parurent donc les confidents et les ministres. Alors on jugea que s'ils lisaient dans les astres, ils devaient lire encore dans toutes les choses qu'on regardait comme autant de signes de la volonté des dieux, et bientôt on crut qu'ayant tant de connaissances, ils devaient avoir la nature entière à leur disposition... Ils se virent forcés à être devins, augures et magiciens » (*Ibid.*, p. 42). — Cf. Spencer, *Sociologie*, t. I, ch. XVII-XVIII.

(5) *Ibid.*, p. 42.

n'est pas possible d'en saisir le progrès (1). » Il n'en a
pas moins montré, avant notre contemporain, l'enchaînement étroit de toutes ces superstitions, qui impliquent
la tendance de l'homme primitif à diviniser la nature,
et suivi leur développement dans ses moments principaux (2).

Nous ferons remarquer encore que pour Condillac,
comme pour Herbert Spencer et Auguste Comte, le fétichisme est un des premiers degrés de l'évolution religieuse. Comme Herbert Spencer, il explique le culte et
l'évocation des ancêtres par la croyance qu'ils continuent à s'intéresser à leur famille, à leur patrie, et
qu'ils peuvent donner les secours dont on a besoin (3) :
c'est sur les mêmes principes qu'il fait aussi reposer
les opinions primitives sur la survivance ou l'immortalité des grands hommes (4). Mais Condillac, qui critique
à ce propos la doctrine de la métempsychose, n'a pas, il
faut le reconnaître, insisté aussi fortement que Spencer
sur le processus de ces idées. Ne doit-on pas pourtant
avouer que, tout en n'ayant à sa disposition que l'histoire, encore bien imparfaite, des peuples anciens et non
les récits nombreux et circonstanciés des modernes sur

(1) *Hist. anc.*, t. X, p. 42.

(2) *Sensat.*, p. 380 : « La statue pense que ce qui lui plaît a en vue de
lui plaire et ce qui l'offense a en vue de l'offenser... Alors elle ne se
borne plus à désirer la jouissance des plaisirs que les objets peuvent lui
procurer et l'éloignement des peines dont ils la menacent... Elle souhaite
qu'ils lui soient favorables, et ce désir est une sorte de prière. Elle
s'adresse en quelque sorte au soleil... Elle le prie de l'éclairer et de
l'échauffer... Elle s'adresse aux arbres, et elle leur demande des fruits,
ne doutant pas qu'il dépend d'eux d'en porter ou de n'en pas porter.
En un mot, elle s'adresse à toutes les choses dont elle croit dépendre. »

(3) *Hist. anc.*, t. XI, p. 23.

(4) *Ibid.* : « On évoquait leurs mânes, leur ombre, leur simulacre, leur
image. On avait beaucoup de mots pour une chose dont on n'avait point
d'idée ; pour une chose qui n'était ni le corps ni l'âme, et que chacun
imaginait à son gré... On ne doutait pas que les grands hommes, qui
avaient été élevés dans le ciel après leur mort, ne continuassent de s'intéresser à leur patrie, à leur famille... Honorés comme dieux domestiques, ils eurent des autels et on leur adressa des vœux... » — Cf. Fustel
de Coulanges, *La cité antique.*

les sauvages, il a, par la seule force de sa pensée et sa méthode analytique, indiqué ce que la science contemporaine a confirmé ? Que l'on compare les conjectures de Condillac avec la sociologie d'Herbert Spencer et notamment, pour le point qui nous occupe ici, avec le XXVIme chapitre du premier volume (1), on reconnaîtra qu'il avait vu que « la genèse de ces croyances est entièrement naturelle (2) ; qu'il avait même aperçu « qu'elle est, autant que toute autre opération naturelle, un exemple de la loi d'évolution (3). »

(1) Herbert Spencer, *Principes de sociologie*, t. I, p. 564 : « L'ensemble des suppositions puériles et des conclusions monstrueuses qui composent la masse énorme de croyances superstitieuses qui existent partout, cet ensemble qui nous paraît un chaos, s'éclaire et se régularise, dès que nous cessons de le regarder dans le passé en nous plaçant à notre point de vue avancé, et que nous l'examinons dans l'avenir en nous mettant au point de vue de l'homme primitif. »

(2) *Ibid.*, p. 576.

(3) *Id., ibid.*

CONCLUSION.

Il nous semble absolument impossible, après cette étude détaillée de l'œuvre entière de Condillac, de souscrire aux jugements qui réduisent sa philosophie à une psychologie pauvre et étriquée (1), à un système étroit, exclusif, entièrement faux (2), à une construction purement hypothétique, à une méthode logique et abstraite, à des formules verbales (3).

C'est au contraire une philosophie large et compréhensive, qui justifie sa prétention d'expliquer l'origine et le progrès de nos connaissances relatives à l'homme, au monde, à Dieu, non pas, il est vrai, dans leur nature même, qui est inaccessible, mais dans les phénomènes, qui sont à notre portée.

Sans doute la psychologie occupe, dans la doctrine Condillacienne, le premier rang et le métaphysicien du dix-huitième siècle ne fait en cela que suivre la tradition de Locke et de Descartes, que l'un de ses adversaires, V. Cousin, a continuée à son tour après Royer Collard et l'école écossaise : c'est précisément un point sur lequel, contrairement au positivisme français, il s'accorde, comme on l'a fait justement remarquer (4), avec les po-

(1) Sainte-Beuve, *Portraits littéraires*, t. I, art. *Diderot*, p. 243.
(2) V. Cousin, *Du vrai, du beau, du bien.*
(3) Ferraz, *Spiritualisme et libéralisme*, p. 25; cf. id., ibid., p. 55, et G. Lewes, *loc. cit.* — M. C. Mallet a mieux dit que « les doctrines de Condillac s'étendent à la philosophie tout entière » (*Biograph. générale*, art. *Condillac*). — Condillac lui-même a dit que depuis Képler et Galilée « la philosophie embrasse l'univers... » (*Hist. mod.*, t. XX, p. 374.)
(4) Paul Janet, *La philosophie française contemporaine*, p. 297 : « Le

sitivistes anglais. D'ailleurs, cette psychologie elle-même
n'est pas restreinte à une simple description des faits,
à ce que les Écossais ont appelé une histoire naturelle :
elle ne se contente pas d'énumérer et de classer les
opérations ou facultés de l'âme, d'établir entre elles des
distinctions parfois aussi subtiles que pénétrantes, qui
semblent en faire autant d'actes isolés que ne réunit
aucun lien substantiel et renouveler ainsi ces intermina-
bles listes d'entités de la scolastique. Tout en analysant
les différentes manifestations de l'activité mentale, Condillac a montré comment, sorties d'un même germe, elles s'entretiennent et se pénètrent, malgré leurs variétés
particulières, dans une unité essentielle et fondamentale.

Telle qu'il l'a conçue, sans lui donner une dénomination particulière, cette science de l'âme lui paraît neuve
et originale. Si, en effet, il s'est à ses débuts inspiré de
Locke, il ne tarde pas à s'en séparer et à donner, comme
le lui ont reproché ses critiques, sa forme définitive au
sensualisme ou, pour mieux dire, au sensationńisme.

L'étude de l'esprit humain est le centre autour duquel
gravitent toutes les parties du système de Condillac ; et
dans ce sens on peut dire justement qu'il a tenu un
moment en main ce sceptre de la psychologie qui,
d'après Stuart Mill, est revenu de nos jours à l'Angleterre. Il n'a pas, il est vrai, inventé ou appliqué le premier à cette science la méthode expérimentale; mais il
lui a donné une précision et une portée inconnues jusqu'à lui, il lui a surtout imprimé une direction que les
psychologues anglais contemporains ont suivie. Si, dans
les faits du moi, il a un peu trop négligé le côté physiologique, c'est un reproche que sont mal venues à lui
adresser les écoles qui, en France, l'ont combattu, et si
ses procédés sont surtout subjectifs, c'est un point sur
lequel ne s'est pas séparée de lui l'école anglaise. Au

positivisme anglais est une philosophie, parce qu'il a une psychologie
et une métaphysique... »

resto, loin de s'arrêter uniquement à l'investigation directe par la conscience, Condillac a recours à toutes les
sources de renseignements, à l'histoire, aux langues,
aux sciences, aux arts, à l'examen des enfants, des états
anormaux ou morbides, des animaux. Ici encore il dépasse Locke, en ne se tenant pas à des rapprochements
accidentels, mais en érigeant la psychologie comparée
en un véritable instrument pour la connaissance de nous-
mêmes.

Quoiqu'on ait répété que sa méthode est la synthèse,
il a, avant James Mill, entrepris l'analyse de l'esprit :
ses critiques ont, en réalité, confondu l'exposition avec
l'invention, la recherche avec ses résultats. Condillac
ne recommande-t-il pas, ne pratique-t-il pas même en
plusieurs endroits la méthode des chimistes? N'a-t-il pas
en quelque sorte indiqué la voie aux psycho-physiciens,
qui soumettent les faits mentaux aux lois du nombre et
de la mesure? N'a-t-il pas enfin deviné que les sensations, simples en apparence, peuvent être décomposées
en des éléments plus simples encore?

On a trop, à notre avis, considéré le *Traité des sensations* comme contenant à lui seul un système, conçu
dans ses grandes lignes par l'auteur dès son premier ouvrage, développé et précisé par la suite dans tous ses
écrits; on n'a pas assez remarqué en général que l'*Essai
sur l'origine des connaissances* renfermait le germe d'une
doctrine qui, même à travers les parties négatives du
Traité des systèmes, n'a pas cessé de croître et de mûrir
par une évolution naturelle et régulière. Ce qui a surtout induit en erreur, c'est qu'on s'est principalement
attaché au procédé extérieur, à l'artifice de l'écrivain
qui, pour rendre plus sensibles et plus attrayantes les
réflexions du philosophe, avait eu recours à la fiction
de la statue. Cette fiction, on l'a trop prise au pied de
la lettre; on y a vu à tort une hypothèse dans le vrai
sens du mot. Ce n'est en vérité qu'une allégorie, analogue à celle de la caverne et de tant d'autres qui font
l'ornement des écrits de Platon, et fort propre à frapper

l'imagination du dix-huitième siècle. Des esprits secs et froids — et ce ne sont pas ceux-là qui ont été les plus sévères — auraient pu seuls avec quelque raison retourner contre Condillac les reproches qu'il n'avait pas lui-même épargnés aux philosophes qui abusent des comparaisons et des métaphores. Mais de ce qu'une idée est présentée sous une forme figurée et concrète, a-t-on le droit d'en conclure que celui qui l'a conçue a négligé l'analyse ? faut-il donc refuser absolument à l'analyste les agréments de l'art ?

Condillac, avant la psychologie anglaise contemporaine, a compris l'importance de la question de genèse, et cherché à dégager le fait primordial, simple et irréductible de toute l'évolution mentale, des deux formes de la pensée, l'entendement et la volonté. Car, malgré ce qu'a pu dire Joseph de Maistre (1), le mot pensée est si peu absent de la philosophie de Condillac qu'il y ramène toutes les opérations de l'esprit, en opposition aux faits du corps qu'il rapporte au mouvement : il a si peu remplacé la pensée par l'idée qu'il fait de celle-ci un acte particulier de celle-là, comme la volition.

Ce fait irréductible est la sensation, distincte de l'impression : à l'origine subjective, personnelle, variable, elle ne nous permet pas d'abord de sortir de nous-mêmes ; mais, grâce à l'activité spontanée qu'elle implique, elle donnera successivement naissance à toutes nos facultés. C'est là le germe qui se développe par la loi de l'association et de l'habitude et que l'école anglaise regarde, après Condillac, comme l'état de conscience au-delà duquel on ne peut remonter. Condillac, en effet, pouvait voir dans la sensation non seulement la condition mais le principe générateur de toutes nos opérations, car il n'admet pas qu'elle soit un fait absolument passif : pour lui la passivité n'est jamais que relative. L'âme agit dans la sensation : il n'y a pas entre elle et les autres opérations cet hiatus, cet abîme infranchissable dont

---

(1) J. de Maistre, *Bacon*, t. II, p. 55.

on a si souvent parlé. Plus conséquent même que ses successeurs, Condillac n'admet ni sensations indifférentes ni sensations inconscientes : avant même tout rapport avec le monde extérieur, dans ce qu'il appelle le sentiment fondamental, il reconnaît une activité naturelle, résultant de notre constitution, qui seule est innée. Il n'accepte pas, comme son maître Locke, la doctrine de la table rase : il lui reproche de n'avoir pas compris que l'esprit met du sien dans la sensation. Aussi Stuart Mill a-t-il eu tort, à notre sens, d'établir entre Laromiguière et Condillac le même rapport qu'entre Bain et Hartley. Entre la sensation de Condillac et l'attention de Laromiguière il y a différence de degré, non de nature, passage de l'état faible à l'état vif, et Condillac, contrairement à Hartley, a si peu confondu la sensation avec sa cause occasionnelle, l'impression, qu'on a pu quelquefois voir en lui un idéaliste.

Avant Stuart Mill, Bain et Spencer, il a établi que la sensation, premier état de conscience, comporte un rapport de différence et de ressemblance; il a distingué l'élément affectif et l'élément représentatif, non comme deux faits d'essence opposée, mais comme les deux faces d'un même fait; il a montré enfin que les sens ont leur évolution et leur éducation mutuelle.

Dans la perception ou la connaissance du monde extérieur Condillac fait aussi la part du sujet et de l'objet : il tient compte des conditions physiologiques et psychologiques, de l'esprit et de l'organisme, de l'influence du milieu et de l'activité personnelle, spontanée ou réfléchie. Il la ramène à l'interprétation de la sensation, à une localisation dans un point donné de l'espace, à une réunion au dehors de qualités correspondantes à une collection de sensations, mais n'y ressemblant pas. Il se refuse toutefois à admettre, comme les psychologues anglais contemporains, des perceptions obscures et confuses, et il n'a pas entrevu la loi du rapport de la sensation et de la perception, que Herbert Spencer déclare du reste d'invention récente.

Condillac n'a pas, il faut l'avouer, assez insisté sur le mécanisme du systéme nerveux et musculaire, encore peu connu à son époque ;. mais, en attribuant au tact ou toucher actif le rôle prédominant dans la perception externe, en le considérant comme le sens directeur et redresseur, ne devance-t-il pas l'école pour qui la résistance est le sentiment primordial, universel, toujours présent?

D'accord avec elle sur le premier fait de conscience, qui est le sentiment d'une différence, sur la nature de la conscience, qui est la perception ou le sentiment de nos états internes, quels qu'ils soient, et non, comme chez les Ecossais, une faculté distincte et spéciale, Condillac en diffère sur la question de l'inconscient. Il n'y a, d'après lui, que diminution relative d'intensité ou de vivacité de l'impression, mais jamais inconscience absolue : et d'ailleurs ces faits de faible conscience, plus physiologiques que psychologiques, se ramènent à des actes réflexes ou à des associations habituelles.

Sur la comparaison, qui a une importance fondamentale, sur l'abstraction, la généralisation, la classification qui la supposent, la psychologie anglaise ne fait, sauf quelques nuances de détails ou d'expressions et la part considérable accordée à la loi de l'extension et de la compréhension des idées générales, que reproduire les opinions de Condillac.

Il en est de même de la mémoire, dont il a indiqué les rapports avec le cerveau et l'habitude, l'évolution et la régression ; de l'imagination, dont il a montré le processus depuis les premières associations sensibles jusqu'aux plus hautes conceptions, et les altérations dans les états de veille, de rêverie, de rêve, dans la folie et l'idiotie; des théories sur le beau et sur l'art, qui sont, de part et d'autre, relativistes, sur le goût et le génie, expliqués par les lois de l'association et l'adaptation au milieu; de toute l'esthétique en un mot qui, de part et d'autre aussi, malgré des observations justes et pénétrantes, est, avec l'étude des émotions, une des parties les moins approfondies de la doctrine.

Mais génie, talent, goût, imagination, mémoire, abstraction, généralisation, comparaison, attention ne sont pas plus pour Condillac que pour l'école anglaise des facultés spéciales et distinctes : ce ne sont que des mots propres à désigner les différents modes de l'activité essentielle de l'âme, à les grouper sous un chef principal. Tout le développement psychologique s'explique par la loi de l'association. Il se vante d'avoir le premier mis en lumière la liaison des idées entre elles et avec les signes, à laquelle l'esprit humain devait, sans le savoir, tous ses progrès : elle suffit à rendre compte de l'évolution de toutes nos connaissances, depuis les plus simples jusqu'aux plus complexes, depuis la perception jusqu'aux spéculations les plus élevées et en apparence les plus éloignées des données sensibles.

Originellement involontaire et spontanée, contemporaine du premier acte de conscience — puisqu'il implique différence et ressemblance — l'association, par la réflexion ou l'effort, peut devenir volontaire, par la répétition ou l'expérience, habituelle et pour ainsi dire organique : car le cerveau, l'organe principal, est capable non seulement de subir des impressions et de réagir contre elles, mais encore d'agir de lui-même, de renouveler ses mouvements, d'acquérir des aptitudes. Ici, il faut le reconnaître, Condillac a été bien dépassé par la psychologie anglaise, qui a fait plus d'emprunts à la physiologie et qui a insisté sur l'influence héréditaire. Malgré tout, il a trouvé ce principe si satisfaisant qu'il l'a développé dans toutes ses œuvres, qu'il a expliqué par lui les mouvements des animaux, nos prétendues facultés, la connaissance du présent aussi bien que la croyance au futur, les progrès ou l'évolution de l'entendement et de la volonté, le passage du besoin et du désir à la détermination libre, en un mot tout le transformisme psychologique. Il a entrevu les lois de Mill, indiqué le rôle des associations par contiguïté et par ressemblance et des associations inséparables dans l'acquisition des idées dites innées.

Pour Condillac, comme pour l'école anglaise, tout est acquis : il n'y a de véritablement inné que notre constitution avec les besoins qu'elle comporte, et à ce point de vue encore il est supérieur à Locke et bien rapproché de Bain. Pour lui aussi, comme pour l'école anglaise, la raison n'est que la forme supérieure de l'activité mentale, le plus haut degré de l'évolution intellectuelle, qui a sa racine dans le fait ultime de la sensation : c'est l'abus seul des métaphores qui a conduit à attribuer aux idées appelées universelles une origine distincte, indépendante de l'expérience sensible, à les regarder comme le produit d'un pouvoir mystérieux qui viendrait tout d'un coup se surajouter à des facultés inférieures avec lesquelles il n'aurait aucun rapport de nature ou d'origine. La raison, dont l'association est l'explication suffisante, est aussi bien le partage de l'enfant que du philosophe : la seule différence, c'est que chez l'un cette association est accidentelle et passagère, chez l'autre habituelle et inséparable.

Des rapports qu'une expérience constante a établis et vérifiés, voilà à quoi Condillac, avant l'école anglaise, réduit les notions absolues. L'absolu n'est à ses yeux qu'un point de vue de l'esprit, qui néglige un moment le relatif en opposition duquel il est conçu ; l'infini, qu'un nom donné à une chose que nous ne connaissons pas ; l'essence, qu'une abstraction réalisée ; la substance, la matière, le corps, l'esprit, que des collections ou des possibilités permanentes de phénomènes ; l'espace et le temps, que la coexistence ou la succession indéfinie ; la cause qu'un antécédent invariable ; l'idée de force est expérimentale et tirée de l'effort personnel ; l'idée de Dieu enfin n'est que le résultat d'une inférence reposant sur le rapport indissoluble de cause à effet. Sauf sur cette dernière question, où la pensée de Condillac est un peu hésitante et bien inférieure à celle de Herbert Spencer, sa doctrine devance incontestablement la théorie anglaise de la raison : l'associationisme devait des deux côtés aboutir au relativisme.

Même accord au sujet des opérations dites quelquefois discursives : la différence et la ressemblance, ou la discrimination et la similarité, avec la mémoire ou la rétentivité, ou, en définitive, l'association seule suffit à expliquer le jugement et le raisonnement.

La première forme de raisonnement est l'inférence du particulier au particulier, dont la bête elle-même est capable ; le second degré est le passage du particulier au général, ou le raisonnement inductif, que Condillac ne nomme pas, mais qu'il étudie et légitime par les mêmes principes que Stuart Mill ; vient enfin le procédé inverse ou la conclusion du général au particulier, dont l'expression est le syllogisme, qu'avant Stuart Mill et Spencer il n'estime que comme un moyen de vérification, dont la majeure n'est, à son avis, qu'un résumé d'observations antérieurement associées d'une manière inséparable. Toutefois Condillac n'a pas étudié le syllogisme en lui-même avec autant de détails que l'école anglaise, qui a été jusqu'à le ramener à des formules algébriques. Mais ne l'avait-il pas devancée en affirmant que raisonner, c'est calculer ? en établissant comme critérium de la certitude et comme base fondamentale de tout raisonnement le principe d'identité, entendu dans le sens qu'il lui a donné et analogue à l'inconcevabilité de la négation de Herbert Spencer et à l'impensabilité de la négative de G. Lewes ? N'est-ce pas toujours revenir à la loi d'association habituelle et indissoluble, à l'évolution de la pensée passant, par la décomposition ou l'analyse, de l'homogène à l'hétérogène ?

La définition, à laquelle la scolastique attachait tant d'importance, n'obtient pas auprès de Condillac plus de faveur que le syllogisme. Elle n'est valable qu'autant qu'elle est le résultat de l'analyse, et sur ce point Stuart Mill, tout en différant de lui par la forme, lui rend pleine justice. Tous deux ils considèrent la définition comme une proposition identique qui résume d'une manière concise les données de l'expérience ; tous deux ils n'y voient d'autre avantage que la connaissance de l'usage de la langue ; tous deux enfin ils rejettent la distinction arbitraire des définitions de nom et de chose.

Il n'entrait pas dans notre plan d'examiner en détail les théories logiques de Condillac : il nous a suffi, dans le rapprochement que nous avons fait de sa doctrine avec celle des anglais contemporains, de montrer que, comme eux, il avait voulu renoncer à la logique purement formelle, qu'il avait mis la pratique au-dessus de la théorie, qu'il avait donné pour objet à l'art de raisonner non des mots, mais des choses, dont les noms, quelle qu'en soit la commodité, ne sont, selon l'heureuse expression d'un de ses admirateurs, que les substituts.

La méthode qu'il préconise dans sa Logique, publiée vers la fin de sa carrière, et qu'il fait reposer sur la psychologie, est naturellement celle qu'il a pratiquée dans tous ses ouvrages : l'analyse. C'est celle que recommande et pratique aussi la philosophie anglaise de nos jours, qui s'accorde avec Condillac même sur quelques règles de détails, comme celles qui sont relatives à l'hypothèse et à l'histoire, où tout doit être soumis au principe de la plus grande liaison des idées.

Ainsi les opérations de l'entendement ont une évolution simple, régulière, naturelle, dont le facteur essentiel est l'association.

Passant aux opérations qu'on rapporte plus généralement à l'activité, parce qu'elle se manifeste davantage au dehors, nous avons vu que Condillac y appliquait aussi le principe évolutionniste, en cherchant le germe de la volonté dans le désir, qui naît à la suite de l'un des deux modes contraires de la sensation, le plaisir ou la douleur, phénomènes qu'il explique d'une façon analogue à celle de Hamilton, de Bain et de ses adeptes, par l'exercice de nos facultés ; — qu'il a distingué dans l'acte volontaire ce qui revient au corps, ou le mouvement, et ce qui revient à l'âme, ou l'idée directrice ; — qu'il a entrevu l'action réflexe, où domine l'organisme, sans entrer, il est vrai, dans des détails qu'il était réservé à la science de notre temps d'exposer d'une manière originale et lumineuse ; — qu'il a refusé à l'instinct certains des caractères que lui accordaient la psychologie et même la physiologie classiques avant les observations de Ch. Darwin, et qu'il l'a ramené à l'habitude acquise par l'adaptation spontanée des organes au milieu, à la tendance naturelle à satisfaire les besoins qui dérivent de notre constitution.

Quant à l'habitude, Condillac n'en a pas posé les lois aussi nettement qu'on l'a fait depuis, mais il en a montré le rôle dans l'évolution mentale, dont elle est à la fois un des modes et l'un des ressorts principaux. Tout le transformisme psychologique ne se ramène-t-il pas au passage de l'état faible à l'état vif et réciproquement? Dans une pénétrante analyse il distingue ce qu'il appelle le moi d'habitude, agissant machinalement et sûrement, du moi de réflexion, qui hésite, délibère et souvent se trompe : non qu'il reconnaisse en réalité deux personnes dans le moi, mais deux degrés d'activité déterminés par la puissance de l'effort ou par la prédominance relative de l'élément physique ou psychique.

Sur la volonté et la liberté il y a encore sinon ressemblance entière, du moins grande analogie entre la doctrine anglaise et celle de Condillac. De part et d'autre on fait remonter la volonté au désir comme à sa source. Excitée par le besoin, par la privation d'un bien ou la présence d'un mal, la statue de Condillac, au lieu d'attendre la production du phénomène désiré, le provoque, et prend ainsi peu à peu conscience de son pouvoir automoteur. Un acte volontaire se distingue du désir, sa cause occasionnelle, en ce qu'il implique la croyance que sa réalisation dépend de nous, la ferme confiance que nous pouvons atteindre la fin désirée. C'est donc encore le passage de l'état faible à l'état vif qui constitue entre ces deux faits une simple différence de degré et non de nature. La volonté a en effet, comme l'entendement, son évolution, entravée ou favorisée par le milieu ou les circonstances, par notre conformation naturelle, par notre pouvoir d'association : elle croît avec l'expérience.

Sans professer aussi ouvertement le déterminisme que la plupart des psychologues anglais, Condillac n'admet pas la liberté d'indifférence ; nous ne naissons pas libres, nous le devenons, en nous habituant à ne pas céder aveuglément aux sollicitations du dehors, en profitant des leçons du passé. La liberté n'est pas pour lui une puissance singulière, une entité métaphysique reléguée dans les régions suprasensibles, une faculté perçue directement dans sa nature essentielle par la conscience. Comme Stuart Mill, il affirme que la conscience ne peut avoir pour objet le futur ou le possible, mais l'activité présente ou revivifiée par la mémoire ; que ce n'est pas avant d'agir, mais après avoir agi à un moment donné de telle ou telle manière, que nous nous attribuons le pouvoir d'avoir pris un parti plutôt qu'un autre, que nous nous croyons libres : aussi la prétendue croyance à une liberté permanente et indéfectible n'est-elle aux yeux de Condillac qu'une illusion provoquée par l'oubli des motifs ou des circonstances de nos déterminations. Que nous en ayons ou non la perception distincte, c'est à des rapports de causes à effets ou d'antécédents à conquents ou de causation, comme dit Stuart Mill, que se ramènent, suivant Condillac, les faits mentaux aussi bien que les faits physiques : c'est la conséquence légitime du principe d'association, qu'il a aussi appliqué à la moralité de nos actions.

Il n'y a pas plus d'idées innées en morale qu'en esthétique et en métaphysique : les notions de bien et de mal, de vice et de vertu sont dues à l'expérience comme le plaisir et la douleur, la satisfaction ou le remords, que nous éprouvons nous-mêmes ou que nous voyons éprouver par les autres. Nous établissons entre les actes et leurs conséquences, qui sont également sensibles, des associations qui deviennent par l'habitude inséparables, et ces rapports constants nous les érigeons en

lois. La moralité a, comme l'entendement et la volonté,
sa genèse, son évolution : comme eux, elle a son germe
dans la sensation. Ici encore la philosophie anglaise,
tout en ayant donné avec Bentham et Stuart Mill de
plus grands développements à la doctrine utilitaire, est
pour le fond d'accord avec Condillac. La loi morale n'a
pas plus dans son système que dans le leur sa source
dans une région supérieure et inaccessible : elle dérive
de notre nature, c'est-à-dire de notre conformation ; et
si Condillac reconnaît Dieu comme législateur suprême
et infaillible, il l'entend en ce sens que nous tenons de
cette cause inconnaissable notre organisation physique
et morale et les besoins qui en découlent et doivent être
satisfaits. Il suit de là que nos sensations personnelles,
dont nous avons directement conscience, et les sensations de nos semblables, dont nous jugeons par analogie, suffisent pour régler notre conduite, pour nous apprendre ce qui convient au bonheur de l'individu et à
celui de l'espèce : l'un et l'autre ont la même origine,
les mêmes moyens, la même fin. Condillac n'a-t-il pas
dès lors établi, sommairement au moins, cet important
principe de la solidarité dont on a de nos jours si bien
montré l'application dans tous les ordres de faits ? N'a-t-il
pas attiré l'attention des physiologistes et des psychologues sur cette condition fondamentale de tout développe-
pement organique ?

Non seulement Condillac a devancé en psychologie
et en morale l'école anglaise contemporaine, mais encore il a indiqué et même traité, dans la mesure où le
permettaient les connaissances de son époque, la plupart des questions qui constituent le domaine de la sociologie : la méthode comparative et le principe de
l'évolution, contenu en germe dans le transformisme
psychologique, devaient logiquement le mener à rechercher dans l'histoire les lois générales qui ont
présidé à la formation et au développement de ces
organismes complexes qu'on appelle des peuples ou des
nations.

Il ne nous appartient pas de juger, au point de vue spécial de l'historien, l'œuvre historique de Condillac : nous n'y avons vu que ce qu'en Angleterre on désigne sous le nom d'illustrations, autrement dit des exemples étendus et variés concourant tous à une même fin : la confirmation expérimentale et objective de l'observation subjective et personnelle.

Condillac soutient d'abord que l'évolution des peuples a le même ressort que celle des individus : elle a son origine dans le besoin — et partant dans la sensation — sa fin idéale dans le plus grand bien de la communauté. La conscience collective d'un peuple est constituée par l'ensemble de ses besoins, comme la conscience individuelle par la collection des sensations : de même que chaque individu est un organisme soumis d'abord à un pur mécanisme, où l'activité se manifeste d'une manière toute spontanée et relativement passive, avant de devenir réfléchie et plus active, où le passage se fait de la complexité homogène à la distinction hétérogène, de même toute société a, dans ses mœurs, ses lois, sa langue, ses sciences, ses arts, son gouvernement, sa religion, subi une évolution de l'état mécanique à l'état contractuel. Quoique inférieures, au point de vue des renseignements et de l'expression technique, aux admirables généralisations de Herbert Spencer, les remarques et les conjectures même de Condillac prouvent qu'il avait compris l'importance de la science sociale, qu'il en avait indiqué les problèmes et la méthode et entrevu les lois.

C'est ainsi que loin de supposer, comme on l'a dit, que le langage était le produit prémédité d'une convention arbitraire, il en a suivi le processus depuis le cri et le geste, résultat de la spontanéité organique, jusqu'à la parole, depuis le simple réflexe jusqu'à la dénomination volontaire; qu'il a tenu compte de la part qu'ont eue dans cette évolution le jeu des organes, l'imitation, l'association habituelle, le milieu physique et social; qu'il a retrouvé le passage de l'homogène à l'hétérogène depuis le dessin jusqu'à la forme alphabétique, la plus analytique de toutes.

C'est d'après les mêmes principes, en remontant toujours à la spontanéité primitive et en appliquant par avance la loi d'intégration et de désintégration si bien formulée de nos jours par Herbert Spencer, que Condillac explique l'évolution des arts et des sciences, la division des genres littéraires, le processus de la forme concrète de la poésie à la prose, instrument de l'analyse et de la pensée abstraite et philosophique.

L'évolution des états comporte pour Condillac les mêmes facteurs que pour la sociologie anglaise contemporaine : l'adaptation au milieu, la concurrence vitale. A la vie sauvage a succédé d'abord la vie pastorale, puis la vie agricole, avant-coureur de la civilisation ; peu à peu l'égoïsme a fait place aux tendances altruistes, la division des fonctions s'est opérée et accentuée, l'habitude et l'émulation ont favorisé le progrès des arts mécaniques et des arts de luxe, les conventions tacites sont devenues expresses, les usages constants ont eu force de loi. Ce progrès se fit lentement : Condillac ne peut admettre que le caprice d'un conquérant ou la volonté d'un législateur ait pu, à un moment donné, réunir des hommes qu'aucun lien commun n'aurait rapprochés dans une communauté d'intérêts, de fins et d'aspirations : le mécanisme a précédé le contrat. La loi fondamentale, puisée dans l'expérience personnelle, celle de laquelle dérivent toutes les autres, qui n'en sont d'ailleurs que des applications dépendant des circonstances de temps et de lieu, est, d'après Condillac comme d'après Stuart Mill, de ne pas faire à autrui ce que vous ne voudriez pas qui vous fût fait, de ne pas nuire si vous ne voulez pas qu'on vous nuise, en un mot, c'est la grande loi d'égalité et de solidarité.

Le besoin ou la lutte pour la vie amena les premiers peuples à s'en remettre à la direction du plus fort ou du plus habile, et le premier gouvernement fut celui d'un seul qui exerçait sur la communauté l'autorité du père sur la famille : là aussi eut lieu le passage de l'homogène à l'hétérogène, les pouvoirs se séparèrent, les hommes devenus citoyens eurent chacun leur part à la souveraineté; aux états monarchiques succédèrent les états libres. Cette transformation, nous dit Condillac, ne se fit pas partout aussi rapidement : il y eut des tâtonnements, dûs à des prédispositions natives ou héréditaires, à l'influence du milieu, des habitudes, des associations d'idées; des révolutions brusques et violentes contrarièrent plus d'une fois l'évolution naturelle par un arrêt momentané ou une régression plus fatale encore. Ballottés entre les deux pôles extrêmes de l'anarchie et du despotisme, les peuples acquirent difficilement le tempérament des états libres : c'est que les constitutions ne doivent et ne peuvent se faire d'une seule pièce, d'une manière arbitraire ou par soubresauts, mais s'adapter progressivement aux besoins et aux intérêts des sociétés.

La politique de Condillac repose donc sur les mêmes principes et la même méthode que celle des Anglais contemporains : comme la leur aussi, suivant d'ailleurs la tradition de Locke, elle est tolérante et libérale.

En continuant notre étude comparée, nous avons remarqué, entre les deux doctrines, les mêmes ressemblances générales dans la science économique : des deux côtés on s'appuie sur les données de la psychologie; des deux côtés on expose les mêmes opinions sur la liberté des échanges, la concurrence et le monopole, la propriété, la question du luxe, l'influence du gouvernement sur les mœurs et le commerce; mais Condillac a le mérite d'avoir été l'un des créateurs de l'économie politique : il en a, dans son livre du commerce et du gouvernement, paru en 1776, la même année que l'ouvrage d'Adam Smith et que l'édit célèbre de Turgot, posé les principes les plus importants et, par application d'une de ses maximes favorites, voulu le premier en faire la langue.

Avant l'école anglaise encore, Condillac a été jusqu'à appliquer les lois de l'association et de l'évolution aux religions et aux cultes ; avant Herbert Spencer il a montré par quelle suite d'idées et de raisonnements on s'est élevé du fétichisme, né de la crainte ou de l'espérance, — par conséquent, du besoin ou de la sensation, — à une notion de moins en moins matérielle de la divinité ; avant lui, il a trouvé l'origine de toutes les superstitions, des pratiques de la divination, de l'astrologie, de la magie, dans des associations accidentelles que l'habitude et une sorte de transmission héréditaire rendaient inséparables ; avant lui, en un mot, sans le secours des observations dont a pu profiter la sociologie de nos jours, Condillac, par la seule force d'un système bien arrêté, a aperçu sous le même rapport la solution du problème religieux.

Il est un point toutefois sur lequel la philosophie anglaise a une supériorité et une originalité incontestables, et qui d'ailleurs se rattache moins à la psychologie, objet principal de notre travail : c'est la cosmologie. Condillac, prévenu contre elle par les constructions hypothétiques de ses devanciers, semble y avoir peu réfléchi : il laisse en suspens la question de la formation du monde par création ou par évolution ; il n'aboutit pas aux larges conceptions de Darwin et aux formules synthétiques de Herbert Spencer, mais il a compris l'importance du principe de l'unité et de la permanence de la force dont il avait, comme Spencer, puisé la notion dans la conscience.

Condillac n'est pas sans doute un de ces génies de haut vol qui prétendent pénétrer de primesaut dans la nature des choses et découvrir leur insondable secret, mais il ne doit pas être relégué dans la classe des esprits de second ordre qui ne font que développer ou commenter leurs prédécesseurs. S'il a préféré aux créations hardies de l'imagination les procédés plus rigoureux d'une analyse froide en apparence, il n'en a pas moins son originalité, et son œuvre tient une place considérable dans l'histoire de la philosophie : il peut notamment, à juste titre, être compté parmi les précurseurs de l'associationisme et de l'évolutionnisme contemporains. Si sa doctrine, malgré quelques rares protestations, a été longtemps vigoureusement combattue en France, ses idées ont été en grande partie reproduites en Angleterre où — nous le répéterons avec M. Taine — James Mill et ses successeurs ont « rouvert le sentier ouvert » par lui au dix-huitième siècle, et d'où elles nous reviennent aujourd'hui, plus étendues sans doute, mais avec les mêmes problèmes, les mêmes principes et la même méthode.

TABLE DES MATIÈRES

PREMIÈRE PARTIE.

L'ÉVOLUTION INDIVIDUELLE.

SECTION PREMIÈRE.

LE GERME.

CHAPITRE PREMIER.

CHAPITRE II.

CHAPITRE III.

SECTION II.

ÉVOLUTION DE L'ENTENDEMENT.

CHAPITRE PREMIER.

CHAPITRE II.

CHAPITRE III.

SECTION IV.

L'ASSOCIATION ET L'ÉVOLUTION DANS LES OPÉRATIONS LOGIQUES.

CHAPITRE PREMIER.

CHAPITRE II.

CHAPITRE III.

SECTION V.

ÉVOLUTION DE L'ACTIVITÉ MOTRICE ET DE LA VOLONTÉ.

SECONDE PARTIE,

L'ÉVOLUTION SOCIALE.

CHAPITRE PREMIER.

CHAPITRE II.

CHAPITRE III.

CHAPITRE VI.

VU ET LU EN SORBONNE,

Le 10 mars 1891,

Par le Doyen de la Faculté des Lettres de Paris,

A. HIMLY.

VU ET PERMIS D'IMPRIMER :

Le Vice-Recteur de l'Académie de Paris,

GRÉARD.

TOULOUSE. — IMPRIMERIE A. CHAUVIN ET FILS, RUE DES SALENQUES, 28.